企业社会责任与丑闻[illegible]
形象修复

余伟萍　丁　磊　董竞飞　著

科学出版社
北　京

内 容 简 介

本书整合管理学、心理学和伦理学三大学科理论，将品牌丑闻情境下企业社会责任行为（CSR 行为）对丑闻品牌形象的修复效应嵌入 S-O-R 理论框架中进行分析，系统探索 CSR 行为对丑闻品牌形象的修复效应与作用机理。本书共 11 章，主要包括丑闻发生后的 CSR 行为规律、类型与特征，CSR 行为类型、特征与质量改进行为对丑闻品牌形象的修复效应与作用机理，以及基于 CSR 视角的丑闻品牌形象修复“六个维度十六条策略”体系。

本书适合于管理学、经济学和社会学等专业的师生与科研工作者参考阅读，也可作为高级管理人员工商管理硕士（EMBA）、工商管理硕士（MBA）教学和企业培训的参考用书，对企业中高级管理人员、品牌与社会责任管理者及相关从业人员具有学习与借鉴价值。

图书在版编目(CIP)数据

企业社会责任与丑闻品牌形象修复 / 余伟萍，丁磊，董竞飞著. — 北京：科学出版社，2019.1（2019.9 重印）

ISBN 978-7-03-058382-6

Ⅰ.①企…　Ⅱ.①余…　②丁…　③董…　Ⅲ.①企业责任–社会责任–研究②企业形象–修复–研究　Ⅳ. ①F272–05

中国版本图书馆 CIP 数据核字（2018）第 169376 号

责任编辑：张　展　陈丽华 / 责任校对：杨悦蕾

责任印制：罗　科 / 封面设计：墨创文化

科学出版社出版

北京东黄城根北街16号

邮政编码：100717

http://www.sciencep.com

成都锦瑞印刷有限责任公司印刷

科学出版社发行　各地新华书店经销

*

2019 年 1 月第　一　版　　开本：B5（720×1000）

2019 年 9 月第二次印刷　　印张：15 3/4

字数：318 千字

定价：96.00 元

（如有印装质量问题，我社负责调换）

特 别 感 谢

国家自然科学基金对本书的资助

“企业社会责任行为对丑闻品牌形象的修复机理及策略体系研究”

（批准号:71372189）

成都市科学技术局对本书的资助

“移动互联网时代下消费者食品安全信任修复机理及赢回策略研究”

（批准号:2016-RK00-00206-ZF）

四川大学一流学科群“管理科学与国家治理”经费资助

四川知行智库企业管理咨询服务有限公司对本书的支持

前　　言

近年来，中国乳制品行业的“三聚氰胺”事件、德国大众汽车公司“排放门”事件、日本神户制钢所“造假”事件、美国福喜集团“过期肉”事件等品牌丑闻频发。已有研究表明，品牌丑闻的负面效应显著，不仅引发消费者负面联想、降低感知质量、削弱品牌忠诚度、破坏企业声誉、损害品牌资产与企业形象，而且对竞争品牌会产生负向溢出效应，甚至摧毁整个行业的声誉与形象。丑闻曝光后，不少企业采取道歉、召回等应急策略试图挽回消费者信任，消除丑闻的负面影响。然而，现实观察后发现，丑闻的负面效应并非通过短期的应急策略就能全部被消除，有些企业在丑闻后采取捐赠、赞助、事业关联营销等方式，力求通过企业社会责任行为获得道德好评、树立责任品牌形象，却出现品牌“伪善”的消费者负面评价。

本书将企业社会责任(corporate social responsibility，CSR)行为定义为：企业在追求经济利益、履行法定义务之外，为了承担伦理责任和自由裁决责任而实施的捐赠、赞助、事业关联营销等自愿行为。现实中的不少企业在发生丑闻后，采取捐赠、赞助、事业关联营销等 CSR 行为，以期减少丑闻负面影响、修复品牌形象，不同企业的修复效果却大相径庭。例如，丰田汽车公司在丑闻发生后，采取“防控传染病”“节能减排”“捐资助学”等 CSR 行为，其成功助力该公司重返全球汽车销售冠军宝座；而蒙牛在丑闻发生后，采取“整治污水”“保护草原”“捐助地震灾区”等 CSR 行为，却遭遇“花钱买信任”的伪善质疑，加剧品牌形象的坍塌。如此矛盾的事件结果启发了我们的思考：丑闻发生后，企业实施社会责任行为究竟能否修复丑闻品牌形象，品牌形象又应当如何修复？虽然已有学者针对此类问题开展研究并取得了一定成果，但大多运用案例研究、文献推演的方法探索 CSR 行为对丑闻品牌形象的修复效应，缺乏对内在机理和作用边界的系统性研究。已有研究存在以下局限：

第一，研究逻辑通常以消费者认知为起点，将品牌丑闻后的 CSR 行为视为响应型。基于此，一方面未揭示 CSR 行为的客观现实，另一方面不能体现消费者对 CSR 行为反应的完备程度。相关研究将非丑闻情境下 CSR 行为特征的常用变量“移植”到丑闻情境下，导致研究成果在指导丑闻企业的社会责任管理方面存在局限性。

第二，研究内容尚未充分考虑丑闻责任、CSR 行为动机归因等变量在 CSR 行为修复丑闻品牌形象过程中的作用，也未能在系统梳理企业应急响应策略的基础上对其进行深入思考。丑闻情境线索的植入使消费者对 CSR 行为动机的归因过程更复杂，导致丑闻情境下 CSR 行为的有效性难以把控。

第三，研究结论基于成功案例，强调 CSR 行为对丑闻品牌形象的修复效用，也有基于理论推演进行弱化或否定这一效用，且少量实证研究也存在不一致的结论。这种矛盾性表明，CSR 行为对丑闻品牌形象的修复效应受诸多因素的影响，而已有研究未能系统回答“CSR 行为能否修复丑闻品牌形象”和“企业应当如何修复丑闻品牌形象”两大核心问题。

本书整合管理学、心理学和伦理学三大学科视角，基于 CSR 理论、品牌管理理论、S-O-R 理论、归因理论等理论基础，将 CSR 行为对丑闻品牌形象的修复效应嵌入 S-O-R 理论框架中进行分析，探讨企业社会责任与丑闻品牌形象修复的议题，系统解答“CSR 行为能否修复丑闻品牌形象”和“企业应当如何修复丑闻品牌形象”的问题。全书各章主要内容如下：

第 1 章，描述企业社会责任与丑闻品牌形象修复的研究背景、研究意义、研究内容与方法，并阐述本书的七个研究创新。

第 2 章，梳理企业社会责任、品牌丑闻、丑闻品牌形象修复及 CSR 行为在品牌丑闻管理效应领域的研究成果，从研究视角、对象、内容三个方面总结已有研究现状和局限性，并提出本书的研究切入点。

第 3 章，运用内容分析法对比不同类型品牌丑闻下的 CSR 行为，分析丑闻后的 CSR 行为类型，并归纳出丑闻后 CSR 行为的三大规律。

第 4 章，基于多案例研究对丑闻前后的 CSR 行为动机、CSR 行为时机、CSR 行为持续性、CSR-丑闻关联度、CSR 信息披露渠道、CSR 信息呈现的六项特征进行比较研究。

第 5 章，构建 CSR 行为类型对丑闻品牌形象的修复效应模型，实证分析捐赠、赞助和事业关联营销三类 CSR 行为对丑闻品牌形象的修复效应，以及利他性归因的中介作用和丑闻责任的调节作用。

第 6 章，明晰企业捐赠行为及契合度对丑闻品牌形象的修复效应与作用机理，验证企业捐赠行为及契合度修复丑闻品牌形象的主效应，品牌态度、品牌信任、利他性归因的中介作用，以及感知质量、丑闻责任的调节作用。

第 7 章，阐明 CSR 行为特征对丑闻品牌形象的修复效应，以 CSR 行为持续性、CSR-丑闻关联度和 CSR 信息披露渠道为自变量，丑闻品牌形象、购买意愿为因变量，构建 CSR 行为特征对丑闻品牌形象的修复效应模型。

第 8 章，探析 CSR 行为特征修复丑闻品牌形象的作用机理，引入利他性归因作为中介变量，丑闻责任作为调节变量，构建 CSR 行为特征修复丑闻品牌形象的作用机理模型。

第 9 章，整合研究 CSR 行为与质量改进行为对丑闻品牌形象的修复机理，验证丑闻后企业质量改进行为对丑闻品牌形象的修复作用。

第 10 章，构建基于 CSR 视角的丑闻品牌形象修复决策模型，并指出企业应当从树立 CSR 战略观、完善丑闻防范与预警体系、控制丑闻责任、引导利他性归因、建立 CSR 行为类型决策及健全 CSR 行为特征选择机制六个方面，建立丑闻品牌形象修复“六个维度十六条策略”的完整体系。

第 11 章，根据前述各章研究的实证分析结果，归纳与整合全书研究结论，指出研究存在的局限，并对未来的研究进行展望。

本书得益于多项科研基金和经费的资助，在此特别感谢。它们分别是国家自然科学基金项目“企业社会责任行为对丑闻品牌形象的修复机理及策略体系研究”(71372189)，成都市科学技术局软科学项目“移动互联网时代下消费者食品安全信任修复机理及赢回策略研究”(2016-RK00-00206-ZF)，四川大学一流学科群“管理科学与国家治理”经费资助。

在本书研究和出版的过程中，我们获得了很多宝贵的帮助。感谢成都市统筹城乡和农业委员会投资与对外合作处处长阳泽江先生、成都顺点科技有限公司创始人兼首席执行官徐晓晨先生和成都尚作农业科技有限公司创始人兼首席执行官龙淼先生对研究过程中的各项调研、考察和访谈的鼎力支持。感谢四川知行智库企业管理咨询服务有限公司对本书研究与写作的帮助。感谢美国哈佛大学王韵墨、乔治城大学孟彦君协助检索、整理相关学术文献。感谢研究团队数年来一直发挥专长、脚踏实地、协同创新地开展科研工作，他们是何跃教授、左仁淑教授、段桂敏副教授、朱青松副教授、李珊副教授、王春娅副教授、李贻伟副教授、赵占恒老师、祖旭老师，还有丁磊、董竞飞、张强、毛振福、李大林、李雨轩等博士生，以及李雯杰、韩小云、亓相媛、何明莉与吕孟娇等硕士生。感谢科学出版社编辑老师们对本书进行专业、敬业的编校。

最后，再次对所有付诸心血和给予帮助的各界朋友表示诚挚的谢意，正是因为有了大家的大力支持和鼓励，才使本书得以圆满出版。

余伟萍
2018 年 10 月

目　　录

第1章 绪　论

1.1 研究背景

1.1.1 现实背景

近年来，中国乳制品行业的“三聚氰胺”、德国大众汽车公司的“排放门”、日本神户制钢所的“造假”、美国福喜集团“过期肉”等事件频繁发生。品牌丑闻一旦发生，不仅会引发消费者负面联想、降低质量感知、削弱品牌忠诚度、破坏企业声誉，而且对竞争品牌也会产生负向溢出效应(余伟萍等，2014)，甚至摧毁整个行业的声誉与形象。其影响是长久而深远的，企业需要面对漫长的市场恢复道路(Vassilikopoulou et al.，2009)。丑闻曝光后，不少企业采取道歉、召回等应急策略试图挽回消费者信任，消除丑闻的负面影响，然而现实观察发现，丑闻的负面效应并非是通过短期的应急策略就能被全部消除；也有企业在丑闻发生后采取捐赠、赞助、事业关联营销等方式，力求通过企业社会责任(corporate social responsibility，CSR)行为(以下简称 CSR 行为)获得道德好评，树立品牌责任形象，却出现品牌“伪善”的消费者负面评价。

2017 年 10 月 8 日，日本第三大钢铁企业神户制钢所因长期篡改部分铝、铜制品的质量数据引发危机。10 月 18 日，欧洲航空安全监管机构建议：采用神户制钢所材料的公司检视自己的供应链，若有替代供应商，则暂停从神户制钢所采购①。10 月 30 日，神户制钢所宣布撤回对 2017 财年纯损益的预期，并下调营业利润和经常利润预期②。面对危机，日本首相安倍晋三指出：“希望(神钢)务必重拾诚实的责任感。”③11 月 10 日，神户制钢所承认：质量把关不周，

---

① 欧洲航空安全机构建议暂停使用神户制钢所的材料[EB/OL]. [2017-10-18]. http://finance.sina.com.cn/7x24/2017-10-18/doc-ifymvuyt3952432.shtml.

② 神户制钢所撤回 2017 财年纯损益预期[EB/OL]. [2017-10-30]. http://www.xinhuanet.com/2017-10/30/c_1121879915.htm.

③ 安倍忆在神户钢铁就职经历 促老东家“重拾责任感”[EB/OL]. [2017-10-23]. http://finance.chinanews.com.cn/gj/2017/10-23/8358432.shtml.

同时将焦点放在获利，是公司数据造假的成因。同时神户制钢所承诺：将扩大自动化经营，并重新整顿质量控制体系，以期能从日本史上最大企业丑闻之一中翻身①。

2016 年 3 月 15 日，饿了么在线外卖订餐平台被中央电视台(以下简称央视)爆料：该平台引导商家虚构地址、上传虚假实体照片，甚至默认无照经营的黑作坊入驻②。丑闻曝光后，网友表示“看完再也不饿了”③。与此同时，饿了么某配送员面对记者的街头采访时也透露，此前一天接到 10 多个订单，但今天到现在一单也没接到④。面对危机，饿了么创始人兼 CEO 张旭豪表示：“我们必须承认，在食品安全管理上，饿了么确实存在失职之处。我们现在更需要用事实说话，用行动重新赢得尊重。我们要拿出一个成熟公司的责任感，及时审视自身的问题，割除自身恶疾。”⑤在随后的整改行动中，饿了么一方面展开全平台的食品卫生安全及资质审查，另一方面积极致力于全面的社会责任建设，如拯救阿大葱油饼⑥，并在 2017 年 4 月，发布《企业社会责任报告(2016)》，这也是外卖行业的第一份社会责任报告⑦。

2014 年 7 月 20 日，据上海广播电视台电视新闻中心微博报道，麦当劳、肯德基等洋快餐店的供应商(上海福喜食品有限公司)因使用过期劣质肉而被调查⑧，福喜“过期肉”丑闻全面被曝光。信息曝光不久，麦当劳第一时间通知全国所有餐厅，立即停用并封存由上海福喜食品有限公司提供的所有肉类食品⑨。面对危机，上海福喜食品公司的母公司——美国福喜集团于 7 月 28 日召开新闻发布会，其全球主席兼 CEO 谢尔顿·拉文(Sheldon Lavin)明确表示：“这确实是非常严重的错误，我不会尝试为它辩护或辩解，我们需要以最负责任的行动措施，努力重建和重新赢得尊重、信任、信誉和宽恕。”为此，美国福喜集团提出五项整改措施：第一，在中国彻底重建全新的管理和组织结构；第二，立即停止上海福喜食品有限公司的运营；第三，扩展内部审查机制；第四，在上海建立一个全新的美国福喜集团亚洲质

---

① 神钢造假检讨报告出炉 归咎于急功近利欠缺质量控制[EB/OL]. [2017-11-10]. http://finance.ifeng.com/a/20171110/15783082_0.shtml.

② 央视 3·15 晚会第一枪：“饿了么”惊现黑心作坊[EB/OL]. [2016-3-15]. http://money.163.com/16/0315/20/BI7NJNC900254SK5.html.

③ 饿了么惊现黑心作坊 3·15 晚会饿了么被曝光(看完就不饿了)[EB/OL]. [2016-3-16]. http://news.e23.cn/content/2016-03-16/2016031600052.html.

④ 3·15 曝光第二日，饿了么配送员：今天一单没接到[EB/OL]. [2016-3-16]. http://tech.hexun.com/2016-03-16/182793499.html.

⑤ 3·15 晚会被点名饿了么回应：确有失职愿担责任与商户共同守护行业健康发展[EB/OL]. [2016-3-16]. http://www.eeo.com.cn/2016/0316/284227.shtml.

⑥ 饿了么拯救阿大葱油饼，原来互联网也可以+CSR[EB/OL]. [2016-10-19]. http://www.sohu.com/a/116522500_123379.

⑦ 饿了么发布外卖行业首份社会责任报告，将食品安全作为长期良心工程[EB/OL]. [2017-4-24]. http://www.smelzh.gov.cn/glbw/show.php?itemid=15525.

⑧ 7 月 20 日晚 上海福喜被查封[EB/OL]. [2014-7-21]. http://finance.cnr.cn/gundong/201407/t20140728_516053632.shtml.

⑨ 麦当劳：停用并封存由上海福喜提供的所有肉类食品[EB/OL]. [2014-7-20]. http://society.people.com.cn/n/2014/0720/c1008-25304500.html.

量控制中心；第五，未来三年将投资 1000 万元用于食品安全教育活动①。

虽然上述企业均积极开展了社会责任活动，效果却大相径庭：饿了么收获积极口碑，且销售额逆袭；美国福喜集团却陷入二次危机；神户制钢所依然遭受质疑。

美国福喜集团在新闻发布会上提出的五项整改措施遭到了大众质疑。一位澎湃新闻的记者看到整改措施后追问，一家公司自己出了食品安全问题，却还说要在中国投资 1000 万元用于食品安全教育活动，他们究竟想要教育谁？②该信息经过网络媒体的二次传播，进一步“激怒”了大量网民，并最终引发了更为严重的二次危机——消费者抵制。

而饿了么的社会责任行为却赢得媒体和大众的赞赏，“原来互联网也可以+CSR”③。这或许可以为国内互联网企业践行社会责任提供新的思路。

对于神户制钢所而言，截至 2017 年 12 月 31 日，品牌丑闻仍处于发酵中。例如，2017 年 12 月 28 日，上海出入境检验检疫局对神户制钢所及其集团内公司相关进口产品发布质量安全风险预警④，公司原本计划履行的 CSR 行为需要更多的时间，效果难以估量。

类似于美国福喜集团的失败案例屡见不鲜。例如，2011 年，内蒙古蒙牛乳业(集团)股份有限公司在遭遇“黄曲霉素超标”的丑闻背景下，其所获得的“最具社会责任企业”奖被媒体解读为“花钱买信任”；同年，达芬奇家居股份有限公司在“假洋鬼子”丑闻的冲击下，其“义卖”行为也被视为“作秀的公益”；2013 年，苹果公司“在华售后服务涉嫌歧视中国消费者”的丑闻被曝光后，该公司对雅安灾区所做的及时捐赠行为也被视为“伪善”。由此可见，CSR 行为是一把双刃剑，如何避免被贴上“伪社会责任”“伪善”“漂绿”等标签，是丑闻情境下实现 CSR 行为对丑闻品牌形象修复效应的关键。

为此，如下问题需要科学解答：品牌丑闻发生后，企业开展的 CSR 行为有哪些类型和规律？丑闻后的 CSR 行为有何系统性特征？CSR 行为能否修复丑闻品牌形象？如果答案是肯定的，其作用机理是什么？企业捐赠行为及契合度对丑闻品牌形象的修复效应与作用机理是什么？CSR 行为特征对丑闻品牌形象修复有何影响，其作用机理是什么？CSR 行为与企业质量改进行为如何交互影响丑闻品牌形象的修复？基于 CSR 视角的丑闻品牌形象修复策略体系应如何构建？

---

① 美国福喜集团主席道歉 将在中国组建全新管理团队[EB/OL]. [2014-7-29]. http://news.163.com/14/0729/09/A2AERRU400014SEH.html.from=sh_xgbd.

② 福喜你想教育谁：未来 3 年出资 1000 万资助食品安全[EB/OL]. [2014-7-29]. http://finance.sina.com.cn/chanjing/gsnews/20140729/025919844043.shtml.

③ 饿了么拯救阿大葱油饼，原来互联网也可以+CSR[EB/OL]. [2016-10-19]. http://www.sohu.com/a/116522500_123379.

④ 上海口岸发布日本神户制钢产品质量安全风险预警[EB/OL]. [2017-12-28]. http://www.xinhuanet.com/2017-12/28/c_1122181855.htm.

1.1.2 理论背景

企业社会责任的概念自提出以来备受关注，国内外学者对其定义多达上百种，主要归纳为三类观点：①以 Friedman (1970) 为代表的学者认为：企业的唯一责任是在一定的规则范围内追求股东利润最大化；②以 Anderson (1989) 和 Bowie (1991) 为代表的学者强调，企业的社会责任是“帮助解决社会问题”“改善社会福利”，而未将经济责任纳入社会责任范畴；③以 Carroll (1979) 为代表的学者从利益相关者视角提出，企业的社会责任不仅是经济责任，而且是某一特定时期社会对组织所寄托的经济、法律、伦理和自由决定（慈善）的期望。本书基于 Anderson (1989) 和 Bowie (1991) 的观点，结合 McWilliams 和 Siegel (2001)、Kotler 和 Lee (2004) 的表述及品牌丑闻情境，将 CSR 行为界定为：企业在追求经济利益、履行法定义务之外承担伦理责任和自由裁决责任而实施的捐赠、赞助、事业关联营销等自愿行为。

CSR 受社会义务 (Minor and Morgan，2011)、营销 (Varadarjan and Menon，1988；Handelman and Arnold，1999；Sen and Bhattacharya，2001)、利益相关者 (Donaldson and Preston，1995；Maignan and Ferrell，2004)、企业战略及领导者 (Maak and Pless，2006) 的驱动。已有研究表明，积极的 CSR 行为将为企业带来一系列价值，不仅能提升公司形象或声誉、顾客忠诚等品牌资产，提高产品评价、增强购买意愿，以及提高公司市场价值 (Luo and Bhattacharya，2006；Pirsch et al.，2007；李海芹和张子刚，2010)，还能吸引优秀员工 (Hunt et al.，1990；Turban and Greening，1997)，更能在负面事件发生时实现类似保险的保护功能 (Godfrey et al.，2009)。

由于品牌丑闻发生的根本原因是社会责任缺失 (Souto，2009)，因此，学者在开展丑闻品牌形象修复研究时，逐步从及时响应和后期干预视角转移至社会责任修复视角。已有研究发现，CSR 行为对丑闻品牌形象具有规避效应 (刘藏岩，2006；姜启军和苏勇，2010；徐明阳和苏平，2013)、稀释效应 (Klein and Dawar，2004；Godfrey，2005；Coombs，2007；Vanhamme and Grobben，2009；井淼和周颖，2013；钟金来，2012；江炎骏，2013；熊焰和任丽莉，2012；田虹和袁海霞，2013；Joireman et al.，2015) 和修复效应 (Menon and Kahn，2003；Becker-Olsen et al.，2006；周安华和苗晋平，2007；杜志刚等，2011；鄢丙胜，2014；万广圣和晁钢令，2015；Shim and Yang，2016)。也有研究表明，当企业试图通过开展 CSR 活动来减少负面信息的影响 (Ricks and Williams，2005)、保护组织形象 (Murray and Vogel，1997；Wagner et al.，2009) 时，这种工具性或技术性的 CSR 行为往往又被消费者认为是企业为犯错进行“遮羞”或讨好公众的“伪善” (Lee，2008) 与自救行为，从而降低 CSR 行为对丑闻品牌形象的修复效应。针对“CSR 行为能否修复丑闻品牌形象”及“企业应当如何修复”这两个问题，虽然有了一些研究成果，但研究结论尚未统一，探索性研究多于实证性研究，且仅关注了某种 CSR 行为类型或某个 CSR 行为特征，如基于消费者认知视角的 CSR 信息来源与类型、信息参考点(杜志刚等，2011)、同行业相对 CSR 水平(鄢丙胜，2014)等，尚未扎根于丑闻后的 CSR 实践，未能系统探明丑闻情境下 CSR 行为的类型和特征，无法全面揭示 CSR 行为的作用边界、条件和机理，不能有效地指导企业品牌形象修复的实践。

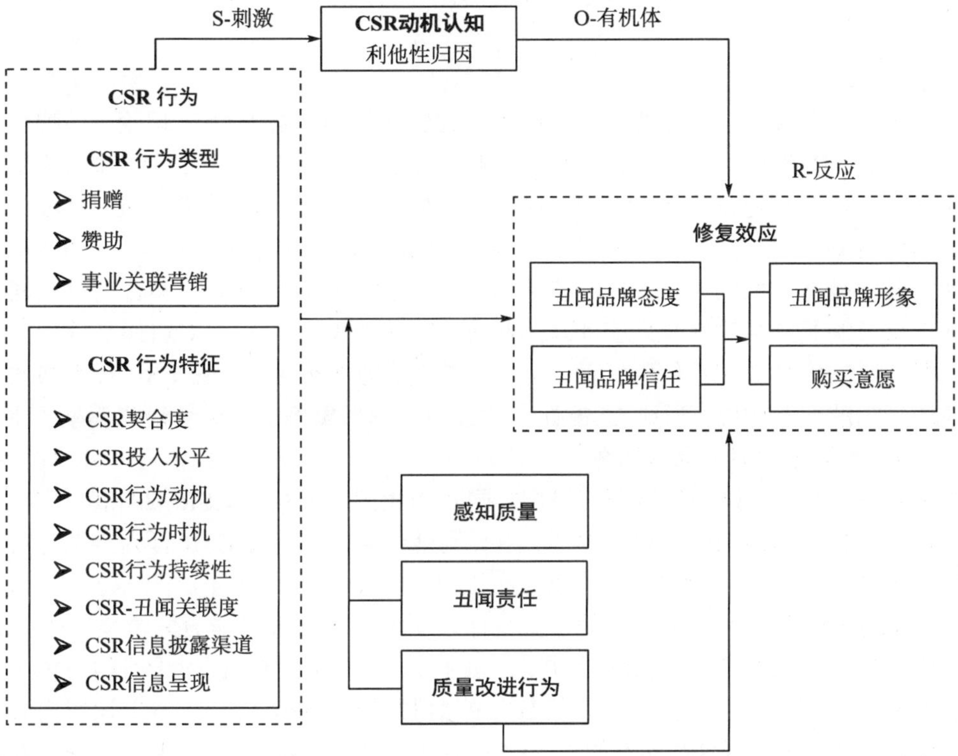

图 1.1　企业社会责任行为对丑闻品牌形象的修复研究框架

S-O-R 理论用于解释环境刺激对个体情感和行为的影响。刺激需通过信息接收者的意识来影响心理。他们往往选择性地接收外部刺激，并形成有意识的或者无意识的一种心理反应，这种心理反应可能是正面或负面的情感，或者是内在的情感或认知状态，而行为反应往往是接近或回避行为。根据 S-O-R 理论，CSR 行为是外部刺激因素，会影响消费者的认知与行为。丑闻发生后 CSR 行为信息相当于环境刺激，消费者接收的刺激信息会与其大脑中存储的信息发生交互作用，从而影响消费者对丑闻企业的 CSR 行为动机的认知，进而影响丑闻品牌形象评价和购买意愿。基于此，本书以 S-O-R 理论为分析框架，系统探明丑闻情境下 CSR 行为的类型和特征，在此基础上构建丑闻品牌形象修复效应与作用机理模型，揭示CSR行为对丑闻品牌形象的修复效应与作用机理，探明企业捐赠行为对丑闻品牌形象的修复效应与作用机理，探索CSR行为特征对丑闻品牌形象的修复效应与作用机理，厘清CSR行为、质量改进行为对丑闻品牌形象的整合修复效应，并在此基础上提出基于CSR视角的丑闻品牌形象修复策略体系(图1.1)。

1.2 研究意义

本书整合管理学、心理学和伦理学三大学科视角，基于CSR理论、品牌管理理论、S-O-R理论、归因理论等理论基础，将CSR行为对丑闻品牌形象的修复效应嵌入S-O-R理论框架进行分析，探明丑闻后CSR行为的类型与特征，比较分析丑闻前后CSR行为的类型与特征，探析捐赠、赞助、事业关联营销三类CSR行为对丑闻品牌形象的修复效应与作用机理；明确企业捐赠行为及契合度对丑闻品牌形象与购买意愿的修复效应和作用机理；揭示CSR行为特征对丑闻品牌形象与购买意愿的修复效应及作用机理；引入质量改进行为变量，探讨CSR行为与质量改进行为的交互效应，形成CSR行为对丑闻品牌形象修复的整合研究模型；建立基于CSR视角的丑闻品牌形象修复策略体系。本书旨在深化和丰富CSR理论和品牌管理理论，推进该领域研究进展。同时为我国企业树立CSR战略观、完善丑闻防范与预警体系、控制丑闻责任、引导利他性归因、建立CSR行为类型与特征决策机制提供依据。本书的理论意义在于以下八个方面。

(1)探明丑闻后CSR行为的三大规律。学者主要研究了非丑闻情境下的CSR行为类型、CSR契合度、CSR历史、CSR投入水平等特征，而对于丑闻情境下的CSR行为特征研究主要基于文献推导与单案例研究，缺乏实证。本书运用内容分析法，分析丑闻后CSR行为频次、CSR投入水平、CSR行为类型等特征，对比分析不同类型品牌丑闻下的CSR行为，其中CSR行为类型包括捐赠、赞助和事业关联营销，为该领域进一步深化和细化研究奠定了理论基础。

(2)比较丑闻前后CSR行为的六项特征。现有研究重点关注非丑闻情境下的CSR行为特征，没有针对丑闻前后的CSR行为特征进行比较，也无法确定其能否适用于丑闻情境，本书运用多案例研究法，选择不同行业和性质的企业为案例对象，收集丑闻发生前后1年的CSR行为信息，通过内容分析法，比较丑闻前后企业的CSR行为动机、CSR行为时机、CSR行为持续性、CSR-丑闻关联度、CSR信息披露渠道、CSR信息呈现六项特征，进一步丰富了CSR理论。

(3)揭示CSR行为对丑闻品牌形象的修复效应与作用机理。与已有研究重点关注非丑闻情境下三类CSR行为对品牌形象的提升作用，或丑闻情境下某种CSR行为的修复效应不同，本书基于 CSR 理论，构建 CSR 行为对丑闻品牌形象的修复效应模型，实证分析捐赠、赞助、事业关联营销三类 CSR 行为对丑闻品牌形象的修复效应，并比较其差异。在此基础上，引入归因理论，建立 CSR 行为类型对丑闻品牌形象的修复机理模型，重点分析了利他性归因的中介作用和丑闻责任的调节作用。

(4) 明晰企业捐赠行为和契合度对丑闻品牌形象的修复效应与作用机理。在识别出丑闻后企业捐赠行为效果最佳的前提下，进一步构建企业捐赠行为和契合度对丑闻品牌形象和购买意愿的修复效应与作用机理模型，并通过实验法验证企业捐赠行为及契合度的主效应与品牌态度、品牌信任、利他性归因的中介作用，以及感知质量、丑闻责任的调节作用，进一步深化了 CSR 理论。

(5) 阐明 CSR 行为特征对丑闻品牌形象的修复效应。已有研究虽然对丑闻情境下 CSR 行为对丑闻品牌形象的修复作用进行了探索，但尚未系统探索 CSR 行为特征的作用效果。本书基于情境线索理论、可接近-可诊断理论，以 CSR 行为持续性、CSR-丑闻关联度、CSR 信息披露渠道为自变量，以丑闻品牌形象、购买意愿为因变量，构建 CSR 行为特征对丑闻品牌形象的修复效应模型，扩展了 CSR 行为特征的作用边界。

(6) 探析 CSR 行为特征修复丑闻品牌形象的作用机理。在探明 CSR 行为持续性、CSR-丑闻关联度、CSR 信息披露渠道对丑闻品牌形象的修复效应基础上，基于归因理论，引入利他性归因作为中介变量，引入丑闻责任作为调节变量，构建了 CSR 行为特征修复丑闻品牌形象的作用机理模型。

(7) CSR 行为与质量改进行为对丑闻品牌形象修复的整合研究。本书整合质量改进行为变量，基于企业联想理论、双因素理论，构建 CSR 行为、质量改进行为对丑闻品牌形象及购买意愿的整合修复模型，并通过准实验法检验 CSR 行为和质量改进行为的交互效应。本书弥补了已有研究仅关注 CSR 行为本身，尚未考虑引发丑闻的关键——产品质量问题的局限，明确了 CSR 行为修复丑闻品牌形象的边界。

(8) 建立基于 CSR 视角的丑闻品牌形象修复策略体系。本书以 CSR 理论、品牌形象管理理论为基础，构建了基于 CSR 视角的丑闻品牌形象修复决策模型；建立了“六个维度”丑闻品牌形象修复策略体系，包括树立 CSR 战略观、完善丑闻防范与预警体系、控制丑闻责任、引导利他性归因、建立 CSR 行为类型决策机制，以及健全 CSR 行为特征选择机制。

本书的实践意义在于以下五个方面。

(1) 帮助企业加深对社会责任内涵与意义的理解。本书能帮助企业深入理解社会责任的内涵与意义，有助于企业充分发挥 CSR 行为的战略性和工具性价值，启发企业关注商业伦理，尤其是质量伦理，并完善产品/服务质量管理体系和品牌形象管理体系。

(2) 指导企业认知 CSR 行为对品牌形象的保护和修复效应及作用机理。本书探明了 CSR 行为对品牌形象的保护和修复效应及作用机理，不仅有助于企业了解捐赠、赞助、事业关联营销等 CSR 行为与质量改进行为的修复效应差异与应用情境，也有助于企业根据丑闻情境下 CSR 契合度和投入水平、CSR 行为持续性、CSR-丑闻关联度、CSR 行为时机、CSR 信息披露渠道、CSR 信息呈现等 CSR 行为特征的影响机制，建立科学的 CSR 行为类型与 CSR 行为特征的决策体系，并掌握实施方法。

(3) 整合具有现实指导意义的丑闻品牌形象修复决策模型。本书将已有成果和研究发现的理论规律整合成为基于 CSR 视角的丑闻品牌形象修复决策模型，探明了丑闻责任、产品感知质量和产品质量改进在品牌形象修复过程中的作用与意义，指导企业降低丑闻导致的经营损失风险、促进消费者形成 CSR 行为利他性归因，从而重塑品牌信任、修复品牌形象，提高消费者购买意愿，实现“防患未然、临危不乱、有效修复”的品牌形象管理目标。

(4) 倡导企业树立 CSR 战略观与社会责任品牌形象。本书倡导企业树立正确的企业价值观与 CSR 战略观，帮助企业制定与品牌形象管理、CSR 定位、CSR 行为参与度和持续性、社会事业选择、利益相关者沟通、CSR 信息披露等相关的战略方针，助力企业塑造有道德、有能力、公平正直的社会责任品牌形象，赢得市场竞争优势，实现可持续发展。

(5) 构建基于 CSR 视角的丑闻品牌形象修复“六个维度十六条策略”体系。本书从价值观与战略、运营管理和工具措施三个层面，为企业设计了具有系统性和可操作性的基于 CSR 视角的丑闻品牌形象修复“六个维度十六条策略”体系，帮助企业降低 CSR 行为决策的盲目性和粗放性，提高有限资源在品牌形象修复过程中的应用效率。

1.3 研究内容及方法

1.3.1 研究内容

本书对 CSR、品牌丑闻、品牌形象修复相关领域的研究成果进行了系统检索与梳理，从研究对象、研究内容、研究视角等方面做了深入细致的总结，掌握了相关领域研究历史和最新动态。本书结合现实观察，在整合分析相关研究成果的基础上，提出研究切入点，并设计本书的研究目标、框架、思路和方法。为了有效实现研究目标，本书着重围绕以下八个方面展开研究。

(1) 丑闻后企业 CSR 行为研究。本书运用内容分析法，采集了丑闻后 CSR 信息，分析了丑闻后的 CSR 行为类型、CSR 投入水平、丑闻后 CSR 契合度等规律，并对不同类型品牌丑闻下的 CSR 行为进行了对比分析，其中 CSR 行为类型包括捐赠、赞助和事业关联营销。

(2) 丑闻前后企业 CSR 行为比较。本书基于多案例研究法，选择不同行业、不同性质企业的案例，收集丑闻发生前后 1 年内的 CSR 行为信息，通过内容分析法，比较了丑闻前后的 CSR 行为动机、CSR 行为时机、CSR 行为持续性、CSR-丑闻关联度、CSR 信息披露渠道、CSR 信息呈现六项特征。

(3) CSR 行为对丑闻品牌形象的修复效应与作用机理研究。本书基于 CSR 理论，构建了 CSR 行为对丑闻品牌形象的修复效应模型，实证分析了捐赠、赞助、事业关联营销三类 CSR 行为对丑闻品牌形象的修复效应，并比较了其修复效应的差异。在此基础上，引入归因理论，建立 CSR 行为类型对丑闻品牌形象修复的机理模型，重点分析了利他性归因的中介作用及丑闻责任的调节作用。

(4) 企业捐赠行为及契合度对丑闻品牌形象的修复效应与作用机理研究。本书基于归因理论，在识别出企业捐赠行为效果最佳的前提下，进一步构建了企业捐赠行为及契合度对丑闻品牌形象和购买意愿的修复效应与作用机理模型，并通过实验法验证了品牌态度、品牌信任、利他性归因的中介作用，以及感知质量、感知责任的调节作用。

(5) CSR 行为特征对丑闻品牌形象的修复效应研究。本书基于情境线索理论、可接近-可诊断理论，以 CSR 行为持续性、CSR-丑闻关联度、CSR 信息披露渠道为自变量，以丑闻品牌形象、购买意愿为因变量，构建了 CSR 行为特征对丑闻品牌形象的修复效应模型，并通过实验法对其进行了验证。其中，根据 CSR 行为的持续性，将 CSR 行为分为持续从事和首次开展两种不同方式。

(6) CSR 行为特征修复丑闻品牌形象的作用机理研究。本书基于归因理论，在探明 CSR 行为持续性、CSR-丑闻关联度、CSR 信息披露渠道对丑闻品牌形象的修复效应基础上，引入利他性归因作为中介变量，引入丑闻责任作为调节变量，构建了 CSR 行为特征修复丑闻品牌形象的作用机理模型，并运用实验法对其进行了验证。

(7) CSR 行为和质量改进行为对丑闻品牌形象修复机理的整合研究。本书在探明 CSR 行为特征对丑闻品牌形象修复机理的基础上，基于企业联想理论、双因素理论，引入质量改进行为变量，构建了 CSR 行为对丑闻品牌形象修复机理模型，通过实验法验证了质量改进行为对丑闻品牌形象和购买意愿的修复效应，验证了质量改进行为在 CSR 行为持续性、CSR-丑闻关联度、CSR 信息披露渠道影响利他性归因、品牌形象、购买意愿过程中的调节作用。

(8) 基于 CSR 视角的丑闻品牌形象修复策略体系研究。本书基于危机管理理论、形象管理理论，以丑闻情境分析—CSR 行为修复策略选择—丑闻品牌形象修复为分析框架，构建了丑闻品牌形象修复决策模型及策略体系，包括树立 CSR 战略观、完善丑闻防范与预警体系、控制丑闻责任、引导利他性归因、建立 CSR 行为类型决策机制及健全 CSR 行为特征选择机制。

1.3.2 研究方法

(1) 文献研究和理论分析。在系统检索关于 CSR、社会责任与消费者响应、品牌丑闻及形象修复、CSR 行为的品牌丑闻管理效应等文献的基础上，总结已有研究的重要发现和不足，确定本书的切入点及拟解决的关键问题，选择适应该研究的理论建立分析框架，在内容分析、案例研究、逻辑推理和理论分析相结合的基础上，提出逻辑模型与研究假设。

(2) 专家法。以文献研究或现实观察为基础，提炼品牌丑闻情境下 CSR 行为的类型与特征。邀请多名研究营销的教授、副教授、博士生，对丑闻情境下 CSR 行为特征，尤其是丑闻前后的 CSR 行为特征，提炼、构建模型并进行独立的判断和集体讨论，经过多轮讨论后达到信度标准，确定丑闻后 CSR 行为的独有特征。

(3) 案例研究法。以中国营销传播网的营销文库为品牌案例来源，收集 2009～2013 年的 174 个丑闻案例信息，运用内容分析法，分析品牌丑闻发生后的 CSR 行为频次、CSR 投入水平、CSR 行为类型和 CSR 契合度，以及不同品牌丑闻类型下的 CSR 行为差异，并将研究结果与已有研究进行对比讨论，为研究变量选择提供依据。

(4) 内容分析法。选择 10 个品牌丑闻案例，通过企业官网、百度新闻收集丑闻发生前后 1 年内的社会责任信息，对比分析丑闻前后的 CSR 行为类型和 CSR 行为六项特征(包括 CSR 行为动机、CSR 行为时机、CSR 行为持续性、CSR-丑闻关联度、CSR 信息披露渠道、CSR 信息呈现)，为本书变量选择与模型构建提供依据。

(5) 实验/准实验法。在 CSR 行为的类型和特征对丑闻品牌形象与购买意愿的修复效应研究中，其修复效果可能会受到诸多因素影响，在数据搜集过程中需要通过情景模拟操控相关变量，以实现对目标变量间相互关系的验证，因此本书以实验法为基本研究方法。在个别调节变量无法被操控的情况下，本书运用准实验法尽可能地还原自然情景，进行数据搜集。

本书使用到的统计分析技术主要包括信度效度分析、验证性因子分析、回归分析、方差分析等，主要采用的统计分析软件是 SPSS 17.0 和 AMOS 21.0。

1.4 技术路线

本书的技术路线如图 1.2 所示。

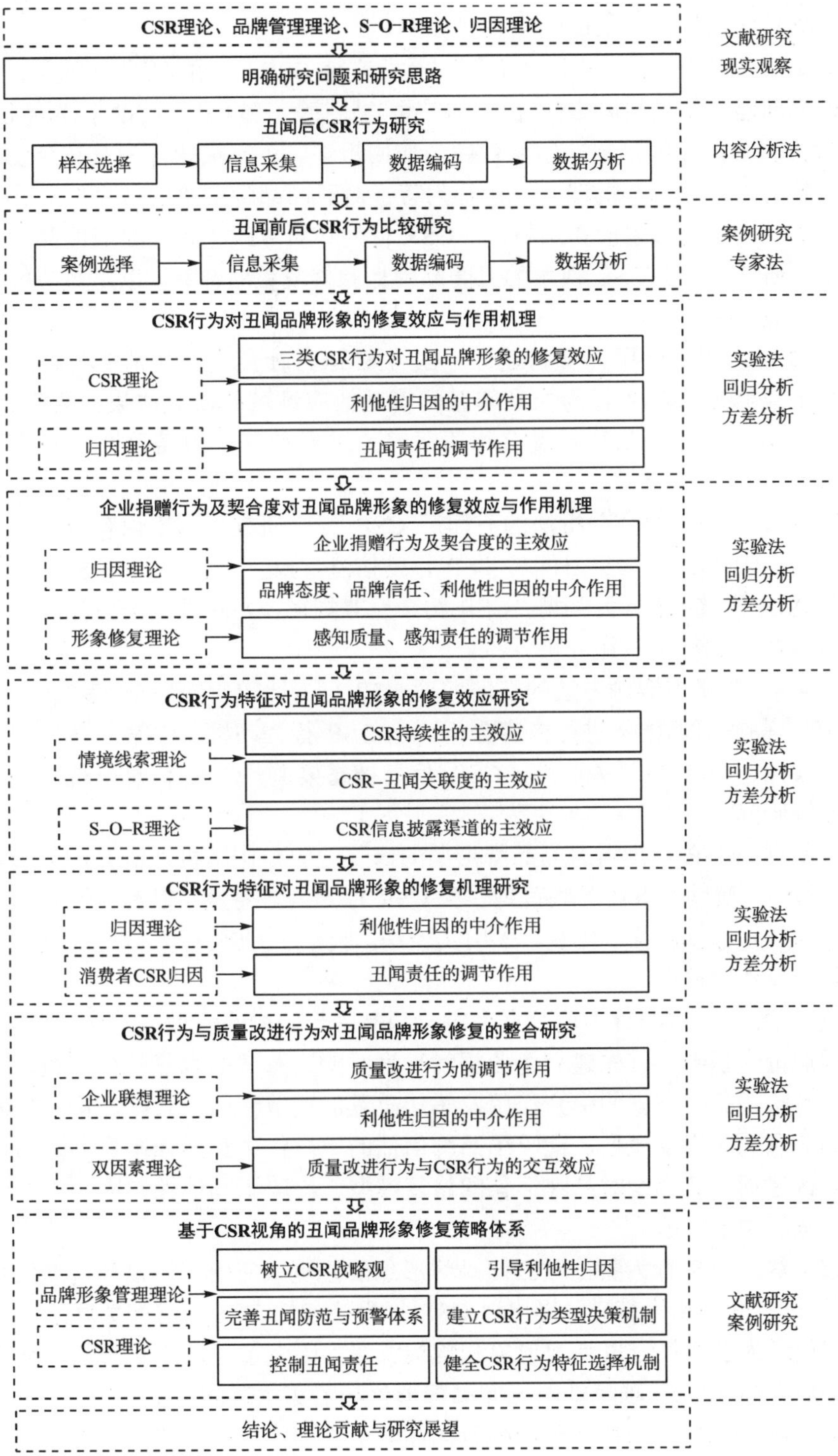
CSR理论、品牌管理理论、S-O-R理论、归因理论
文献研究
现实观察
明确研究问题和研究思路
丑闻后CSR行为研究
样本选择
信息采集
数据编码
数据分析
内容分析法
丑闻前后CSR行为比较研究
案例选择
信息采集
数据编码
数据分析
案例研究
专家法
CSR行为对丑闻品牌形象的修复效应与作用机理
CSR理论
三类CSR行为对丑闻品牌形象的修复效应
利他性归因的中介作用
归因理论
丑闻责任的调节作用
实验法
回归分析
方差分析
企业捐赠行为及契合度对丑闻品牌形象的修复效应与作用机理
归因理论
企业捐赠行为及契合度的主效应
品牌态度、品牌信任、利他性归因的中介作用
形象修复理论
感知质量、感知责任的调节作用
实验法
回归分析
方差分析
CSR行为特征对丑闻品牌形象的修复效应研究
情境线索理论
CSR持续性的主效应
CSR-丑闻关联度的主效应
S-O-R理论
CSR信息披露渠道的主效应
实验法
回归分析
方差分析
CSR行为特征对丑闻品牌形象的修复机理研究
归因理论
利他性归因的中介作用
消费者CSR归因
丑闻责任的调节作用
实验法
回归分析
方差分析
CSR行为与质量改进行为对丑闻品牌形象修复的整合研究
企业联想理论
质量改进行为的调节作用
利他性归因的中介作用
双因素理论
质量改进行为与CSR行为的交互效应
实验法
回归分析
方差分析
基于CSR视角的丑闻品牌形象修复策略体系
品牌形象管理理论
CSR理论
树立CSR战略观
引导利他性归因
完善丑闻防范与预警体系
建立CSR行为类型决策机制
控制丑闻责任
健全CSR行为特征选择机制
文献研究
案例研究
结论、理论贡献与研究展望

图 1.2　研究技术路线图

根据技术路线，本书的结构安排如下。

第 1 章：绪论。主要描述了丑闻后企业实施 CSR 行为的现象和效果，提出了八大研究问题，即丑闻后 CSR 行为的类型与规律、丑闻前后 CSR 行为特征比较、CSR 行为对丑闻品牌形象的修复效应与作用机理、企业捐赠行为及契合度对丑闻品牌形象的修复效应及机理、CSR 行为特征对丑闻品牌形象的修复效应、CSR 行为特征对丑闻品牌形象的作用机理、CSR 行为和质量改进行为对丑闻品牌形象修复的整合研究、基于 CSR 视角的丑闻品牌形象修复策略体系，以及对应的研究思路和创新点。

第 2 章：国内外研究现状述评。围绕 CSR、社会责任与消费者响应、品牌丑闻及形象修复、CSR 行为的品牌丑闻管理效应领域的研究成果，从研究视角、对象、内容三个方面总结了现有相关研究的进展和存在的局限性，明确了本书的切入点。

第 3 章：基于内容分析法的丑闻后 CSR 行为研究。基于内容分析法，选取 174 个品牌丑闻案例，采集丑闻后 CSR 行为信息，分析了丑闻后的 CSR 行为频次、CSR 投入水平、CSR 行为类型、CSR 契合度等规律，并对不同类型品牌丑闻下的 CSR 行为类型进行了对比分析。

第 4 章：基于多案例方法的丑闻前后 CSR 行为比较研究。基于多案例研究法，选取 10 个品牌丑闻案例进行内容分析，从 CSR 行为动机、CSR 行为时机、CSR 行为持续性、CSR-丑闻关联度、CSR 信息披露渠道、CSR 信息呈现六项特征进行了比较研究。

第 5 章：CSR 行为对丑闻品牌形象的修复效应与作用机理研究。基于归因理论，以捐赠、赞助、事业关联营销三类 CSR 行为为自变量，以利他性归因为中介变量，以丑闻责任为调节变量，采用实验法，验证了 CSR 行为对丑闻品牌形象的修复效应及作用机理。

第 6 章：企业捐赠行为及契合度对丑闻品牌形象的修复效应与作用机理研究。以归因理论为基础，首先建立企业捐赠行为对购买意愿的修复效应模型，运用实验法，检验了品牌态度的中介作用及感知质量的调节作用；其次，构建捐赠契合度对购买意愿的修复模型，检验了品牌信任的中介作用和感知质量的调节作用；最后，构建捐赠契合度对品牌形象的修复模型，检验了利他性归因的中介作用和感知质量的调节作用。

第 7 章：CSR 行为特征对丑闻品牌形象的修复效应研究。以情境线索理论、可接近-可诊断理论为基础，提出以 CSR 行为持续性、CSR-丑闻关联度、CSR 信息披露渠道为自变量、以品牌形象和购买意愿为因变量，运用实验法，分别验证了丑闻后 CSR 行为三项特征对丑闻品牌形象与购买意愿的修复效应。

第 8 章：CSR 行为特征对修复丑闻品牌形象的作用机理研究。以归因理论为理论基础，在第 7 章的基础上，引入利他性归因为中介变量，引入丑闻责任为调节变量，构建 CSR 行为特征修复丑闻品牌形象的作用机理模型，并运用实验法对其进行了验证。

第 9 章：CSR 行为与质量改进行为对丑闻品牌形象修复整合研究。基于企业联想理论、双因素理论，构建 CSR 行为、质量改进行为对丑闻品牌形象与购买意愿的整合修复机理模型，并通过实验法验证了利他性动机的中介作用和质量改进行为的调节作用。

第 10 章：基于 CSR 视角的丑闻品牌形象修复策略体系研究。基于危机管理理论、形象管理理论，以丑闻情境分析—CSR 行为修复策略选择—丑闻品牌修复效应实现为分析框架，建构丑闻品牌形象修复决策模型，从树立 CSR 战略观、完善丑闻防范与预警体系、控制丑闻责任、引导利他性归因、建立 CSR 行为类型决策机制，以及健全 CSR 行为特征选择机制六个方面建立了策略体系。

第 11 章：研究结论与展望。主要根据前述各章研究的实证分析结果，归纳与整合全书研究结论，指出研究存在的局限，并对未来的研究进行展望。

1.5 研 究 创 新

本书各章的研究形成了丰富的研究成果，其研究创新体现在以下七方面。

(1)推动了丑闻后 CSR 行为的深入研究。作为本书的逻辑起点，首先需要探明丑闻后 CSR 行为的类型与特征，而已有研究则重点关注非丑闻情境下的 CSR 行为类型、特征。本书运用内容分析法，选取 174 个品牌丑闻案例，采集丑闻后 CSR 行为信息，分析丑闻后的 CSR 行为频次、CSR 投入水平、CSR 行为类型、CSR 契合度等特征，并对不同类型品牌丑闻下的 CSR 行为进行对比分析，其中 CSR 行为类型包括捐赠、赞助和事业关联营销。

(2)创新了丑闻前后 CSR 行为特征的比较研究。比较丑闻前后 CSR 行为类型与特征，以深入挖掘 CSR 行为对丑闻品牌形象的修复效应和作用机理为前提。本书基于多案例研究法，选择不同行业、不同性质企业的 10 个案例，收集丑闻发生前后 1 年内的 CSR 行为信息，通过内容分析法，比较分析了丑闻前后的 CSR 行为动机、CSR 行为时机、CSR 行为持续性、CSR-丑闻关联度、CSR 信息披露渠道、CSR 信息呈现六项特征。

(3)剖析了 CSR 行为对丑闻品牌形象的修复效应与作用机理。基于 CSR 理论，构建了 CSR 行为对丑闻品牌形象的修复效应模型，实证分析捐赠、赞助、事业关联营销三类 CSR 行为对丑闻品牌形象的修复效应，并比较其修复效应差异。在此基础上，引入归因理论，建立 CSR 行为类型对丑闻品牌形象的修复机理模型，重点分析利他性归因的中介作用及丑闻责任的调节作用。

(4)探明了企业捐赠行为及契合度对丑闻品牌形象的修复效应与作用机理。在识别出企业捐赠行为效果最佳的前提下，进一步构建捐赠行为和契合度对丑闻品牌形象及购买意愿的修复效应与作用机理模型，并通过实验法验证品牌态度、品牌信任、利他性归因的中介作用，以及感知质量、丑闻责任的调节作用。

(5)明确了CSR行为特征对丑闻品牌形象的修复效应与作用机理。以CSR行为持续性、CSR-丑闻关联度、CRS信息披露渠道为自变量，以丑闻品牌形象、购买意愿为因变量，构建CSR行为特征对丑闻品牌形象的修复效应模型，并通过实验法对其进行验证。在此基础上，引入利他性归因作为中介变量，引入丑闻责任作为调节变量，构建CSR行为特征修复丑闻品牌形象的作用机理模型，并运用实验法对其进行验证。

(6)整合了CSR行为与质量改进行为对丑闻品牌形象的修复研究。在探明CSR行为特征对丑闻品牌形象的修复机理的基础上，引入质量改进行为为变量，构建CSR行为对丑闻品牌形象修复机理的整合模型，通过实验法验证质量改进行为对丑闻后品牌形象和购买意愿的修复效应，验证质量改进行为在CSR行为持续性、CSR-丑闻关联度及CSR信息披露渠道在影响利他性归因、品牌形象、购买意愿过程中的调节作用。

(7)整合并构建了基于CSR视角的丑闻品牌形象修复“六个维度十六条策略”体系。在剖析CSR行为对丑闻品牌形象的修复效应与作用机理的基础上，本书按照丑闻情境分析—CSR行为修复策略选择—丑闻品牌修复效应实现的分析框架，从树立CSR战略观、完善丑闻防范与预警体系、控制丑闻责任、引导利他性归因、建立CSR行为类型决策机制及健全CSR行为特征选择机制六个维度构建基于CSR视角的丑闻品牌形象修复“六个维度十六条策略”体系。

第 2 章　国内外研究现状述评

2.1　企业社会责任

CSR 的早期历史可以追溯到 1917 年，Henry Ford 宣布福特汽车公司(Ford Motor Company)的企业使命是“关心每个人的生活；提供就业机会；把汽车卖给需要的人们，并顺便赚钱”(Lee，2008)。80 年后，Henry Ford 的曾孙 William Clay 强调，福特公司重视员工和股东等利益相关者，“我们想找到巧妙的新方法取悦消费者，为股东提供更高的回报，为我们创造一个更美好的世界”。

从商业实践的角度来看，福特公司只是众多履行社会责任的公司之一。从学术研究的角度来看，很多学者认为 Bowen(1953)的 *Social Responsibilities of the Businessman* 是第一本探讨企业与社会之间关系的著作(Carroll，1979)。书中指出，企业应该意识到商业伦理可实现长期的卓越绩效，CSR 是商业领袖们在制定决策和实现目标过程中必须遵循的原则，这些原则根植于社会的价值观念。Friedman(1970)对 Bowen(1953)的观点提出了挑战，他认为，企业的社会责任是“企业利用资源追求利润的过程中不能使用欺骗的手段”，较多地关注了“法律责任”。Lantos(2001)提出了战略性 CSR 概念，保留了 Carroll 提出“经济责任、伦理责任和环境责任”的观点。Lee(2008)致力于 CSR 行为的合理化研究，归纳了有关 CSR 与企业业绩之间的关系。2005 年之后，CSR 相关研究涌现，其中包括 CSR 相关战略帮助企业获得竞争优势的研究(Murphy and Schlegelmilch，2013)，类似研究致力于衡量 CSR 如何为利益相关者创造价值(Donaldson and Preston，1995)。

CSR 研究的演化路径较为复杂，建构于利益相关者理论和代理理论等管理理论，学术界迄今尚未形成统一的 CSR 定义(Carroll，1999)，也有学者认为，正是那些阻碍管理者充分理解 CSR 的因素会促进理论的发展(Lindgreen and Swaen，2010)。Carroll(1991)认为，定义 CSR 之所以困难，在于无法精确解释“社会”，这个词既可以从宏观解释，也可以微观地认为其只包括企业内部员工的需要。Devinney(2009)提出，可以将“社会”完全去掉，而仅研究企业的责任。Murphy 和 Schlegelmilch (2013) 提出，这种语义上的变动忽视了企业广泛介入社会活动的事实，甚至是企业本身包含的社会功能。Sandoval (2015) 则表明，“从工具性视角出发简化 CSR”的逻辑将使企业坠入“成本利润衡量的 CSR 观点”中，以至于认为 CSR 就是单纯追求利润最大化。而从政治和经济背景下审视 CSR，意味着企业会通过自我规制来规避政府的政策规制，以弥补新自由主义对社会责任长期的忽视 (Kinderman，2012)。Scherer 和 Palazzo (2012) 认为，政治的 CSR 实践弥补了全球治理中的管制真空，但要注意平衡私人和公共政治利益的困难与风险。Brammer 等 (2012) 认为，大多数有关 CSR 的研究定位于管理和商业领域，在很大程度上忽视了 CSR 的“社会”领域，仅将“社会”看作一个黑箱，进而将其转化为与企业社会参与相关的功能性、工具性、商业性的案例。

抛开有关 CSR 内涵的争议，随着 CSR 研究的深入和发展，相关研究逐渐聚焦于 CSR 的绩效驱动因素、公司收益和利益相关者对 CSR 相关活动的期望研究 (Kemper et al.，2013)。实际上，研究者之所以聚焦于专业 CSR 活动测量机制的研究，而不是投入更多精力讨论 CSR 的内涵，可能是因为 CSR 定义的多样性。对企业来说，从事同类社会责任活动既不切实际，也不合乎逻辑，因为 CSR 计划受到各种因素影响，包括企业经营的行业和社会环境及公司员工、管理层的个人动机 (Rangan et al.，2015)。基于这些分歧，一些学者主张将 CSR 概念视为社会建构，需要视特定的社会和组织环境来对其进行概念界定 (Carroll and Shabana，2010)。

以往有关社会责任的研究引起了 CSR 实践者和学者广泛的关注。在负面事件发生时，CSR 具有类似保险的保护功能 (Godfrey et al.，2009)，CSR 活动不仅能促进销售增长，还能影响公司的雇用情况和吸引投资 (Sen et al.，2006)；CSR 评级较高的企业在人力资本市场上具有长期的竞争优势，与其他公司相比能吸引到更多优秀员工 (Hunt et al.，1990；Turban and Greening，1997)。基于上述明确的收益，为了追求长期可持续发展，并在竞争激烈的市场上获得良好的公司声誉，越来越多的企业披露 CSR 信息和报告。毕马威 (KPMG) 公司 2017 年的调查显示，各国 100 强企业 CSR 报告比例达到 75%，而世界 250 强企业的 CSR 报告比例则高达 93%。根据“2017 年南方周末中国企业社会责任榜解读”，上榜国有企业发布社会责任报告的比例高达 98%，并且 82%的国有企业聘请了第三方机构对自身的 CSR 报告进行了审验。民营企业在相关指标上的得分虽然低于国有企业，但是已经有超过 50%的民营企业发布了社会责任报告。

2.1.1　企业社会责任内涵和理论基础

1.企业社会责任内涵

由于研究视角不同，有关 CSR 内涵的界定尚未取得广泛共识。有关 CSR 内涵的研究视角包括社会义务、市场营销、利益相关者、整体战略和领导者等。

1)社会义务视角

社会义务是指推行政策、做出决定和采取行动时，遵循社会目标和价值观念(Lindgreen and Swaen，2010)。基于社会义务概念，Carroll(1979)的 CSR 金字塔模型(图 2.1)将 CSR 分为经济责任、法律责任、伦理责任和慈善责任(自由裁决责任)，四类 CSR 不是互斥的，而是一个连续体。经济责任是指企业作为基本经济单位，有责任生产社会需要的产品或服务，并有责任销售和盈利；法律责任是指企业在经营过程中必须遵守所在国的法律和制度；伦理责任是指社会公众期望企业在法律之外所承担的责任；慈善责任是指在社会期望之外，企业完全自愿承担的责任，不承担这些责任也不会受到谴责。不少学者通常倾向于用企业捐赠来评价企业承担的社会责任(王端旭和潘奇，2009)。

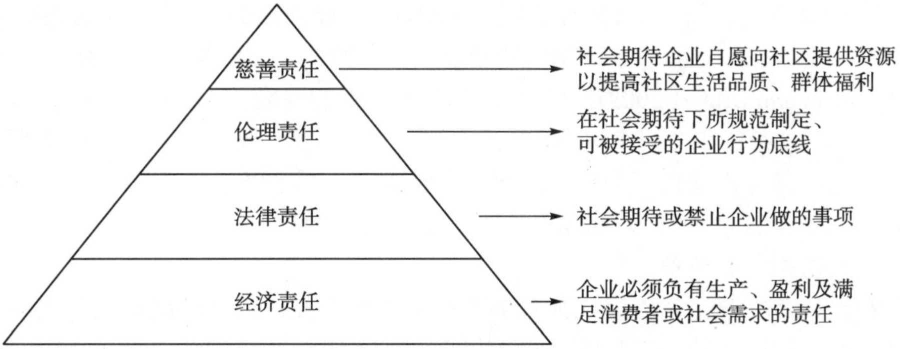

图 2.1　Carroll(1979)的 CSR 金字塔模型

此外，有学者指出，Carroll(1979)的 CSR 金字塔模型虽然较为清晰，但仍可对其作进一步的归纳。例如，从法律角度可以进一步将其分为强制性责任和自愿性责任(翁望回，1987)。这种归纳强调企业向社会提供满足其需要的产品或服务，即 Carroll(1979)提出的经济责任，是企业理应履行的最基本责任，而且是强制性责任，因为如果提供了有缺陷或有伤害的产品/服务，企业势必受到法律的制裁。

另外，尽管从社会公众对企业的期望来看，慈善责任(自由裁决责任)与伦理责任存在差别，但从法律的强制性要求来看，两者都属于企业的自愿性责任。从人际关系视角来看，可将其归纳为企业“做好事”(doing good)和“避免做坏事”(avoiding bad)两个层面(Minor and Morgan，2011)。实际上，“避免做坏事”等同于强制性责任，即经济责任和法律责任；而“做好事”等同于自愿性责任，即伦理责任和慈善责任。虽然社会义务视角的 CSR 内涵表述不同(表 2.1)，但基本上都遵循了 Carroll(1979)的 CSR 金字塔模型。

表 2.1　社会义务驱动视角的 CSR 内涵

文献	CSR 行为类型
翁望回(1987)	企业的社会责任通常分为两大类：一是强制性责任，是指经济责任和法律责任；二是自愿性责任，是指伦理责任和慈善责任
武忆舟(1986)	“恪守法律”“慎酌伦理”“谋求公益”
周祖城(2005，2014)	CSR 是指企业应该承担的，以利益相关者为对象，包含经济责任、法律责任和道德责任在内的一种综合责任，但伦理道德责任在其中具有核心地位
Minor 和 Morgan(2011)	“做好事”“避免做坏事”

2)市场营销视角

营销学者从 20 世纪 60 年代开始思考 CSR 问题，但是他们只考虑能实现营销功能的 CSR 维度，具体包括事业关联营销(Barone et al.，2000)、社会捐助(Simmons and Becker-Olsen，2006)、环境营销(Menon，1997)、与消费者交流有关 CSR 议题(Caruana and Crane，2008)、消费者对 CSR 行为的回应(Brown and Dacin，1997；Ellen et al.，2006)和公司声誉(Wagner et al.，2009)等。其中，事业关联营销被定义为企业慈善与促销之间的横向结合，是企业赞助慈善事业的同义词，是发起和资助公益事业的同义词(Varadarajan and Menon，1988)。

3)利益相关者视角

利益相关者理论认为组织的行为有两个主要动机，一个动机是工具性的，另一个动机是道德性的。工具性动机是指企业发展需要利益相关者提供持续的支持和资源(Maignan and Ferrell，2004)；道德性动机是指所有人和团体加入企业后，就具有获得利益的当然权利，没有一个人或者团体能够凌驾于其他人或团体之上(Donaldson and Preston，1995)。企业利益相关者包括股东、债权人、雇员、消费者、供应商、竞争者及政府、社区、媒体、非政府组织等外部压力集团(Freeman，1979)。CSR 可被视为对诸多利益相关者责任的综合反映(陈讯和韩亚琴，2005)。但由于学者对利益相关者的理解不同，在具体研究情景下责任划分角度有所不同。例如，行业不同，则企业利益相关者的重要次序和同一利益相关群体对企业的责任期望可能存在差异(表 2.2)。

表 2.2　利益相关者驱动视角下的 CSR 内涵

文献	CSR 内涵
Donaldson 和 Preston(1995)	企业除了向投资者、供应商、雇员和顾客负责外，还应该向政府、政治团体、贸易协会和社区负责
Brown 和 Dacin(1997)	企业对一些重要社会议题的关注和行动，如环境保护、反对歧视、支持社区发展、赞助文体事业、企业捐助等
Kotler 和 Lee(2004)	公益事业宣传、事业关联营销、企业的慈善活动、社区志愿者活动、对社会负责任的商业实践、企业的社会营销
黎友焕和魏升民(2012)	劳动实践、人权、消费者问题、公平运营、组织治理、环境、社区发展
齐丽云和魏婷婷(2013)	责任治理、经济发展、人权、劳动实践、环境、公平运营、消费者问题、社区发展

与利益相关者相关的研究包括利益相关者沟通(Basu and Palazzo，2008)、利益相关者关系对企业可持续发展的影响(Choi and Wang，2009)、利益相关者 CSR 意识与企业财务绩效、投资和雇员忠诚之间的关系等(Sen et al.，2006)。

4) 整体战略视角

Maignan 和 Ferrell(2004)指出，组织行为必须对社会负责，必须遵循符合主要利益相关者需求的规则，并从主要利益相关者角度分析了 CSR 行为的前置因素和描述了一个产出的框架。Aguilera 等(2007)解释了社会变革过程中利益相关者的作用、利益相关者与企业的关系及利益相关者如何影响组织战略。当 CSR 被嵌入企业整体战略时，可被称为战略 CSR(McWilliams and Siegel，2001)。在一定政策背景下，如果企业管理者不能更多关注工作的伦理性，就会损害企业的信誉和合法性。因此，企业为了规避外部环境的不确定性，则会主动选择 CSR 行为，CSR 也就成为企业战略的一部分。

5) 领导者视角

Maak 和 Pless(2006)提出了“负责任领导”概念，专门指代那些“具有天赋和能力建立、培育和保持与各种利益相关者关系的领导者”。关于“负责任领导”，存在巨大争议，但学者仍然开展了富有成效的研究。Waldman 和 Siegel(2008)认为，“负责任领导”究竟是经济驱动还是道德驱动，就像 CSR 是否有利于企业财务绩效一样存在异议。Waldman 等(2006)认为，企业 CEO 的 CSR 意识和观念会影响下属管理者的决策。

6) 商业伦理视角

伦理(ethics)是说明组织中的个人或群体应如何行为的规则与准则。Taylor(1975)将伦理定义为探寻道德的本质和领域，而道德(morality)是指合乎道德的判断、标准和行为规则。对于商业、学术和其他领域的人群或专业人士，伦理问题都非常重要(Gbadamosi，2004)。

20 世纪 70 年代中期，商业实践中出现了道德问题，并产生了商业伦理(business

ethics）这一学科。作为应用伦理学的一部分，商业伦理要求组织或个人的行为应遵循深思熟虑后的道德规则（Robin and Reidenbach，1987）。同时，立法中不断强化对董事会的道德要求，给合乎道德的决策制定和公司治理等问题创造了许多研究机会。Robertson 等（2013）研究表明，以伦理为中心的研究课题包括环境问题（自然问题）、合乎道德的决策制定、CSR 和企业社会绩效、声誉管理、贪污贿赂、道德规范、性别平等、内部交易等。

企业逐渐密切关注商业伦理，这种趋势背后的驱动力包括以下几点：①消费者需求。一方面，市场细分战略针对特定消费群体，如注重 CSR 的消费群体更可能购买可持续的产品，甚至为绿色产品支付更高溢价；另一方面是对公司坚持承担社会责任的感知。②外部压力。例如，社会人士在公司采取社会责任行为方面施加压力（Hillman and Keim，2001）。同时，监管压力和环境管理更为严格。③公司社会绩效与财务绩效的关系。已有研究表明，一些金融市场参与者会在投资时考虑公司的 CSR 记录（Buchholz and Rosenthal，2008）。④声誉管理。良好的 CSR 记录往往会给公司带来其他方面的成功（Davies and Kamins，2010）。因此，公司治理必须考虑伦理和道德态度。许多大公司都建立并遵守理论标准，反映了公司对待利益相关者的方式，如董事会对利益相关者负有道德和伦理义务，包括确保股东权利、员工权利和安全等（Rossouw，2005）。

CSR 也受伦理行为的驱动（Elgammal et al.，2018）。Brown 和 Dacin（1997）指出，消费者的 CSR 联想不同于企业能力联想（corporate ability association，CAA），前者侧重于企业对重要社会议题的关注和行动，如环境保护、反对歧视、支持社区发展、赞助文体事业、企业捐助等，后者侧重于企业在产品（或服务）提供过程中的技能或能力，如员工技能、研发、技术改良效果、企业技术、消费者导向、领导者才能等。Sacconi（2012）将 CSR 视为公司在追求与利益相关者实现共同利益和优势的治理模式，好的公司治理行为会直接影响到商业伦理和 CSR 的关系，而后两者又反映了公司治理结构的力量和质量。Yin 和 Zhang（2012）对中国消费者的调查结果也印证了此观点，即中国消费者对 CSR 的理解主要根植于伦理责任和自由裁决责任。

鉴于此，本书借鉴 McWilliams 和 Siegel（2001）及 Kotler 和 Lee（2004）的表述，结合品牌丑闻情境，将 CSR 界定为：企业在追求经济利益、履行法定义务之外，承担伦理责任和慈善责任而实施的捐赠、赞助、事业关联营销等自愿行为。CSR 行为主要有公益事业宣传、事业关联营销、企业捐赠、社会事业赞助、社区志愿者活动、对社会负责任的商业实践、企业社会营销等。

2.企业社会责任理论基础

1) 利益相关者理论

企业利益相关者包括股东、债权人、雇员、消费者、供应商、竞争者及政府、社区、媒体、非政府组织等外部压力集团(Freeman，1979)。Mitchell 等(1997)研究发现，利益相关者的影响包括权力(利益相关者将意愿强加于他人，使他们从事那些通常情况下不愿意做的事)、合法性(利益相关者获得授权并对企业行使权力)、催促(利益相关者通过呼吁而引起关注的程度)。利益相关者理论认为企业行为是来自不同利益相关者压力的直接结果，与权力依赖或者合法性诉求有关(Jawahar and McLaughlin，2001)。关于利益相关者理论的不同解释，区别在于采用描述主义还是规范主义。规范主义假定所有与利益相关者的合法利益都应由组织考虑，企业对所有利益相关者负有责任；描述主义关注企业利益相关者实际是什么，以及企业实际是如何管理利益相关者关系的，在此情况下，组织需要确定利益相关者的重要性和显著性。

2) 制度理论

制度理论认为，企业必须遵从所在商业环境里的社会规范，因为它们不能在没有社会支持的情况下生存(Dimaggio and Powell，1983)。制度理论有经济学、社会学和比较制度三种视角。经济学视角主要研究支持经济活动机构的监管作用；社会学视角论述了制度的合法性作用；比较制度视角(包括商业制度、资本主义多样性和管制理论链)强调界定资本主义经济和塑造经济组织与企业竞争力之间的制度差异(Hall and Soskice，2001)。按照新制度主义观点，在相同的国家与地区背景下，企业面临同样的制度压力，就会形成相似的公司策略和实践(Holder-Webb and Cohen，2012)，而在不同的国家与地区及制度背景下，会形成不同的公司策略和实践。例如，美国和欧洲的制度差异会对 CSR 行为造成很大的影响(Avetisyan and Ferrary，2013)。研究也关注冲突给制度压力带来的影响，企业对制度环境的反应包括适应和抵抗(Frynas and Yamahaki，2016)。总体而言，制度理论促进我们有效地理解经济治理制度领域中的 CSR(Brammer et al.，2012)。

3) 合法性理论

合法性可以被界定为“企业行为对于一定的建构社会的规则、价值、信仰和概念系统，是符合要求的、正确的或者合适的”(Suchman，1995)。合法性理论指出，企业是在社会契约基础上运作的，企业需要获得社会的认可及合法性，以避免社会反对其目标，从而获得回报来确保企业生存；企业与社会无法分开，只有在社会赋予企业合法性的前提下，企业的生存权才能够成立(Frynas and Yamahaki，2016)。

合法性研究有战略和制度两种视角(Frynas and Yamahaki，2016)。战略视角的合法性研究认为，可以通过管理对合法化过程施加影响(Suchman，1995)。战略视角的合法性是基于利益相关者理论和资源依赖理论，强调资源的重要性，管理者需要关注控制这些资源的人(Milne and Patten，2002)。研究认为，大企业在CSR方面表现得更加活跃，这是因为这些企业具有较强的可见性，并且针对社会监督是开放的，从而拥有更多的合法性需要(Arvidsson，2010)。企业合法性来自对外部期望的回应，无论是从战略视角来看，还是从制度视角来看，企业都需要获取、保持或者修复三类合法性(实际合法性、道德合法性和认知合法性)的策略(Suchman，1995)。

4)资源依赖理论

Pfeffer 和 Salancik(1978)指出，组织依赖于环境以获取关键资源来生存。资源依赖理论适用于处理企业和不同类型的机构与行动者之间的关系。企业依赖于不同的行动者(actors)，这些行动者对企业有不同的需要，企业是无法令所有行动者满意的。企业会特别关注那些控制了关键资源的社会组织(Frooman，1999)。在发展中国家，高度依赖社区的自然资源型企业会倾向于对地方的健康和教育事业进行投资(Hess and Warren，2008)。董事会的多样性会对企业的社会表现产生积极影响(Hafsi and Turgut，2013)。董事会的规模越大，CEO代表性越强，法律专家越多，企业的环境绩效就越高(Villiers and Staden，2011)。

5)代理理论

代理理论分析了委托人(雇佣另一方执行特定工作的人或组织)和代理人(执行该项工作的人)的关系(Frynas and Yamahaki，2016)。代理理论可以被用来分析大型公众企业与其他各类机构的所有者和管理者之间、雇主和员工之间及供应商和买家之间的关系(Eisenhardt，1989)。代理理论提出“代理问题”，着重通过不同的治理机制解决委托人和代理人间的利益冲突，以及委托人无法有效监督代理人行为的问题(Amihud and Lev，1981)。Friedman(1970)认为，CSR 是管理者的自利行为，是管理者为了追求社会和环境目标而伤害股东(委托人)的行为。CEO 利用企业慈善行为从当地的商业精英中获取赞扬或尊敬(Galaskiewicz，1985)；企业慈善行为与所有者权益是负相关的，CEO 拥有的股票越多，企业就越是利润驱动型，贡献于慈善事业就越少(Atkinson and Galaskiewicz，1988)。

近年来，研究人员关注企业所有者与管理者在追求社会和环境目标时产生的冲突与矛盾。Barnea 和 Rubin(2010)认为，管理层倾向于对 CSR 进行过度投资，以获取私人的声誉利益。研究人员还从微观层面探讨了高管薪酬与 CSR 表现水平之间的关系(Tarallo et al.，2010)和董事会成员、CEO 个人特征对 CSR 决策的影响(Chin and Al，2013)。

6) 资源基础观

资源基础观强调企业战略和资源禀赋的一致性，以及企业开发内部资源以获取长期可持续发展优势的战略能力的重要性，这种观点与企业应该通过战略管理适应外部环境的观点形成了鲜明的对比(Lockett and Thompson，2004)。资源基础观的理论前提在于：接受企业通过特定资源可以获取可持续优势，强调企业通过占有有价值、稀缺和独特的资源获取李嘉图租金或者资源基础租金。基于资源基础观的 CSR 相关研究指出，企业可以通过投资 CSR 获取独特能力，从而获取独特的经济利益(McWilliams and Siegel，2000)。投资 CSR 可促使企业差异化，并提升企业业绩，通过绿色创新、利益相关者管理和战略主动(Torugsa et al.，2012)或者可持续领导力声誉来获取经济方面的利益。

2.1.2　企业社会责任行为和特征

1.企业社会责任行为内容

1) 企业社会责任行为

企业社会责任行为(CSR 行为)在其他研究中也被称为 CSR 议题、CSR 内容或 CSR 实践。Barnett(2007)认为，CSR 是由企业的特殊投资行为组成的，他将其称为 CSR 行为。郑海东(2007)认为，CSR 行为概念有其特殊性：首先，CSR 行为表现强调行为是否已经发生，但是 CSR 概念本身并不包括这些行为对利益相关者产生的结果；其次，CSR 行为表现立足于企业来观察和研究社会责任问题，而不是立足于社会或者政府；再次，对 CSR 行为表现的测量基于企业内部(关键知情人)信息，而非企业外部；最后，CSR 行为表现明确以利益相关者理论为基础，并从股东、高管、员工、债权人、供应商、分销商、消费者、政府、环境和社区十个方面测量 CSR 行为表现。李祥进等(2012)认为，CSR 行为是企业为了减少运营过程中对利益相关者的消极影响，以增加对利益相关者的积极影响而开展的行动，并从五个维度对 CSR 行为进行测量，包括员工、客户、供应商、环境和社区。

企业履行 CSR 时可选择多种行为方式，如慈善捐赠、公益实践(环境保护、动物保护)等活动，这些都被称为 CSR 行为。田敏等(2014)认为，现实中企业在履行 CSR 时，企业往往由于资金限制选择最适合，同时又对其品牌形象及产品销售最有利的 CSR 行为方式，并将 CSR 行为归类为慈善行为、公益实践活动和产品相关行为(表 2.3)。

表 2.3 CSR 行为的主要内容

CSR 行为	主要文献
赞助公益事业/社会责任/自愿责任	Meenaghan 和 Shipley (1999)；Polonsky 和 Speed (2001)；Gwinner 和 Swanson (2003)；金立印 (2006)；Gwinner 等 (2008)；谢佩洪和周祖城 (2009)；卢东等 (2010)；Öberseder 等 (2014)；田敏等 (2014)
慈善行为/慈善捐赠	Shaw 和 Post (1993)；D' Astous 和 Bitz (1995)；Brown 和 Dacin (1997)；Sen 和 Bhattacharya (2001)；Lachowetz 等 (2002)；Becker-Olsen 等 (2006)；金立印 (2006)；谢佩洪和周祖城 (2009)；田敏等 (2014)
事业关联营销	Smith 和 Alcorn (2013)；Webb 和 Mohr (1998)；Sen 和 Bhattacharya (2001)；McAlister 和 Ferrell (2002)；Ellen 等 (2006)；Nan 和 Heo (2007)
公益实践活动/环境责任	Sen 和 Bhattacharya (2001)；Maignan 和 Ralston (2002)；金立印 (2006)；谢佩洪和周祖城 (2009)；李祥进等 (2012)；Öberseder 等 (2014)；田敏等 (2014)
产品相关行为/客户责任/消费者责任	Donaldson 和 Preston (1995)；Sen 和 Bhattacharya (2001)；Maignan 和 Ralston (2002)；金立印 (2006)；谢佩洪和周祖城 (2009)；李祥进等 (2012)；Öberseder 等 (2014)；田虹和姜雨峰 (2014)
员工责任	Sen 和 Bhattacharya (2001)；Maignan 和 Ralston (2002)；郑海东 (2007)；谢佩洪和周祖城 (2009)；Donaldson 和 Preston (1995)；Turker (2009)；李祥进等 (2012)；Öberseder 等 (2014)；田虹和姜雨峰 (2014)
供应商责任	Maignan 和 Ralston (2002)；郑海东 (2007)；李祥进等 (2012)；Öberseder 等 (2014)
社区责任/教育文化事业	Donaldson 和 Preston (1995)；Sen 和 Bhattacharya (2001)；Maignan 和 Ralston (2002)；金立印 (2006)；卢东等 (2010)；李祥进等 (2012)；田虹和姜雨峰 (2014)
股东/经济/高管/债权人/经济责任	Donaldson 和 Preston (1995)；Maignan 和 Ralston (2002)；金立印 (2006)；Öberseder 等 (2014)；田虹和姜雨峰 (2014)
分销商责任	Maignan 和 Ragston (2002)；郑海东 (2007)
政府责任	Donaldson 和 Preston (1995)；郑海东 (2007)；Turker (2009)
多样化 (性别、种族、家庭等)	Sen 和 Bhattacharya (2001)
非美国运营 (海外劳务实践)	Sen 和 Bhattacharya (2001)

2) 企业社会责任指南

"财富企业声誉调查"通过企业财务健康度、长期投资价值、公司资产使用情况、管理质量、创新度、产品和服务质量、企业能力使用、社区和环境责任等来对企业做出综合评价 (McGuire et al.，1988；Fryxell and Wang，1994)。Grunig (1979) 开发了污染、产品和服务质量、城市衰退、通货膨胀、垄断、教育质量、慈善赞助、公司利润、人力资源、雇用少数族裔、失业率共 11 个测量条目来评价 CSR 行为。Maignan 等 (2002) 认为，CSR 包括原则驱动、方案和利益相关者议题。其中原则驱动包括价值观、利益相关者和绩效；方案包括贯彻 CSR 原则和落实特殊利益相关者议题的项目与活动，如慈善、赞助、志愿者、道德规范、质量、健康和安全、环境影响的管理；利益相关者议题包括社区、顾客、雇员、股东和供应商。

黎友焕和魏升民 (2012) 认为，CSR 指南包括五类：一是专门针对劳工保护的标准，此类标准大多由民间组织发起，从国际劳工标准中演化而来，具有单一性、分散性，如 SA 8000；二是国际标准化组织（International Organization for Standardization，ISO）发布的 ISO 9000 和 ISO 14000 标准，主要针对环境和产品质量，是企业建立和实施环境与质量管理体系并通过认证的依据；三是评价与审计标准，如英国社会和伦理责任研究所（Institute of Social and Ethical Accountability）AA 1000 标准；四是衡量 CSR 的综合性标准，包括多米尼社会责任投资指数、道琼斯可持续发展指数、全球契约标准、跨国公司行为准则、全球报告倡议发布的《可持续发展报告指南》；五是 ISO 26000。

2.企业社会责任特征

Brown 和 Dacin（1997）认为，消极的 CSR 行为会损害消费者对产品质量感知的评价，而积极的 CSR 行为会使消费者做出对产品质量感知的有益评价。Sen 和 Bhattacharya（2001）研究发现，CSR 高低对消费者的产品评估有显著影响。Mohr 等（2001）研究了企业从事公益事业和环境保护对企业评价和购买意愿的正向影响。Dean（2004）指出，基于企业销售比例的捐赠（事业关联营销）更容易使消费者对企业行为做出利己归因，从而对企业做出负面评价。Klein 和 Dawar（2004）研究了正面、负面 CSR 对消费者品牌评价的影响，并验证了正面 CSR 在产品危机中的“光环效应”。

Trimble 和 Rifon（2006）研究了 CSR 匹配度高低对消费品牌评价的影响，并将 CSR 匹配度划分为形象匹配和功能匹配。功能匹配是产品的特色、性能与赞助的善因之间具有相似性或相关性；形象匹配是消费者感知的品牌与善因合作关系的关联度。

2.1.3　企业社会责任动机和影响因素

Swanson（1995）在文献研究的基础上，将企业从事社会责任活动的动机归纳为积极义务（positive duty）、消极义务（negative duty）和经济动机。积极义务指企业承担社会责任是基于帮助他人改善的善意或主动承诺；消极义务则意味着承担社会责任是为了遵从环境中利益相关者的压力或社会规范；经济动机指企业因为工具性目的去承担社会责任。与此观点相似，张建君（2013）基于中国情境，将“承诺、服从、竞争”视为中国企业开展 CSR 活动的三种主要动机。Campbell 等（2002）基于 1985～2000 年的文献研究，将 CSR 动机归纳为四种：战略动机（为实现企业的长期利润最大化）、利他动机（纯粹的利他主义）、政治动机（改善企业的政治环境，获取政治资本）、管理效用动机（树立管理者的利他主义形象，实现管理效用最大化）。但在 Porter 和 Kramer（2002）看来，企业追求经济利益和社会利益是 CSR 行为动机的两个边界，现实中的任何行为都是两种动机的凝结。Frynas 和 Yamahaki（2016）认为，企业实施 CSR 行为的外部驱动力包括获得合法性、获得重要利益相关者支持及确保关键资源的流动性；内部驱动力包括发展有价值的非市场资源和满足管理者的需求。

CSR 的影响因素包括内部因素（企业规模、企业年限、所有权结构）和外部因素（行业竞争、技术变革、文化多样性等）（Lawrence and Lorsch，1967）。企业国际化程度越高，所面临的经营环境就越多样化，这会影响到企业对 CSR 的感知与实施（Heyder et al.，2009）。国家的发展水平涉及是发达国家还是发展中国家，是否已经完成了工业化，这些都会影响到企业的 CSR 行为（Kambalame and De Cleene，2006）。从制度安排视角来看，制度环境因素是促发或改变 CSR 活动的重要因素（Brickson，2007），在制度压力驱使下，企业存在利用 CSR 活动构建其社会合法性基础的动机（Moon and Shen，2010）。例如，Husted 和 Allen（2006）发现，跨国公司是在制度压力影响下进行 CSR 决策管理的。Campbell（2006）的研究也发现，在政府规制、非营利组织等对 CSR 的监督更为明显的制度环境条件下，企业会呈现出较好的社会责任绩效。

Stanwick 和 Stanwick（1998）的研究表明，大企业比小企业在 CSR 方面投资更大。企业是否捐赠及捐赠多少，与企业的经济条件存在较大关系，有的企业不捐赠并不是因为企业缺乏责任心，而是因为企业没有能力（Campbell et al.，1999；高勇强等，2011）。拥有知名品牌的企业受到更多公众关注，因此会实施 CSR 战略，并提供更多相关信息以避免品牌受到公众责难。企业高管的政治关联（贾明和张喆，2010）等均会影响 CSR 活动，尤其是国有企业，更多地会受到政府干预，具有“摊派”性质（郭剑花，2012）。

2.1.4 企业社会责任沟通和效应

1.企业社会责任沟通

考虑到公众压力，CSR 沟通也是非常重要的研究领域。企业不仅应意识到参与 CSR 的重要性，同时，向受众传达有关 CSR 的信息也同等重要（Tata and Prasad，2015）。CSR 沟通的研究集中于两个领域：消费者和其他利益相关者如何评价企业 CSR，以及应该向他们提供哪些 CSR 信息。研究发现，消费者往往缺乏有关 CSR 的信息，因此他们倾向于关心社区责任和环境责任的议题，而不是经济责任，透明度和信息可获取性对他们而言并非是 CSR 要素（Luhmann and Theuvsen，2016）。CSR 沟通的目的包括管理利益相关者、强化形象、获得合法性和义务、改变态度和行为、传达意图、创造企业识别和意义(Crane and Glozer，2016)。Morsing 和 Schultz(2006)提出了三种 CSR 沟通策略：利益相关者信息战略、利益相关者反应战略和利益相关者参与战略。利益相关者信息战略采用单向沟通方式发布公共信息，利益相关者选择支持或者反对；利益相关者反应战略采用双向不对称沟通，沟通过程依赖民意调查、对话、媒介网络及伙伴关系；利益相关者参与战略选择双向对称沟通，由企业和利益相关者共建 CSR 努力程度。Tata 和 Prasad(2015)提出的 CSR 沟通模型认为，理想的和现实的 CSR 形象不一致，促使企业通过 CSR 沟通来减少这种不一致性。这一关系由四个因素来调节：CSR 形象对于企业的重要性；目标受众的权力、地位和吸引力；CSR 形象对于目标受众的重要性；媒体关注度、公众监督。该模型还提出了 CSR 沟通的四个维度：预期-反应、肯定-保护、直接-间接和形象增强-形象矫正。

Sethi 等(2017)认为，大公司的 CSR 报告数量在过去 20 年有了惊人增长。然而，企业出于自愿性质披露 CSR 报告，导致报告格式、处理方法和各种上下文要素的不一致，也缺乏保证报告内容质量和准确性的有力措施。解决这些缺陷的努力，如全球报告倡议和 ISO 26000 是无法令人满意的，它们侧重于创建 CSR 报告的过程，缺乏对测量标准的关注，导致无法保证报告的实现或者验证信息的准确性。Seele 和 Lock(2015)提出的 CSR 沟通工具箱包括四类沟通方式：企业公开发布、协商式公开发布、企业不公开发布及协商式不公开发布。企业公开发布的沟通方式包括 CSR 网站、CSR 报告、CSR 手册；协商式公开发布的沟通方式包括博客(weblog)、社交媒体(social media)、维基百科(Wikipedia)；企业不公开发布的沟通方式包括 CSR 战略文件、内部规范手册、行为准则；协商式不公开发布的沟通方式包括利益相关者圆桌会议、员工对话及非政府组织、倡导团体、特殊利益团体网络之间的对话。

CSR 沟通还是提升企业声誉的重要途径，该领域的研究包括以下几个方面：①沟通渠道。从使用频率来看，企业网站和 CSR 报告是最常见的沟通渠道，新闻稿和社交媒体使用较少，广告更为少见。从沟通效果来看，最常用的渠道沟通效果并不好。公司媒体发布策略，尤其是新闻稿，可通过新闻媒体间接提升其声誉。同时，社交媒体也是有效的渠道，但值得注意的是，Facebook 上的 CSR 专栏效果并不好，一方面是其太专业，另一方面也会引起公众怀疑 CSR 行为动机(Sun，2016)。②信息数量。过多的 CSR 沟通可能会导致利益相关者质疑企业参与 CSR 的动机(Parcha，2017)。③信息质量。Odriozola 和 Baraibar-Diez(2017)认为，可持续发展报告的信息质量有助于提高企业声誉。Pérez 和 Lopez-Gutierrez(2017)指出，影响 CSR 报告质量的两个关键维度是内容和管理体系，其中内容是指 CSR 报告提供关于其对社会和环境影响的定性、定量和评估信息；管理维度包括企业确保 CSR 行为有效实施的政策、计划和行为信息。

2.企业社会责任效应

关于 CSR 效应的研究主要集中在四个方面：①对消费者行为的影响；②对公司绩效的影响；③对品牌形象的影响；④对品牌信任的影响。相关研究详见表 2.4。

表 2.4 企业社会责任效应总结

研究内容	主要文献	自变量	因变量	中介变量	调节变量	研究情境
社会责任对消费者行为的影响	Brown 和 Dacin (1997)	CSR 行为	消费者购买意愿	消费者信任		非丑闻情境
	Creyer 和 Ross (1997)	CSR 行为	消费者购买意愿	消费者信任	消费者人口特征	非丑闻情境
	Sen 和 Bhattacharya (2001)	CSR 行为	消费者购买意愿	消费者态度		非丑闻情境
	Mohr 和 Webb (2005)	CSR 行为	消费者购买意愿		产品价格/企业声誉	非丑闻情境
	Carrigan 和 Attalla (2001)、常亚平等(2008)	CSR 行为	消费者购买意愿		企业产品价格	非丑闻情境
	Nan 和 Heo (2007)	事业关联营销/社会事业与品牌契合度	消费者态度		消费者品牌意识	非丑闻情境
	周延风等(2007)、谢佩洪和周祖城(2009)	CSR 行为/CSR 水平	消费者购买意愿	消费者信任度/消费者支持度	CSR 动机/层次	非丑闻情境
	李海芹和张子刚(2010)	经济/环境/消费者/员工/法律/慈善责任	消费者满意/消费者忠诚	企业声誉(认知/情感声誉)		非丑闻情境
	顾浩东和宋亦平(2009)	感知匹配度	消费者购买意愿	消费者归因/消费者责任意识/CSR 联想		非丑闻情境
	田志龙等(2007)	感知 CSR 水平/CSR 信任/CSR 关注	产品联想/企业评价/购买意愿		产品类别	非丑闻情境
	杜志刚等(2011)	CSR 信息框架(信息来源/类型/参考点)	消费者态度			非丑闻情境
	马龙龙(2011)	社会责任水平	消费者购买意愿	消费者信任/产品质量/消费者支持		非丑闻情境
	刘凤军等(2012)	消费者感知 CSR 动机	消费者购买意愿	消费者信任		非丑闻情境
	Lii 和 Lee (2012)	赞助/事业关联营销/慈善事业	消费者公民行为	消费者-企业识别/品牌态度	CSR 声誉	非丑闻情境

续表

研究内容	主要文献	自变量	因变量	中介变量	调节变量	研究情境
社会责任对消费者行为的影响	刘娜和许正良(2013)	CSR 的期望契合度/业务关联度	企业评价/产品评价/购买意愿	企业社会责任感知和归因		非丑闻情境
	朱翊敏(2013)	赞助品牌熟悉度	消费者购买行为	消费者态度	企业赞助方式	非丑闻情境
	田虹和袁海霞(2013)	CSR 匹配性(功能/形象匹配)	消费者品牌态度	利他性归因	社会事业亲和力	非丑闻情境
	Inoue 和 Kent (2014)	企业属性/企业社会营销属性/社会事业属性	顾客忠诚/购买意愿	企业社会营销信任		非丑闻情境
	刘凤军等(2012)	CSR 承诺/水平/关联性/时间选择	消费者品牌态度和购买意愿	消费者-企业认同		非丑闻情境
社会责任对经济绩效的影响	Moskowitz (1972)	CSR 履行	市场平均收益水平	股票走势		非丑闻情境
	Porter 和 Kramer (2002)	企业捐赠行为	企业绩效	企业价值		非丑闻情境
	Duhé (2009)	企业承担社会责任/提高产品质量/增强财务管理稳健性	财务绩效			非丑闻情境
	Wagner (2010)	CSR 履行	经济实力		企业创新能力/企业曝光度	非丑闻情境
	杨熠等(2011)	CSR 信息披露	股票收益率	股票价格波动	社会责任信息披露数量/质量	非丑闻情境
	江炎骏(2013)	捐赠行为	股东价值		丑闻类型	丑闻情境
社会责任对品牌形象的影响	Fombrun 和 Shanley (1990)	慈善捐款 慈善基金	感知形象	消费者关心程度		未发生丑闻
	Williams 和 Barrett (2000)	企业慈善行为	品牌形象			非丑闻情境
	Clemens(2001)、Bowen(1953)	企业环境保护行为	品牌形象		企业环境污染程度	非丑闻情境
	Brammer 和 Pavelin(2004)	CSR 行为(环境保护/社区关系/员工责任)	品牌形象		行业(金融/消费品等)	非丑闻情境
	Palazzo 和 Richter (2005)	企业慈善/利益相关者合作/CSR 报告/自我规制	品牌形象		企业声誉	非丑闻情境
	Yoon 等(2006)	利益突出性/信息来源	品牌形象			不良声誉情境
	Vanhamme 和 Grobben (2009)	社会责任历史长度	品牌形象	消费者怀疑	消费者支持	丑闻情境

续表

研究内容	主要文献	自变量	因变量	中介变量	调节变量	研究情境
社会责任对品牌形象的影响	Alcañiz 等(2010)	CSR 与品牌契合度(功能契合/形象契合)	品牌形象	归因		非丑闻情境
	Eberle 等(2013)	CSR 信息互动性	品牌形象	消费者信任和认同		非丑闻情境
	刘英等(2014)	赞助匹配	品牌评价		解释水平	非丑闻情境
社会责任对品牌信任的影响	Brown 和 Dacin(1997)	CSR 履行	品牌信任	消费者态度 消费者评价		非丑闻情境
	Luo 和 Bhattacharya(2006)	CSR 履行	品牌信任	顾客满意度	企业能力	非丑闻情境
	Becker-Olsen 等(2006)	CSR 匹配度/动机/时机	消费者信任/态度/行为			非丑闻情境
	田阳等(2009)	匹配度/曝光度/利己动机	产品品质信任	公司能力形象/公司社会形象		非丑闻情境

值得注意的是，还有研究关注 CSR 对声誉带来的潜在负面影响(Wagner et al., 2009)。Graafland(2018)认为，CSR 会使公司成为活跃分子关注的目标，从而可能给声誉带来不良影响，CSR 增加了中小企业受当地非政府组织监管的可能性，且监管强度调节了 CSR 表现对 CSR 批评的影响，相比未实施 CSR 的公司而言，敷衍地实施 CSR 行为的企业更易受到公众的批评。

2.2 品牌丑闻

品牌丑闻(brand scandal)是指在企业经营过程中发生的关于产品、服务、企业整体或员工个人的具有破坏性且传播广泛的事件(Roehm and Tybout，2006)。这一定义主要是从企业层面强调丑闻事件的多元性来源和危害性结果，也常被称为“企业负面曝光事件”。鉴于“品牌”的特殊内涵和外延，Dawar 和 Lei(2009)也曾将品牌丑闻界定为：被广泛传播的关于品牌的重要主张未被证实或是虚假的事件，该事件会对品牌造成严重伤害。从品牌主张层面界定品牌丑闻内涵，虽然看似更为精准，但在进行品牌丑闻类型划分方面的操作难度较大，基于该定义的后续相关研究极为有限。

2.2.1 品牌丑闻类型

由于在人们日常观念的概括性表达中，“做事”与“做人”是构成行为主体评价的两个主要指标(黄静等，2014)。所以，学者从产品质量、企业道德两方面对品牌丑闻进行类型划分。例如，Votolato 和 Unnava(2006)将品牌丑闻分为能力欠缺型(incompetence)和道德缺失型(immorality)，前者主要涉及企业未能达到消费者感知的质量标准方面的负面信息(如产品伤害、产品召回等)，后者则涉及与消费者已有的伦理道德标准相冲突的负面信息(如种族歧视、虐工等)。与此相一致的划分标准还有 Pullig(2000)的产品/服务相关型(product/service related)与组织相关型、Pullig 等(2006)的性能相关型(performance-related)与价值相关型(value-related)等。

就产品质量和企业道德这两种丑闻事件类型而言，产品质量丑闻的舆论燃点更低，信息可诊断性更强(Ahluwalia et al.，2000)，其负面影响更大。在实践领域中的产品质量丑闻是品牌丑闻的“重灾区”。余伟萍等(2014)曾针对现实中存在的一些既涉及产品质量问题又涉及企业道德问题的品牌丑闻案例，通过构建品牌丑闻产品-道德二阶矩阵，提出了一种新的品牌丑闻类型：道德-性能复合型丑闻，即因企业或员工个人违背基本的社会和伦理道德准则而引发的具体品牌或产品属性缺陷或伤害，影响品牌功能性利益，同时引起消费者对品牌是否能够满足象征性需求的怀疑，如锦湖轮胎质量门事件、美的紫砂煲事件等。但从该类丑闻的信息结构来看，焦点信息仍是产品质量问题，而道德问题则是背景信息，因此该类丑闻在某种程度上也隶属于产品质量丑闻，即是丑闻责任较大的产品质量丑闻(范宝财等，2014)。

一些学者将产品质量丑闻称为“产品伤害危机”，但危机具有更多的“状态”成分，而丑闻则更能实现“事件”与“状态”的分语境表达。另一些学者还就产品质量丑闻做了更为详细的类型划分，如可辩解型与不可辩解型(方正等，2010)，受害型、过失型和故意型等(Coombs，2007)。但这些划分标准的依据仍是丑闻责任问题，与余伟萍等(2014)提出的道德-性能复合型丑闻类型具有相似的用意及作用。如果将丑闻责任作为单独变量进行研究，则无需对产品质量丑闻进行更为细致的类型划分。鉴于此，本书将品牌丑闻锁定在产品质量丑闻领域，特指企业在生产经营过程中，发生过产品质量存在缺陷、具有很大伤害性且传播面非常广的事件。

2.2.2 品牌丑闻效应

品牌丑闻效应包括负面效应、正面效应，影响品牌丑闻效应的因素包括丑闻属性、消费者-品牌关系、消费者个人特征等，其代表性研究成果如表 2.5 所示。

表 2.5 品牌丑闻效应及影响因素

研究内容		主要结论	文献
负面效应		品牌丑闻引起消费者负面态度、负面联想、降低其购买意愿、破坏企业声誉和企业形象、降低公司广告效应、降低品牌感知质量、影响品牌情感、品牌信任、品牌忠诚度和消费者考虑等	Folkes 和 Kotsos (1986)；Ahluwalia 等 (2000)；Dawar 和 Pillutla (2000)；Dean (2004)；Stammerjohan 等 (2005)；曾旺明和李蔚 (2008)；王晓玉和晁钢令 (2009)；Yi 等 (2011)；余伟萍等 (2014)
正面效应		品牌丑闻提高了不知名产品的知名度	Berger 等 (2010)
影响因素	丑闻属性	不同类型负面信息对消费者反应的影响存在差异；丑闻严重程度、可控性、历史；与品牌核心联想的相关性、事件与原有品牌信息基础的匹配度、感知责任大小、丑闻的可辩解性、关联性影响品牌态度、品牌评价及消费者购买意愿	Skowronski 和 Carlston (1987)；Jorgensen (1994)；Brown 和 Dacin (1997)；Coombs (1998)；Coombs (2007)；Klein 和 Dawar (2004)；Dawar 和 Lei (2009)；阎俊和佘秋玲 (2009)；Vassilikopoulou 等 (2009)；曾旺明和李蔚 (2008)；汪兴东等 (2012)；杜志刚等 (2011)
影响因素	消费者-品牌关系	印象理论：品牌承诺、消费者-企业认同、忠诚度、品牌熟悉度对丑闻负面效应有调节作用 期望理论：消费者期望调节丑闻企业响应方式对基于顾客的品牌资产的影响 归因理论：归因影响负面感知，是社会责任形象与责备程度的中介变量，思维方式、社会环境影响归因 风险感知理论：消费者改变、推迟或取消购买决策，很大程度受风险感知影响	Ahluwalia 等 (2000)；Einwiller 等 (2006)；Cleeren 等 (2013)；Dawar 和 Lei (2009)；Sundaram 和 Webster (1999)；Dawar 和 Pillutla (2000)；崔金欢和符国群 (2002)；Jorgensen (1994)；Klein 和 Dawar (2004)；Monga 和 John (2008)；Laufer (2002)；Coombs 和 Holladay (2002)；Coombs (2007)；方正等 (2010)；曾旺明和李蔚 (2008)；方正等 (2011)；施娟和唐冶 (2011)；王志良 (2012)；Lin 等 (2016)；江炎骏 (2013)；徐彪等 (2014)
影响因素	消费者特征	年龄差异、性别差异影响品牌丑闻下消费者的购买意愿和品牌态度、价值观、生活方式、思维方式	Laufer 等 (2005)；方正等 (2011)；Laufer (2002)；Monga 和 John (2008)

2.3 品牌形象修复

品牌形象是品牌的总体感觉在消费者心目中的折射，是消费者所持有的品牌概念 (Dobni and Zinkhan，1990)，或是消费者记忆中对某品牌的联想 (Keller，1993)，通常被消费者作为评价产品质量的主要外部线索，消费者往往对高品牌形象的产品具有更高的购买意愿 (Aaker，1996)。但品牌丑闻会引发消费者对焦点品牌的负面联想 (Dawar，1998)，破坏企业声誉，并损害品牌形象 (Dean，2004)。

来自媒体的负面报道迫使企业履行应尽的社会责任，以期改善企业声誉，扭转企业在公众心目中的负面形象(Zavyalova et al.，2012)。CSR 可创造出一种健康且合乎道德的企业形象，从而影响对其研发的评价，且市场更相信在激烈竞争中被迫竞争以谋求生存的公司付出的研发努力(Ho et al.，2016)。

有关品牌形象的测量包括利克特量表(Cretu and Brodie，2007)、语义差异量表(Hosany et al.，2006)、自由联想技术(Batra and Homer，2004)、焦点小组(Bian and Moutinho，2011)、深度访谈(Thoppsin，2006)、二分量表(Hsieh，2004)、归类方法(Driesener and Romaniuk，2006)等。其中，利克特量表是最常用的品牌形象测量方法。Aaker(1997)的品牌个性量表包括 42 个测量条目，划分为真诚、兴奋、能力、高雅及耐用五个维度。Davies 和 Kamins(2010)的企业特征量表则包括亲和力、能力、进取性、别致、无情、男子汉气概及随意七个维度。

2.3.1 品牌形象修复概念

现代意义上的品牌形象修复实践主要源自美国新闻界在 19 世纪末 20 世纪初的“黑幕揭发运动”(也被称为“揭丑运动”或“扒粪运动”)。在该运动中，对大型垄断企业的“揭丑”始终是重要主题之一。例如，1881 年 3 月《大西洋月刊》刊发的《大垄断企业的故事》、1894 年亨利•德雷斯•特劳埃德撰写的《危害国民的财富》、1903 年《麦克卢尔》杂志刊发的《美孚石油公司史：1872 年石油战》等对美孚石油公司如何操纵市场、压榨工人等事件做了较为详尽的报道。在此背景下，专业的形象修复管理实践应运而生。1903 年，艾维•李与其合作伙伴创办了第一家公共关系咨询事务所——派克与李合伙公司，该事务所的早期客户主要是遭受过品牌丑闻的企业，如 1906 年遭遇“大西洋城铁路事故”丑闻的宾夕法尼亚铁路公司、1913 年由于镇压科罗拉多州某燃料钢铁公司的罢工工人而遭遇“勒德洛大惨案”丑闻的洛克菲勒家族等。艾维•李为这些企业组织实施的危机公关，不仅使这些企业的形象脱胎换骨，也为品牌形象修复研究提供了现实依据。

不同领域学者分别从危机管理、危机公关、危机传播三个视角对品牌形象修复管理进行了深入研究。三个视角的研究侧重点存在差异。其中，危机管理视角的研究习惯是从“管理”角度关注危机管理的整个过程(如危机预防、处置、恢复等)，其主要目的是实现对危机损害的控制，因此在品牌形象修复方面(如危机处置和恢复阶段)的研究主要指向危机事件本身(董芳，2009)；而危机公关(crisis public relation)作为一种非常态的公共关系，其相关研究从“关系”角度处理危机后企业与利益相关者的关系问题，相关管理具有严格的原则约束，如英国公共关系大师迈克尔•里杰斯特将其整理为 3T 原则，即以我为主提供情况(tell your own tale)、尽快提供情况(tell it fast)、提供全部情况(tell it all);国内著名公关学者游昌乔(2006)通过大量的案例研究提出了 5S 危机公关原则，即承担责任原则(shoulder the mater)、真诚沟通原则(sincerity)、速度第一原则(speed)、系统运行原则(system)和权威证实原则(standard)。危机传播视角的研究尽管也是以改善企业与利益相关者的关系、修复品牌形象为目的而展开研究(鲁津和栗雨楠，2011)，但其内容更多是从"修辞"角度关注危机后传播的信息内容，即危机发生后，企业该说什么话。例如，Heath(1994)在界定危机传播概念时就指出，危机传播是以道德的方式控制危机的高度不确定性，努力赢得外界受众信心;Xie 和 Peng(2009)进一步将传播内容分为情感型沟通、功能型沟通和信息型沟通。

针对以上三个视角的研究，有学者通过梳理其内在关系后指出，从危机管理过程来看，危机公关和危机传播研究更多地集中在危机后的品牌形象修复领域，且随着这两个研究方向的深入，品牌形象修复管理研究逐渐从危机管理研究中独立出来，而危机公关和危机传播则被看作该领域的两个研究取向，即公共关系取向和修辞取向(史安斌，2008)。从品牌形象修复研究的动态发展来看，无论是公共关系取向还是修辞取向，早期研究都偏向于线性的信息传递过程，随着传播理论的发展及其在公共关系领域的渗透，学者开始从动态持续修复层面来研究危机后的品牌形象修复过程。例如，Vassilikopoulou 等(2009)认为，从时间上来看，品牌形象修复可能至少需要 1 年的时间;Gillespie 和 Dietz(2009)则从修复阶段上指出，品牌形象修复一般包括及时响应、后续干预两个阶段。

综上所述，凡是以危机情境下品牌形象修复为目的的研究都属于品牌形象修复研究，而危机公关和危机传播则是危机管理领域的两个不同研究取向。从危机公关和危机传播的研究共性来看，品牌形象修复管理有以下三大特征：①品牌形象修复管理关注的是沟通信息的选择(Benoit，1997)。关于危机传播，无需多言，危机公关的相关活动原则也给出了很好的证据。②管理的核心是道德问题。危机公关和危机传播均强调以负责任或道德的方式来开展活动，这表明伦理道德是形象修复管理的战略核心，而非战略外缘。Snyder 等(2006)也指出，道德合理性(ethical rationality)是品牌形象修复管理的战略导向。③管理的过程是动态持续的。品牌形象修复需要企业持续不断的努力。

本书在后续的文献梳理中，基于 Gillespie 和 Dietz(2009)的研究，将品牌形象修复管理分为及时响应和后期干预两个阶段，并针对企业在这两个阶段所开展的信息沟通行为或方式进行梳理，如果沟通手段复杂多样，则尽可能以"做人/做事"作为分类整理线索。例如，在及时响应阶段以不负责任-负责任这一行为连续集为主；在后期干预阶段，参考田志龙等(2007)的研究，以市场、非市场的方式进行分类梳理。

2.3.2 企业及时响应的品牌修复效应

在品牌丑闻发生时，消费者的负面感知最严重，企业必须及时采取措施控制消费者的不信任感(Vassilikopoulou et al.，2009)。因此，丑闻后企业及时响应策略研究关注的是“丑闻发生时，企业应该对公众说什么”(Coombs，1995)。围绕该问题，学者们往往从企业及时响应行为入手，归纳整理并探讨不同情境下企业响应策略的有效性问题。

1.企业及时响应行为类型

学者普遍认为，企业响应行为具有“行为连续集”特征。例如，Kabak 和 Siomkos(1991)按照“否认-纠正”标准将企业及时响应行为分为四种：否认(对事件拒绝承担任何责任)、非自愿地响应(在被管制或强制情况下做出响应)、自愿地响应(主动按照管制要求采取响应措施)、非常努力地响应(企业努力采取措施来树立负责任的形象)。Coombs(1998)按照“辩解-和解”标准将企业及时响应行为分为攻击指控者、否认、借口、合理化、迎合、修正、道歉七种方式，其中，前四种为反抗取向的响应行为，是出于保护企业的目的；后三种为顺应取向的响应行为，是出于受害者角度的考量。Bradford 和 Garrett(1995)指出，没有响应也是一种响应，即对丑闻事件保持缄默，声称“无可奉告”“暂时无法评论”的情形也是现实中企业常用的响应方式。但总体来看，Benoit(1997)对企业及时响应行为的归纳最为全面，他在前人研究的基础上提出了包含否认(简单否认和转移指责)、逃避责任(包括合理回应、无力控制、意外、良好目的四种措施)、减少攻势(包括支撑、淡化、区分、超越、攻击指控者、补偿受害者六种措施)、改正行为(企业对未来提出承诺)和抑制行为(企业承认并坦白错误)五种响应策略 14 种具体行为措施。

从本质上来看，无论是“否认-纠正”行为连续集，还是“辩解-和解”行为连续集，或其他的类似表达方式，它们都是对企业“消极承担责任-积极承担责任”行为连续集的一种具体表达(Dawar and Pillutla，2000)。在现实中，企业应选择哪一种或哪几种行为方式，需要结合特定情境进行具体分析。

2.影响企业及时响应策略选择实施的因素

根据丑闻负面效应的研究逻辑，学者基于归因理论、印象形成理论、感知风险理论探讨了丑闻情境、丑闻前消费者-品牌关系、响应时机对丑闻后企业及时响应策略的影响。

(1) 丑闻情境。Coombs (1995) 率先指出，丑闻情境会影响消费者对丑闻事件的责任归因，进而会影响企业后续及时响应策略的选择和实施。丑闻情境既包括客观存在的事实(如负面事件类型、伤害程度、真假信息)，也包括社会公众的主观认知(如企业过往表现、责任归因、社会关注度等)的影响。其他学者在后续的实证研究中进一步证实了以上观点。例如，Coombs (1998) 研究发现，防御性策略 (defensive strategies) 更适用于企业弱可控性情境，而改正行为、道歉等调节性策略 (accommodative strategies) 在企业强可控性情境下更有效。Lynette (2005) 指出，对于企业外部可控的丑闻，企业应该辩解，对于企业外部不可控事件，企业应该否认；而对于企业内部不可控事件，企业应该辩解，对于企业内部可控事件，企业应该承认，并实施道歉、召回等措施。Coombs (2007) 在总结已有相关研究的基础上，提出了情境危机传播理论 (situational crisis communication theory, SCCT)，为企业根据事件归因及其影响因素选择合适的响应策略提供了一个较为完整的框架。

(2) 丑闻前消费者-品牌关系。黄静和熊巍 (2007) 在文献梳理中指出，消费者-品牌关系的断裂及断裂后的再续是一种客观存在，是品牌关系发展的必经阶段。初始的品牌关系状态是品牌关系再续的基础，会影响品牌关系再续策略的选择。在实证研究中，学者们运用信息加工理论的相关成果，围绕某个能够反应消费者品牌关系的特定变量展开了研究。例如，崔金欢和符国群 (2002) 研究发现，丑闻企业及时响应对品牌资产变动的影响，在很大程度上取决于消费者对焦点企业的先前期望。先前期望较高的消费者会更关心丑闻企业的及时响应行为是否与其期望相一致，因此企业应当选择恰当的响应行为，将危机转变为契机；而低期望消费者更关心“问题产品”的风险，丑闻企业最好不要做出模棱两可的行为反应，以免导致更大的损失。黄静和熊巍 (2009) 发现，品牌关系断裂后，企业的品牌关系再续投入显著并正向影响消费者感知，但消费者对不同的再续投入策略存在感知差异，消费者对“道歉”的感知最为敏感，其次是“有形回报”“优待”。而品牌犯错前的品牌质量正向调节消费者的品牌关系投入感知与再续意愿的关系。方正等 (2010) 也发现，当丑闻企业选择了最优应对策略 (辩解/和解) 或混合策略 (同时包含辩解、和解) 时，消费者对丑闻企业的先前声誉评价正向影响企业及时响应策略对品牌资产的影响。

(3) 响应时机。学者重点探讨了响应时机对企业及时响应策略的选择。Vassilikopoulou 等 (2009) 认为，品牌丑闻发生后的不同时点里(如 3 日、3 个月、1 年后)，消费者对丑闻的风险感知会不同，响应策略的选择也必然不同。黄静等 (2012) 关于消费者情绪强度(高/低)的研究表明，当消费者负面情绪强度低时，无论消费者后悔还是生气，企业均应采取反驳型说服策略。但是，当消费者负面情绪强度高时，如果消费者处于后悔情绪，企业应采取反驳型说服策略；如果消费者处于生气情绪，企业应采取诊断型说服策略。

2.3.3　企业后期干预的品牌修复效应

品牌丑闻发生后，随着时间的延伸，事件的负面信息效应在一定程度上会出现时间打折效应，但这并不意味着消费者忘记了丑闻，在消费者后续的行为决策中，丑闻信息随时可能被激活，企业需要开展持续的品牌形象修复工作（王财玉和雷雳，2014）。

Gillespie 和 Dietz（2009）认为，在后期干预阶段，应注重干预手段的多样性。余伟萍和庄爱玲（2013）的研究指出，企业在丑闻发生后的干预手段多达 17 种，包括一体化战略、多元化战略、并购战略、战略联盟及组织结构调整 5 种战略性行为，以及产品质量管理、产品组合决策、提价、降价、渠道成员条件和责任更改、调整中间机构类型、调整中间机构数量、广告、销售促进、公共关系等 12 种战术性行为，而公共关系及产品质量管理是最常被采取的行为。田志龙等（2007）认为，企业所有行为都可被归纳为市场行为和非市场行为，前者有价格变动、新产品推出、广告促销活动等；后者有游说、慈善捐赠等。

按照田志龙等（2007）的分类思路，现有研究主要集中在基于市场行为的品牌形象修复方面。部分学者对丑闻后企业的广告行为做了深入的研究。Braun-Latourt 等（2006）认为，品牌丑闻发生后，试图让消费者忘记丑闻是愚蠢的做法，事实上，企业可通过情感型广告与消费者进行情感沟通，以便更好地改良消费者记忆，重塑品牌关系。靳明和张英（2014）运用内容分析法研究了肯德基在“速生鸡”丑闻发生后的危机公关广告对品牌形象的影响，结果表明，肯德基危机公关广告能够提高公众对产品的了解程度和积极态度，降低公众的风险感知并促使公众将危机事件责任归因于企业外部因素，但广告并未从根本上改变公众对肯德基食品安全事件的态度。袁登华等（2010）也研究了丑闻后广告干预对消费者品牌态度和品牌信任的影响，研究结果表明，广告干预对测试对象的内隐品牌态度产生了一定程度的影响，对被试的外显品牌态度和品牌信任则产生了很大程度的影响。高渗透广告相较于低渗透广告，能驱使消费者对危机品牌产生更为正向的外显品牌态度；理性诉求广告相较于感性诉求广告，能驱使消费者对危机品牌产生更为正向的外显品牌态度。

另外，部分学者还就多种市场行为的交互作用进行了研究。Cleeren 等（2013）通过对英国和荷兰发生的 60 个产品伤害危机案例的追踪调查，发现企业在危机后经常会采取增加广告或降价的方式，试图挽回丢失的顾客。在仅考虑公开承认过失时，企业公开承认错误对焦点品牌不会产生负面影响，但在企业承认过失的情况下，广告的有效性将会显著降低，而且消费者的价格敏感度将会升高，这就使得提价变得更为困难。在危机程度较高时，随着媒体的广泛报道，消费者的价格敏感度将更高，企业提价会发生逆火效应(backfire effect)，但此时品牌广告将变得更加有效。另外，品牌质量丑闻发生后，企业需要决定是否引入一个新的产品替代问题产品。董亚妮(2010)指出，产品伤害事件后，企业市场修复的产品策略包括维持、缺陷改进、功能增强三类，其中功能增强策略对消费者购买意愿的正向影响最大。在功能增强型产品策略下，广告策略对消费者购买意愿的正向影响由大到小依次是产品劝导广告、企业形象广告、产品提醒广告。产品伤害事件发生后，企业销售促进策略同样对消费者购买意愿有显著影响，价值促销(如买赠形式)策略下的购买意愿显著高于价格促销(如价格折扣)策略下的购买意愿(董亚妮和李蔚，2011)。

在非市场行为领域，学者们主要从伦理学视角指出，品牌丑闻的根源在于CSR的缺失(Souto，2009)，道德问题是丑闻发生后企业管理的核心问题(田虹和袁海霞，2013)，丑闻发生后的企业行为必须以符合社会伦理道德为准绳，满足利益相关者的利益需要和责任期望，且品牌质量丑闻信息的曝光会使消费者产生不安全感，从而提高消费者对品牌安全和公司伦理行为的关注(Curlo，1999)。如果企业员工缺乏对道德价值的坚守、对消费者及其他利益相关者的真诚和忠诚，就不可能真正地实现全面质量管理(Fisscher and Nijhof，2005)。这些观点使得CSR作为一个独立的形象修复手段并逐渐得到学术界的重视，尤其是Vassilikopoulou等(2009)明确地将CSR归纳为丑闻发生后企业进行危机管理、修复品牌形象的重要因素，然而他们的研究并没有深入区分品牌丑闻情境下企业先前的CSR声誉与后期的CSR行为的内在差异。为了进一步探究CSR视角下的品牌形象修复，本书需要切入另一研究领域“CSR与消费者响应”，并在明确界定CSR概念的前提下，对已有研究成果进行系统、详细的梳理。

2.4 企业社会责任行为的品牌丑闻管理效应

2.4.1 规避效应

危机管理本质上是重构被异化的企业与利益相关者的沟通关系和利益关系(徐明阳和苏平，2013)。CSR视角下的品牌危机管理将从本质上完善企业危机管理体系，匡正企业危机管理中重“术”不重“道”的错误。Klein和Dawar(2004)发现了CSR的“晕轮效应”，在产品危机情境下，CSR能影响消费者归因，进而减少消费者对企业的责难和对品牌的负面评价。

刘藏岩(2006)通过分析默克公司的相关社会责任活动后指出，CSR具有规避危机、获取利益的作用。Godfrey 等(2009)研究发现，CSR 行为对危机中的企业能够起到类似保险一样的作用。强有力的 CSR 行为能在意外发生时帮助减少声誉损失(Lin et al.，2016)。许多研究表明，CSR 有利于提升企业声誉(Babiak and Trendafilova，2011)。Eisingerich 等(2011)确认了 CSR 的综合保险功能。CSR 能从其实践中屏蔽企业而不是企业核心服务的负面信息。拥有专家型消费者基础的企业应该更注重服务质量导向而不是企业社会责任，当消费者是新手型时，企业应侧重于企业社会责任，以增强消费者对负面信息的抵抗力。Sohn 和 Lariscy(2012)发现，企业能力和 CSR 共同决定了企业声誉。企业能力危机发生时，企业声誉会减少负面信息对企业声誉的伤害；CSR 危机发生时，企业声誉会产生逆火效应。Kim 等(2015)发现，积极的企业社会责任联想比积极的企业能力联想更能够在产品伤害危机中对企业起到保护作用。很多学者认为，CSR 是良好声誉的“蓄水池”，能帮助企业抵御危机的影响。Janssen 等(2015)总结了 CSR 的四个重要作用：增加利益相关者对危机的关注程度、影响责任归因、提高期望值、改变利益相关者对危机情境的评价。Lins 等(2017)研究了 2008～2009 年金融危机中的企业表现，发现 CSR 积累的社会资本能够帮助企业抵御金融危机，从而获得更高的回报；高 CSR 水平企业比低 CSR 水平企业能够获得更高的利润率、增长率及单个雇员的销售额。Shim 和 Yang(2016)研究发现，负面事件发生时，参与 CSR 活动的企业能受益于“类似保险功能”，从而保持股价的稳定，但是如果第 2 次负面事件被曝光，这种“类似保险功能”就会消失。姜启军和苏勇(2010)也认为，对于 CSR 的履行是食品企业进行危机管理的有效途径。他们通过实证研究发现，CSR 表现良好的企业，危机发生概率明显低于 CSR 表现差的企业，实施 CSR 战略的企业比没有实施 CSR 战略的企业会经历更少的危机。

2.4.2　稀释效应

Williams 和 Barrett(2000)通过对 1991～1994 年 196 个世界 500 强企业的深入调查，发现一旦企业在生产经营过程中违反美国环境保护署(Environmental Protection Agency，EPA)和职业安全与卫生管理局(Occupational Safety and Health Administration，OSHA)出台的相关规章制度，企业声誉会出现一定程度的下降，但那些在前期开展过大量慈善活动的企业，其声誉下降程度不高，即企业慈善捐助在一定程度上能稀释企业因不负责任给企业声誉带来的负面影响。井淼和周颖(2013)运用三个研究探讨了产品伤害危机类型、企业响应策略和危机前 CSR 信息对品牌资产的影响，结果表明，不管产品伤害危机是可辩解型还是不可辩解型，不管危机情境使用虚拟品牌还是真实品牌，不管企业采取怎样的危机反应策略，具有正面社会责任信息的企业在危机中的品牌资产都要高于具有负面社会责任信息的企业。Joireman 等(2015)通过实证研究发现，企业先前的 CSR 行为(相对于未实施 CSR 行为)能减少消费者的愤怒与抱怨，提升消费者的重购意愿和正面口碑。如果企业先前的社会责任投入占其年利润的 5%以上，消费者的愤怒与抱怨几乎不存在。

Klein 和 Dawar(2004)从消费者归因视角解释了该作用机理，即企业正面的 CSR 形象会使消费者将负面事件的曝光归于外部、偶然的原因，归因是 CSR 形象与消费者对企业责备程度的中介变量。Godfrey(2005)从风险管理视角指出，企业实施战略性慈善捐助能够在社区和其他利益相关者间形成积极的道德资本，能够对股东提供类似保险一样的保护，如企业出现负面丑闻时，减缓股东财富的损失程度。江炎骏(2013)基于我国上市公司数据进行的实证研究也表明，企业捐赠对股东财富的伤害保险效应确实存在。

丑闻情景下 CSR 的溢出效应被普遍认可，在此基础上，一些学者还结合 Coombs(2007)提出的情景危机沟通理论框架，深入探讨了不同丑闻情景变量在 CSR 声誉溢出过程中的调节作用。Vassilikopoulou 等(2009)探讨了产品伤害危机后企业管理因素(时间、企业及时响应、CSR 声誉、危机严重程度)对消费者的品牌印象、感知风险及购买意向的交互作用，结果表明，企业在危机发生 3 天后，企业及时响应和 CSR 声誉对消费者的品牌印象与感知风险均有显著的影响，而在危机发生 3 个月后，企业及时响应、CSR 声誉及危机严重程度对消费者的感知风险有着显著的影响，此时，仅有 CSR 声誉对消费者的重购意愿有影响。熊焰和任丽莉(2012)对产品伤害危机管理中的重要影响因素(如 CSR 声誉、企业响应策略、媒体效用及时间)在不同危机严重程度(非常严重、中等程度、轻微程度)下对消费者信任修复造成的影响及重要程度进行了研究，并发现 CSR 声誉对轻微程度下的消费者信任修复最为重要。袁海霞和田虹(2013)的研究表明，危机前 CSR 水平越高，低程度的产品伤害危机对消费者品牌态度的影响越小，而高程度的产品伤害危机对消费者品牌态度的负面影响并不受危机前 CSR 水平的影响。研究还发现，企业从事 CSR 活动历史的长短不同，对丑闻品牌形象负面效应的稀释效价存在差异，如果 CSR 活动历史较短，消费者会对其先前的社会责任行为持怀疑态度，进而可能对企业/产品产生消极的认知评价(Vanhamme and Grobben，2009)。

2.4.3 修复效应

早期的一些学者基于案例研究认为，CSR 行为具有抵御品牌丑闻、修复品牌形象的效用。例如，Varadarajan 和 Menon(1988)认为，美国运通公司积极实施事业关联营销(cause-related marketing，CRM)活动(消费者每使用信用卡交易一次，企业都将从中提取一定资金捐献给爱丁堡公爵奖)，这是能够平息其先前遭遇的丑闻事件(信用卡产品在 1981 年遭到消费者联合抵制)的主要原因。Liu 和 Li(2011)发现，日本 Hitachi(日立)公司在财务危机背景下，以待业和降薪(job-waiting and wage reduction)政策取代裁员(layoffs)政策，激发了员工的危机意识和强烈的责任感，不仅树立了企业的社会责任形象，而且最终赢得了市场。Saffitz(2010)以美国最大的瓶装水品牌——FIJI Water 为例开展的研究发现，水污染丑闻发生后，该品牌在没有任何 CSR 声誉的前提下，通过 CSR 活动很好地修复了品牌形象。

研究表明，CSR 对危机的修复受多种因素的影响。当企业有良好的声誉且没有危机时，采取 CSR 行为的效果最好；当企业声誉不好且面临危机时，采取 CSR 行为会使公众推断 CSR 行为背后的隐秘动机，从而产生明显的“伪善”感知(Shim and Yang，2016)。Zhang 和 Borden(2017)认为，当利益相关者有较高的卷入度和积极的态度时，与危机相关的 CSR 行为能有效减少公众对企业的怀疑；同时，怀疑能在危机相关 CSR 行为对感知企业信誉的影响中起到调节作用。

在服务补救情境下，CSR 同样能发挥作用。服务失败后，消费者对 CSR 的感知会影响其服务补救后的满意度和忠诚度(Fatma et al.，2016)。Dell’Atti 等(2017)对银行业的研究表明，CSR 会对银行声誉产生正向影响，尤其是在金融危机时。Albus 和 Ro(2017)对餐饮业的研究发现，CSR 和服务补救会对顾客满意、信任、口碑推荐及重访意向产生影响，且相对于消极的服务补救，在积极的服务补救时，CSR 的效应更为显著。

但随着一些失败案例的出现，学者开始对品牌丑闻发生后的 CSR 行为的有效性提出质疑。Kernisky(1997)认为，品牌丑闻会使得企业积极的 CSR 活动变得异常困难，同时 CSR 的重要性也更容易体现出来，企业必须为减少消费者怀疑付出努力。Menon 和 Kahn(2003)也指出，受情境线索的影响，消费者可能对 CSR 动机进行更为复杂的信息处理，可能出现负面的 CSR 评价。

在随后的实证研究中，不同学者也得出了不同结论。一方面，学者发现，品牌丑闻发生后的 CSR 行为会引发消费者的消极反应。例如，Becker-Olsen 等(2006)依据 CSR 活动开展的时机将其分为前摄型(proactive)和响应型(reactive)。与前摄型 CSR 活动不同，响应型 CSR 活动主要是指企业在遭受丑闻事件(如大范围裁员、使用童工等)之后开展的 CSR 活动，且实证研究发现，响应型 CSR 的实施对消费者品牌态度将产生显著的负面影响。Shim 和 Yang(2016)的实证研究发现，对于声誉良好的企业而言，积极的 CSR 行为能产生很好的营销价值，但对于发生品牌丑闻的企业而言，CSR 行为会导致消费者的“伪善”感知。而感知企业的“伪善”会激发消费者对品牌的负面态度(Wagner et al.，2009)和消费者对企业的惩罚行为(王静一和王海忠，2014)。

另一方面，研究证实了 CSR 行为对丑闻品牌形象修复效应的存在，即相对于未开展 CSR 活动的企业而言，丑闻企业积极开展的 CSR 活动能够修复品牌形象，但 CSR 对品牌形象的修复程度会受到 CSR 行业相对水平(鄢丙胜，2014)、

CSR 匹配度(余伟萍等，2014)、CSR 行为方式(余伟萍和赵占恒，2015)、信息来源与信息参考点之间的协同程度(杜志刚等，2011)、丑闻类型、丑闻责任和产品感知质量(王春娅等，2014；余伟萍等，2015)、CSR 历史(万广圣和晁钢令，2015)等因素的影响。

2.5 研 究 述 评

2.5.1 研究现状述评

目前，国内外学者在品牌丑闻与品牌形象修复、CSR 与消费者响应两大领域已进行了较为丰富的研究，尤其是企业及时响应行为与丑闻品牌形象修复、CSR 行为与消费者响应领域的研究，形成了较为完善的理论体系，对于其他相关问题的研究具有重要的理论借鉴和指导意义。在研究动态上，这两大领域趋向交叉融合，逐渐转向 CSR 行为如何修复丑闻品牌形象这一共同问题。

然而，针对 CSR 行为如何修复丑闻品牌形象这一问题的研究还相对缺乏，并且已有成果多是基于案例研究、文献推演对 CSR 行为品牌形象修复效用的理论阐释，对 CSR 行为修复丑闻品牌的内在机理、作用边界缺乏系统性研究，致使已有的少量实证研究结论观点不一，无法有效地指导企业的品牌形象修复实践，存在大量研究机会和空白。

(1)从研究的逻辑起点来看，学者往往基于 Becker-Olsen 等(2006)的观点，从消费者认知出发，将品牌丑闻发生后的 CSR 行为视为响应型 CSR。基于此逻辑起点的相关研究，一方面无法客观揭示 CSR 实践的客观现实；另一方面，也不能充分反映消费者对于 CSR 信息的完备程度，带有一定的偏见色彩。也正是基于这一问题，相关研究往往在未探明丑闻和非丑闻情境下 CSR 行为特征内在差异的前提下，将非丑闻情境下 CSR 行为特征的常用变量引入到丑闻情境下，如 CSR 信息来源与信息类型、与同行业相比企业的 CSR 水平、CSR 匹配性(鄢丙胜，2014)等。这类成果虽然能丰富品牌丑闻情境下的 CSR 研究，且在一定程度上能强化企业的 CSR 意识，规范企业的 CSR 实践，但由于其未能深入揭示丑闻前后 CSR 行为的差异特征，在指导丑闻企业的社会责任管理方面存在局限性。

(2)从研究内容来看，学者认为，品牌丑闻情境下 CSR 行为的有效性之所以难以把控，关键在于丑闻情境线索的植入，使得消费者对 CSR 行为动机的归因过程更为复杂。在现有实证研究中，除了余伟萍教授的研究团队之外，其他学者的研究尚未聚焦丑闻线索、社会责任归因等变量在 CSR 行为修复丑闻品牌形象中的作用。实际上，学者在研究企业及时响应行为对品牌形象的修复作用时，已较为系统地从归因、企业先前的消费者品牌关系、响应时机三个视角进行了丰富的研究，且这种研究逻辑与品牌丑闻基于归因视角、印象理论视角和感知风险视角的研究逻辑基本一致，而已有研究尚未在系统梳理企业及时响应策略等的基础上进行深入思考。

(3) 从研究结论来看，现有成果或基于成功案例强调 CSR 行为对品牌形象的修复效用，或基于归因理论通过理论推演弱化或否定这一效用，且少量的实证研究也存在观点不一致。例如，Becker-Olsen 等(2006)发现，丑闻发生后 CSR 行为负面影响消费者的品牌态度；而王春娅等(2014)、余伟萍和赵占恒(2015)等则得出了相反的结论。这种情况一方面表明，CSR 行为在修复品牌形象过程中会受到诸多因素的影响；另一方面表明，当前学术界对丑闻情境下的 CSR 行为研究尚处于探索阶段，未能系统地回答何种情况下 CSR 行为能够修复丑闻品牌形象这一关键性的问题(表 2.6)。

表 2.6　国内外现有研究的内容结构

研究领域	研究模块	主要研究特点及趋向
品牌丑闻与品牌形象修复	品牌丑闻及其类型	以产品质量丑闻/企业道德丑闻的二分类法为主，其中产品质量丑闻是实践中的“重灾区”，是学术界关注的焦点；针对产品质量丑闻进行详细的类型划分，主要是以责任为依据，如将丑闻责任作为单独变量，可以不予考虑类型差异
	品牌丑闻负面效应	研究较为详尽，重在分析影响品牌丑闻负面效应的因素，具体可归纳为三个研究视角及三大核心问题：归因视角(强调丑闻责任)、感知风险视角(强调消费者对产品质量的感知)、印象视角(强调丑闻前消费者-品牌关系的状态)
	品牌形象修复管理	品牌形象修复管理的本质是责任沟通，具体可包括及时响应、后期干预两大体系，现有研究主要集中在企业及时响应领域，已经形成较为详尽的及时响应策略体系，并从归因、感知风险、印象三大视角对相关影响因素做了较为详尽的研究；后期干预部分的相关研究还相对较少，其中已有成果又集中在“营销组合策略”的沟通领域，CSR 作为一个新视角开始得到学者们的关注与重视
CSR 与消费者响应	CSR 行为、动机及影响因素	CSR 真实动机较为复杂，企业因素、制度因素都会影响 CSR 行为
	CSR 行为与消费者响应	消费者普遍具有社会责任意识和消费行为，一般情况下，CSR 行为均能引发消费者积极的内在认知和外在行为反应；影响消费者响应 CSR 的因素主要有：CSR 特征、企业特征、社会责任归因、消费者个人特征等
	CSR 行为与品牌丑闻管理	主要从三个方面展开研究：CSR 履行对品牌丑闻的规避效应、CSR 声誉对丑闻危害的稀释效应、CSR 行为对丑闻品牌的形象修复效应。其中，稀释效应的研究最为丰富，观点也较为一致，而关于形象修复效应的研究仍有较多研究机会

2.5.2　研究切入点

通过系统梳理已有研究现状及动态，本书以 CSR 行为对丑闻品牌的形象修复问题为研究对象，并在 CSR、品牌丑闻等概念范畴界定的前提下，针对当前研究中存在的不足，分析研究机会，并提出相应的研究机会点。具体而言，本书的研究切入点主要为以下三个方面。

1.系统剖析丑闻后企业社会责任行为的特征

消费者对 CSR 行为的响应始于对行为外在特征的解读，识别 CSR 行为特征是研究社会责任行为与消费者响应的基础和前提。特征有本质特征和区别特征之别，本质特征被用于描述概念；区别特征是基于特定情境对客体专属特性的描述。研究品牌丑闻情境下 CSR 行为对品牌形象的修复作用，需要在明确本质特征的前提下，把握属于这一特定情境的专属特性。在已有研究中，赵占恒等(2015)曾运用内容分析法试图对丑闻发生后的 CSR 行为特征进行归纳描述，虽然有一些新的发现(如丑闻前后 CSR 水平的变化)，但并未能进一步识别出决定 CSR 行为有效性的关键因素。例如，该研究发现，慈善捐助是丑闻企业常用的 CSR 行为方式。基于此，余伟萍和赵占恒(2015)在后期检验了 CSR 行为方式对品牌形象的修复效价差异，研究结论也表明，相对于事业关联营销、赞助，捐赠确实是最有效的方式。但这些结论与非丑闻情境下的相关研究结论趋向一致，因此，尚不能从 CSR 行为方式识别丑闻情境下 CSR 行为的专属特征。

另外，部分学者基于 CSR 概念，将一些普适性特征放在品牌丑闻情境下进行研究，尝试检验该特征的作用。例如，鄢丙胜(2014)实证检验了 CSR 水平与消费者宽恕意愿之间的关系。尽管这些研究证明了 CSR 水平的价值普适性，但这里指的是 CSR 水平在品牌丑闻情境下是否重要。一般而言，CSR 的行业相对水平往往适合两种情境的研究：第一，考察一定时期内 CSR 投入与绩效的关系；第二，考察某一特定社会事业情境下企业的 CSR 行为效果，如自然灾害。综上分析，现有成果未能深入揭示丑闻企业的 CSR 行为的专属特征，对该问题的进一步解答是本书研究的第一个切入点。

2.全面分析企业社会责任行为对丑闻品牌形象的作用机理

已有关于 CSR 行为对丑闻品牌形象的作用机理的研究成果，往往以非丑闻情境下的 CSR 行为特征为自变量，这些研究虽然能警示和引导丑闻企业的社会责任实践管理，但这些特征变量并不是丑闻发生后 CSR 行为的专属特征，研究成果在反映丑闻后 CSR 行为有效性方面的作用较为有限。

另外，尽管已有成果基于归因理论考虑了丑闻责任、丑闻严重性等变量在 CSR 修复品牌形象中的调节作用及利他性归因的中介作用，但这些研究在变量选择方面缺乏有力的理论支撑。通过本章对品牌丑闻负面效应与企业及时响应策略的研究回顾可知，学者们主要基于归因理论、感知风险理论、印象理论三个理论视角分析了消费者对品牌丑闻和对企业及时响应行为的行为反应。尽管学者在具体研究中采用不同变量做了较为详尽的研究，但其变量选择逻辑仍然主要集中在三个方面：企业在丑闻事件中的责任、丑闻后消费者的产品质量感知、丑闻前消费者—品牌关系的状态。因此，在研究 CSR 行为修复品牌形象的过程中，应充分考虑这三个方面的相关变量。在丑闻后 CSR 行为特征研究的基础上，基于已有研究的相关逻辑，甄选变量，构建 CSR 行为对品牌形象的修复理论框架，并通过实证方法对其进行验证分析，是本书研究的第二个切入点。

3.形成基于企业社会责任视角的品牌形象修复策略

现有成果基于 CSR 视角对品牌形象修复策略的研究，主要存在以下三个方面的特征。第一，基于单案例研究归纳一些企业在丑闻发生后的社会责任沟通策略，为相关企业提供启示和建议。例如，Liu 和 Li(2011) 对 Hitachi(日立) 公司待业和降薪政策的研究过于情境化，研究结论的普适性存有一定局限。第二，基于理论演绎，对丑闻发生后的 CSR 实践提供指导建议。例如，Porter 和 Kramer(2002) 在区分战略性 CSR 与反应性 CSR 的基础上，指出反应性 CSR 应优先关注两方面的问题：一是一般社会问题，这类问题不会影响企业的运营，也不会影响其长期的竞争力；二是价值链上的社会影响问题，即企业还应考虑受价值链影响的活动，而竞争环境下的社会维度也是影响企业竞争力的外部环境。由于这里的反应性 CSR 并不完全等同于丑闻情境下的 CSR，社会议题的选择也不完全等同于社会责任实践，所以，Porter 和 Kramer 的观点虽具有一定的指导意义，但需进一步具体化、全面化。第三，基于 CSR 沟通的相关成果，对丑闻发生后的 CSR 实践提供相应的理论建议。例如，Saffitz(2010) 将 CSR 对品牌形象的修复策略归纳为两大类 16 项修复措施，即建立长期发展的 CSR 计划(选择与核心业务匹配的社会议题；形成完整、有序的战略体系；追求可靠的战略合作伙伴；设定可测量的战略目标；进行职能化管理；动态分析企业与利益相关者的关系状态；灵活应对利益相关者的期望变化；重视员工在 CSR 沟通中的作用；确保 CSR 计划的全面性)、与利益相关者进行积极的 CSR 信息沟通(全员参与；确保信息透明、准确；明确沟通目标；主动、及时公开 CSR 信息；发布 CSR 战略更新信息；谨慎选择沟通方式；注重社交媒体的使用)。然而，该策略体系尚不能反映丑闻情境的特殊要求，无法有效指导丑闻企业的社会责任实践。

因此，在多案例研究及实证研究的基础上，通过对研究结论的讨论分析，从社会责任视角系统构建品牌形象修复策略体系是本书研究的第三个切入点(表 2.7)。

表 2.7　基于 CSR 视角的品牌形象修复研究现状、研究机会和本书切入点

研究领域	已有研究	主要文献	研究机会	本书切入点
丑闻后 CSR 行为特征	丑闻后的 CSR 具有更多的利己成分，是响应型行为，且相较于丑闻发生前，丑闻后的 CSR 水平更高	Becker-Olsen 等(2006)；Koehn 和 Ueng(2010)；赵占恒等(2015)	已有研究缺乏对丑闻后 CSR 行为特征的系统研究	运用多案例研究法对品牌丑闻发生后的 CSR 行为特征进行系统研究
CSR 行为对丑闻品牌形象的修复 效应及机理	修复效应：丑闻后的 CSR 对消费者品牌评价的影响； 丑闻后的 CSR 类型：事业关联营销/资金援助计划/员工责任，响应型/前摄型对品牌评价的影响； 修复机理：以 CSR 行为方式/CSR 行业相对水平/CSR 契合度等为自变量分析内在机理	Becker-Olsen 等(2006)；Liu 和 Li(2011)；鄢丙胜(2014)；王春娅等(2014)；崔泮为等(2015)；余伟萍和赵占恒(2015)	已有研究在自变量选择方面侧重于沿袭传统变量，同时较少系统地考虑丑闻情境变量对修复效应的影响	以 CSR 行为特征为自变量，甄选丑闻属性中的代表性变量，构建理论框架
CSR 沟通视角下的品牌形象修复策略研究	基于单案例研究或文献推演，归纳总结企业在丑闻发生后的社会责任沟通策略	Varadarajan 和 Menon (1988)；Porter 和 Kramer (2002)；刘藏岩(2006)；Saffitz(2010)；Liu 和 Li(2011)	基于单案例的研究结论的普适性较差，缺乏一个系统的理论指导框架	以实证研究结论为依据，系统构建策略体系框架

第3章　基于内容分析法的丑闻后企业社会责任行为研究

案例导读

近年来，享誉世界的苹果手机频繁遭遇各种各样的“门”事件①，从2014年iPhone 6的“弯曲门”，2016年iPhone 6s的“氧化门”和“关机门”，到2017年iPhone X的“绿线门”，系列产品性能型丑闻令苹果公司“高大上”的形象蒙上了阴影。正所谓祸不单行，2018年初曝光的“软件升级使旧款手机人为降速”事件再次将苹果公司推上舆论的风口浪尖，自媒体网友评论称“苹果公司若再没有重拾民心的战略调整，最终损害的将是乔布斯时代辛苦塑造的高端品牌形象”②。

在此背景之下，苹果公司于2017年7月3日发布了《Apple•与您——Apple中国企业责任报告2016—2017》，这是苹果公司在中国首次发布社会责任报告，也是苹果公司首度在全球范围内发布社会责任报告。报告通过6个篇章、19个故事、44幅图片、150余个数据，展示了2016～2017年苹果公司在中国社会责任领域的实践与进展，其“坦诚的态度、温暖的情怀、担当的勇气”跃然纸上③。苹果公司发布CSR报告的行动与连续发生的产品性能型丑闻是否存在内在关系？其宣传温暖情怀和责任担当的意图是否与修复品牌形象有关？丑闻发生后的CSR行为具有哪些特征？本章将运用内容分析法探明上述问题。

---

① 历代iPhone质量问题汇总：竟有这么多“门”[EB/OL]. [2017-12-29]. http://news.mydrivers.com/1/561/561163.htm.

② 苹果“降速门”失民心，乔布斯时代高端品牌形象将毁[EB/OL]. [2017-12-28]. https://mp.ofweek.com/mobile/a145663527786.

③ 10张图感受温暖情怀和责任担当丨苹果首份CSR报告到底说了什么[EB/OL]. [2017-7-5]. https://www.sohu.com/a/154596314_370262.

3.1 问题提出

消费者对 CSR 的理解往往局限于“慈善责任或慈善责任与伦理责任之和”这一狭义范畴(Brown and Dacin，1997)。CSR 作为企业道德水平的集中体现，是影响消费者认知企业形象的重要因素。已有相关研究聚焦于非丑闻情境(Lii and Lee，2012)，通过对非丑闻情境下 CSR 行为效应的梳理，一些学者归纳性地指出，丑闻发生后，CSR 行为仍是影响企业修复消费者信任的重要因素(Vassilikopoulou et al.，2009)，但在文献检索时发现，目前国内外学者对丑闻发生后的 CSR 行为研究仍较为缺乏。

探讨丑闻发生后的 CSR 行为问题，首先需要分析丑闻情境，不同的丑闻情境将引发不同的 CSR 决策。Coombs(2007)认为，丑闻情境是影响社会公众对丑闻进行归因的主要因素，丑闻发生后的企业管理措施必须结合特定的丑闻情境。丑闻情境的早期研究主要是以丑闻类型为研究对象，后来学者才逐渐加入其他主观认知与客观存在交互的情境变量(如丑闻责任、丑闻严重性等)。庄爱玲和余伟萍(2011)在梳理已有研究成果的基础上，将品牌丑闻类型划分为产品性能型、公司道德型、道德—性能复合型三类。丑闻企业是否实施 CSR 行为是一种战略性决策，因此，了解丑闻发生后 CSR 领域的投入情况是研究丑闻发生后 CSR 行为响应决策的首要问题。周祖成和张漪杰(2007)认为，客观评价企业在 CSR 领域的投入水平很难，需要以相对水平作为衡量标准。赵曙明(2009)认为，学者在对 CSR 内涵达成共识的基础上，主要从内容驱动和行为过程两个视角展开深入的研究，前者侧重于 CSR 维度(如雇员责任、社区责任、环境责任等)，后者侧重于 CSR 行为方式和动机。基于行为过程视角，Lii 和 Lee(2012)将 CSR 行为分为三种形式：捐赠、赞助和事业关联营销。尽管都是企业向社会公益事业提供支持和帮助，但捐赠是“真正的利他”，对消费者态度及行为的积极影响要显著大于赞助和事业关联营销。也有学者从 CSR 契合度视角探讨了 CSR 契合度与消费者响应间的关系，研究结果表明，CSR 契合度越高，消费者的利他性归因越明显，消费者响应也更积极(田虹和袁海霞，2013)。

鉴于此，本章研究将基于战略管理理论和研究框架，从分析、选择、实施三个层面，通过内容分析法，摒弃可能影响编码人员主观认知的因素，探索丑闻情境下 CSR 行为响应的一般性规律，试图解决如下问题：①不同丑闻类型下，CSR 行为开展情况如何；②丑闻发生后 CSR 相对水平如何；③丑闻发生后，企业主要采用的 CSR 行为类型是什么，其契合度情况如何。

3.2 文献背景

3.2.1 企业社会责任行为决策分析框架

企业战略管理是指企业为实施长远战略发展所指定的方向和目标，并为实现这一方向与目标采取资源调配方式形成的决策与管理艺术。企业战略管理流程包括以下四个方面：①战略分析，是对企业战略发展产生影响的各种要素所形成的分析，同时也是对企业战略实施步骤的选择与总结；②战略选择，主要是解决企业发展方向的问题；③战略实施，是在确定企业战略目标的情况下，将计划进行落实，从而将其转变为行动的过程；④战略评价，是对企业的经营业绩通过客观分析所给出的评价。

丑闻发生时，消费者的负面感知最为严重，企业必须及时采取措施控制消费者的不信任感(余伟萍和赵占恒，2015)。因此，丑闻发生后的 CSR 行为响应决策也是企业的一项战略性工作。战略管理理论为本章提供了“分析—选择—实施”的分析框架：丑闻发生后，首先企业需研判丑闻类型，实施环境分析；其次企业对 CSR 行为类型和方式进行决策和选择；最后企业根据自身情况和丑闻前 CSR 行为等情况，制定具体的 CSR 行为实施策略。

3.2.2 丑闻后企业社会责任行为研究现状

已有相关研究聚焦于非丑闻情境，目前国内外学者对丑闻发生后的 CSR 行为研究仍较为缺乏，内容较零散，主要包括如下领域。

1.丑闻后企业社会责任行为的影响因素

①丑闻类型。Coombs(1995)指出，丑闻情境会影响消费者对丑闻事件的责任归因，进而影响企业后续及时响应策略的选择和实施。丑闻情境既包括客观存在的事实(如负面事件类型、伤害程度、真假信息等)，也包括社会公众的主观认知(如企业过往表现、责任归因、社会关注度等)的影响。后续的实证研究进一步证实了以上观点。②企业内部因素。包含企业规模、所有权结构(Stanwick and Stanwick，1998)、企业国际化程度(Heyder et al.，2009)、经济条件(Campbell et al.，1999)、品牌知名度、企业高管的政治关联等均会影响丑闻发生后的 CSR 行为。③外部环

境因素。包括国家发展水平和工业化水平(Kambalame and Cleene，2006)、制度环境因素(Brickson，2007)等。④丑闻前消费者—品牌关系的状态。Dawar 和 Pillutla(2000)研究发现，丑闻企业及时响应对品牌资产变动的影响，在很大程度上取决于消费者对焦点企业的先前期望。先前期望较高的消费者会更关心丑闻企业的及时响应行为是否与其期望相一致，丑闻企业应选择恰当的响应行为，将危机转变为契机；而低期望消费者更关心“问题产品”的风险，丑闻企业最好不要做出模棱两可的行为反应，以免导致更大的损失。

2.丑闻后企业社会责任行为的动机

Campbell 等(2002)基于 1985～2000 年的文献研究，将 CSR 动机归纳为战略动机、利他动机、政治动机、管理效用动机。但在 Porter 和 Kramer(2002)看来，企业追求经济利益和社会利益是 CSR 行为动机的两个边界，现实中的任何 CSR 行为都是这两种动机的凝结。

3.丑闻后企业社会责任行为的时机

Vassilikopoulou 等(2009)认为，丑闻发生后的不同时点(如 3 日后、3 个月后、1 年后)，消费者对丑闻的风险感知不同，响应策略的选择也必然不同。黄静等(2012)则研究了消费者情绪强度(高/低)对企业及时响应策略选择的影响。

4.丑闻后企业社会责任行为的效应

刘藏岩(2006)认为，埃克森美孚公司实施的“员工义务劳动计划”及多种资金援助计划，是其最终能够有效化解危机、重塑品牌形象的主要原因。周安华和苗晋平(2007)认为，约翰•戴维森•洛克菲勒在遭遇工人罢工、“强盗大王”负面宣传等负面事件后，通过成立“洛克菲勒基金会”，开展多种社会活动等积极的 CSR 行为，最终树立了“更有人情味”的公司形象，是 CSR 行为价值的有效体现。

综上可知：①相关研究将非丑闻情境下 CSR 行为变量及影响因素应用到丑闻情境下，研究结论的适用性存在较大局限；②对于丑闻发生后的 CSR 行为响应规律的研究较为缺乏，缺少系统严谨的分析框架和理论支撑。因此，已有研究尚无法系统揭示丑闻发生后的 CSR 行为响应决策、实施效果、作用机理等一般性规律，也无法有效指导丑闻企业的社会责任实践。

3.3　丑闻后企业社会责任行为规律的内容分析

3.3.1　研究方法

本章采用内容分析法，通过对丑闻后 CSR 信息的搜集整理，探索丑闻后 CSR 行为响应的一般性规律。内容分析法是对描述性信息内容进行定性研究的一种常用量化分析方法，该方法的客观性、系统性、定量性等特征能克服其他研究方法所受到的主观性和不确定性的影响，实现对文本信息数据的本质了解(宋振峰和宋惠兰，2012)。

3.3.2　样本选择

本章以中国营销传播网的营销文库为品牌丑闻案例来源，通过对 2009 年以来发表在该文库中的案例文章的整理，共收集了 176 个品牌丑闻案例。其中，关于分贝网 CEO 不法行为(2009 年)和世界通涉嫌传销(2009 年)两个案例，涉事企业在丑闻曝光后均因违法经营退出市场，不符合本章的样本选择标准，经专家讨论后剔除。在剩余的 174 个案例中存在同一企业多次发生品牌丑闻的现象(21 个企业涉及 44 个丑闻案例)，专家讨论后认为，同一企业不同丑闻发生的年限和丑闻属性不同，丑闻后 CSR 行为也会存在差异，因此这 44 个丑闻事件均可作为独立样本存在，最终本章的样本对象确定为 174 个。

按照丑闻发生时间统计样本分布情况(表 3.1)，2009 年样本数为 33 个，2010 年样本数为 30 个，2011 年样本数为 33 个，2012 年样本数为 39 个，2013 年样本数为 39 个，卡方检验结果显示，样本对象近 5 年的整体分布无显著差异(χ^2=0.761＞0.05)，表明从时间来源看，样本选择较为合理。

表 3.1　样本时间分布

时间	样本数/个	比例/%
2009 年	33	18.97
2010 年	30	17.24
2011 年	33	18.97
2012 年	39	22.41
2013 年	39	22.41

按照企业性质对样本对象分布情况进行统计（表 3.2），国有企业样本数为 54 个（31.03%），民营企业样本数为 70 个（40.23%），外资企业样本数为 50 个（28.74%）。虽然民营企业稍多，但整体分布无显著差异（$\chi^2=0.145>0.05$），样本选择较为合理。

表 3.2 样本企业分布

企业性质	样本数/个	比例/%
国有企业	54	31.03
民营企业	70	40.23
外资企业	50	28.74

本章依据国家统计局 2011 年颁发的行业分类标准（GB/T 4754—2011）对样本对象行业分布进行统计。在 20 个行业中，研究样本涉及其中 11 个行业（表 3.3），且主要分布在制造业领域（包括食品、饮料、医药、电器、服装、汽车、日化用品等），占总样本的 73.00%。其次是信息传输、软件和信息技术服务业，占总样本的 9.77%。从行业分布看，各行业间存在显著差异（$\chi^2=0.000<0.05$），分析其原因，样本较多的行业，其市场一般较为成熟，丑闻与大众消费者的消费行为决策息息相关，因此，样本选择反映了社会现状。综合以上分析，本章样本选择较为合理，可据此继续开展研究。

表 3.3 样本行业分布

行业名称	样本数/个	比例/%
采矿业	1	0.57
电力、热力、燃气、水生产和供应业	1	0.57
交通运输、仓储和邮政业	2	1.15
金融业	1	0.57
居民服务、修理和其他服务业	1	0.57
租赁和商务服务业	1	0.57
住宿和餐饮业	5	2.88
房地产业	7	4.02
批发和零售业	11	6.33
信息传输、软件和信息技术服务业	17	9.77
制造业	127	73.00

3.3.3 信息采集

根据研究问题和样本对象，本章研究的信息搜集内容和过程如下：①搜集整理丑闻信息。通过查找丑闻后媒体对事件的信息报道，以事件描述方式对丑闻信息进行客观呈现，以便对丑闻类型进行编码分类。②搜集整理丑闻后 CSR 信息。首先，明确搜集的时间范围。根据 Vassilikopoulou 等(2009)的研究，丑闻事件发生后企业响应的时间最长为 1 年，因此，本章主要搜集丑闻发生后 1 年内的 CSR 信息。其次，确定搜集的 CSR 信息范围。本章主要搜集丑闻发生后企业在 CSR 方面做了什么，即具体的 CSR 事件，鉴于丑闻类型包括公司道德型等非产品性能型丑闻，本章仅搜集包含捐赠、赞助和事业关联营销的 CSR 行为，同时还要搜集企业在 CSR 方面的整体表现信息(如整体投入情况、获得荣誉情况等)，以便对丑闻后 CSR 投入水平做出判断。最后，明确信息搜集的渠道。根据 Groza 等(2011)的研究，CSR 信息源主要包括企业主动发布和第三方媒体机构公开报道。因此，本章获取 CSR 信息的途径也主要为两种：一是进入企业官方网站，查阅企业的社会责任专栏、新闻动态、CSR 报告等，从中获得相关信息；二是在百度新闻(按时间排序)对丑闻企业进行关键词查找，关键词主要包括“社会责任”“公益”“慈善”“赞助”“捐助”“企业公民”等，根据搜索结果逐一查阅。③搜集丑闻前 CSR 信息。为了判断丑闻后 CSR 投入水平，需要根据丑闻后 CSR 信息在样本中的分布情况，查找其丑闻前 1 年内的 CSR 信息。

信息搜集工作由两名博士生、三名硕士生共同完成，搜集时间从 2013 年 11 月 1 日开始，至 2013 年 11 月 30 日结束。剔除重复信息和时间错误信息，共搜集丑闻后 CSR 信息 473 条，其中 412 条信息是具体的 CSR 行为信息，丑闻前 CSR 信息共 386 条，且全部信息分布在其中的 119 个样本对象中。

3.3.4 数据编码

构建分析框架是内容分析法的核心，其主要任务是选定分析单元和设立分析条目(宋振峰和宋惠兰，2012)。本章研究的主要问题是探索丑闻后 CSR 行为响应的一般性规律，分析单元主要有丑闻类型、丑闻后 CSR 投入水平、丑闻后 CSR 行为类型、丑闻后 CSR 契合度。为了保证研究过程的客观性和可重复性，本章所选择的分析单元及分析类目均参考已有研究中较为成熟的变量，并通过对分析类目的操作化定义和赋值，制定详细的编码指南(表 3.4)。挑选两名硕士生担任编码员，编码前需对编码员阐述分析单元和各类目的内涵、编码规则、流程等，在确认编码员理解无误后，由两位编码员分别独立编码，编码工作从 2013 年 12 月 4 日开始，至 2013 年 12 月 15 日结束。

表 3.4 分析框架及编码标准

分析单元	类目及赋值	操作化定义	文献
丑闻类型	产品性能型=1	非企业主观意愿导致的产品属性缺陷或伤害	庄爱玲和余伟萍(2011)
	公司道德型=2	企业行为违反社会伦理道德，但未造成产品属性形成缺陷	
	道德-性能复合型=3	企业违反社会伦理道德并造成产品属性缺陷	
丑闻后 CSR 投入水平	高=1 低=0	与丑闻前相比，丑闻后的 CSR 表现(同一 CSR 项目的投入量、新增 CSR 项目量、CSR 公开信息量、CSR 领域所获荣誉等)	周祖成和张漪杰(2007)
丑闻后 CSR 行为类型	捐赠=1	无期望得到其他回报的捐助	Lii 和 Lee(2012)
	赞助=2	战略性投资，有一定契约性和明显的回报性	
	事业关联营销=3	企业捐赠与消费者购买企业产品进行关联阐述	
丑闻后 CSR 契合度	高=1 低=0	CSR 项目与企业品牌形象的关联度和一致性	田虹和袁海霞(2013)

3.4 分析研究

3.4.1 信度检验

内容分析法中的信度是指编码员将编码信息归入相同类目中，所得结果的一致性。一致性程度越高，表明内容分析信度越高，结果越准确客观。为了保证研究的有效性与可靠性，本章先对序号为 1～20 的样本进行预编码，结果显示，各条目下的一致性程度均在 72%以上，未达到一般性可接受标准(80%)(丹尼尔·里夫等，2010)。通过对编码人员的第二次培训，对序号为 20～40 的样本进行了第二次预编码，该次编码结果显示，所有条目中信度最低者的信度为 81%，基本达到研究要求。通过再次讨论后，正式编码开始，且最终的编码结果的信度均在 88%以上(表 3.5)，表明本章研究的信度达到较高水平。

表 3.5 各条目及综合一致性结果

编码条目	编码条数/条	一致性条数/条	一致性比率/%
丑闻类型	174	161	92.53

续表

编码条目	编码条数/条	一致性条数/条	一致性比率/%
丑闻后 CSR 投入水平	119	105	88.24
丑闻后 CSR 行为类型	412	391	94.90
丑闻后 CSR 契合度	412	383	92.96
合计	1117	1040	-
平均一致性比率	-	-	93.11

3.4.2　描述性统计分析

根据研究内容，首先需要对丑闻后 CSR 信息的分布做描述性统计，统计结果显示：在 174 个样本对象中，搜集到的丑闻后 1 年内的 CSR 行为信息分布在 119 个样本中(68.39%)。其中，2009 年为 15 个，占该年度总样本(33 个)的 45.45%；2010 年为 18 个，占该年度总样本(30 个)的 60.00%；2011 年为 22 个，占该年度总样本(33 个)的 66.67%；2012 年为 33 个，占该年度总样本(39 个)的 84.62%；2013 年为 31 个，占该年度总样本(39 个)的 79.49%。此外，在 54 个国有企业样本中，有 44 个样本在丑闻后实施了 CSR 行为，占比 81.48%；在 70 个民营企业样本中，有 40 个样本在丑闻后实施了 CSR 行为，占比 57.14%；在 50 个外资企业样本中，有 35 个在丑闻后实施了 CSR 行为，占比 70.00%。以上统计结果显示，丑闻发生后实施 CSR 行为已经是企业的常用方式之一，受到越来越多企业的重视。

3.4.3　行为分析

由于搜集到的丑闻后 CSR 信息(473 条)全部分布在 119 个样本中，需要进一步分析这部分样本。①针对丑闻后 CSR 投入水平的问题，编码结果显示，丑闻后 CSR 投入水平较高的样本有 87 个(73.11%)，且卡方检验结果显示，不同水平的样本分布存在显著性差异($\chi^2=0.000<0.05$)，说明与丑闻前相比，丑闻后 CSR 投入水平整体较高。②针对丑闻后 CSR 行为类型的问题，编码结果显示，丑闻后三类 CSR 行为的分布存在显著性差异($\chi^2=0.000<0.05$)，412 条 CSR 行为信息中，捐赠有 227 条(55.10%)，分布在其中的 98 个样本中(占总样本的 82.35%)；赞助有 139 条(33.74%)，分布在其中的 67 个样本中(占总样本的 56.30%)；事业关联营销有 46 条(11.16%)，分布在其中的 32 个样本中(占总样本的 26.89%)。但从 CSR 契合度来看，捐赠的契合度最低，高契合度行为次数(54 次)占总行为次数(227 次)的 23.79%；赞助的契合度较高(120/139≈86.33%)；事业关联营销的契合度最高(45/46≈97.83%)。可见，尽管捐赠的契合度很低，但捐赠仍是企业丑

闻后常用的 CSR 行为方式。③针对不同丑闻类型下 CSR 行为开展情况的问题，编码结果显示，不同丑闻类型下 CSR 行为的频次存在差异(表 3.6)。产品性能型丑闻(43 个样本)情境下，单个样本实施 CSR 行为的平均次数最高($M_{捐赠}$=2.44、$M_{赞助}$=1.88、$M_{事业关联营销}$=0.47、$M_{CSR行为}$=4.79)，公司道德型丑闻(39 个样本)次之($M_{捐赠}$=1.79、$M_{赞助}$=0.79、$M_{事业关联营销}$=0.46、$M_{CSR行为}$=3.05)，道德-性能复合型丑闻(37 个样本)最低($M_{捐赠}$=1.41、$M_{赞助}$=0.73、$M_{事业关联营销}$=0.22、$M_{CSR行为}$=2.35)。

表 3.6　不同丑闻类型下的 CSR 行为分布　(单位：次)

丑闻类型	捐赠		赞助		事业关联营销		CSR 行为	
	频数	均值	频数	均值	频数	均值	频数	均值
产品性能型	105	2.44	81	1.88	20	0.47	206	4.79
公司道德型	70	1.79	31	0.79	18	0.46	119	3.05
道德-性能复合型	52	1.41	27	0.73	8	0.22	87	2.35

3.5 研 究 结 论

本章研究基于战略管理过程“分析—选择—实施”的决策分析框架，通过内容分析法研究丑闻后 CSR 行为响应决策的一般性规律，研究发现了如下三个规律。

(1)不同丑闻类型下，CSR 行为的开展频次不同。数据统计显示：产品性能型丑闻发生后，CSR 行为的开展最为频繁，其次为公司道德型丑闻，道德-性能复合型丑闻的开展频次最低。该结论验证了 Coombs(2007)的观点，即在不同丑闻情境下，企业响应策略的选择存在差异。同时，该结论也表明，企业能力和企业社会责任是影响消费者认知企业的两个不同维度，在企业能力欠缺(产品性能型丑闻)的情况下，企业实施 CSR 行为不容易给消费者造成“言行分离”的印象，而在道德缺失(公司道德型丑闻和道德-性能复合型丑闻)的情况下，企业实施 CSR 行为造成的印象则恰恰相反。同时，与公司道德型丑闻相比，道德-性能复合型丑闻给消费者造成的伤害最大，丑闻发生后企业实施 CSR 行为的频次也最低。

(2)丑闻发生后，企业往往会更加积极地实施 CSR 行为。数据分析显示，在 174 个丑闻样本中，119 个企业(68.39%)在丑闻发生后实施了 CSR 行为，并且其中又有 87 个企业(73.11%)的 CSR 投入水平相对较高。尽管本章没有探明现象背后的原因、动机及效果，但根据 Vassilikopoulou 等(2009)的观点，丑闻发生后企业存在借助 CSR 行为修复受损品牌形象的可能。

(3)丑闻发生后，企业更倾向于以 CSR 契合度较低的捐赠行为来开展活动。

数据统计显示：丑闻发生后企业开展捐赠行为的次数(227 次)占全部 CSR 行为次数(412 次)的 55.10%，实施捐赠行为的企业样本(98 个)占实施 CSR 行为的总样本(119 个)的 82.35%，但就 CSR 契合度而言，捐赠的契合度却最低(高契合度行为仅占 23.79%)。姜俊(2010)认为，企业不应按一般的 CSR 行为方式行事，应对丑闻发生后的 CSR 行为进行战略创新，即在社会事业领域和 CSR 行为方式选择方面，考虑与目标消费者的关联度，增强消费者对 CSR 价值的认知。但本章发现，丑闻发生后企业仍采用契合度较低的一般性 CSR 行为方式(如捐赠)，据此推断，与非丑闻情境不同，在丑闻情境下，无论是 CSR 行为方式创新，还是 CSR 契合度过高，都有可能增强消费者对企业利他性动机的质疑，企业实施 CSR 行为应更多考虑“利他”，而非“匹配”。

3.6 研究意义

3.6.1 理论意义

本章研究旨在系统探究丑闻后 CSR 行为响应的一般性规律，以便于为丑闻企业社会责任实践的有效性和科学性提供借鉴，为后续研究 CSR 行为特征及对丑闻品牌形象的修复机理提供现实依据和理论支撑。具体理论意义如下。

以往对于丑闻后 CSR 行为有效性的研究结论存在争议。例如，Kernisky(1997)认为，丑闻将使得企业的积极 CSR 行为变得异常困难，同时 CSR 的重要性也更加容易体现，企业必须为减少消费者怀疑付出努力。Menon 和 Kahn(2003)也指出，响应型 CSR 行为受情境线索的影响，消费者可能对 CSR 动机进行更为复杂的信息处理，可能出现负面的评价。本章从实践角度出发，发现丑闻企业均积极实施 CSR 行为，尤其是产品性能型丑闻发生后，CSR 行为的开展最为频繁，CSR 投入水平更高。三种丑闻类型下，丑闻企业均倾向于采用契合度较低的捐赠方式实施 CSR 行为，研究结论证实了丑闻后 CSR 行为的有效性，为后续研究丑闻后 CSR 行为有效性的影响因素和内在机理提供了借鉴。

3.6.2 实践意义

为探讨丑闻后 CSR 行为的有效性问题，本章尝试通过对丑闻后 CSR 行为响应的一般性规律进行探索性研究，对丑闻企业实施 CSR 行为实践提供如下启示。

(1)企业应重视 CSR 行为。CSR 是品牌形象的重要组成部分。在企业日常经营过程中，CSR 行为不仅具有提升品牌形象的作用，而且会对品牌资产起到保护作用。一旦企业发生丑闻，CSR 行为仍是企业进行危机管理的重要策略。

(2)丑闻发生后，CSR 行为决策不要盲目。与非丑闻情境不同，企业在丑闻情境下实施 CSR 行为，更容易引起消费者质疑其动机，致使企业给消费者留下“伪善”的印象，而 CSR 行为类型、CSR 契合度和丑闻类型，均是企业在 CSR 行为决策过程中需要重点考虑的因素。

第4章 基于多案例方法的丑闻前后企业社会责任行为比较研究

案例导读

拥有百年历史的世界知名医疗保健企业——强生公司(Johnson & Johnson)，近年来屡次发生“婴儿爽身粉致癌”事件。2016年2月24日，美国密苏里州的圣路易斯市巡回法庭陪审团裁定强生公司需向一位因使用该公司含滑石粉的卫生用品而患癌死亡的女受害者家庭赔偿7200万美元①。2017年5月和8月，强生公司再次因“致癌门”支付巨额赔款，公司声誉也受到负面影响。在2016年福布斯发布的“全球最具声望百强公司榜”中，强生公司从第16名跌至第44名②。丑闻被曝光后，强生(中国)有限公司发布声明称，其婴儿爽身粉中使用的滑石粉质量、纯度和合规性都满足最高标准要求。尽管宣称产品安全、无害，但强生公司在丑闻发生后仍然积极开展社会责任活动，提升品牌形象。

强生(中国)有限公司官网上的公司新闻专栏报道显示，丑闻发生1年后，该公司分别开展了强生医疗助力西部儿科振兴、“因爱而生”主题新版微电影上线、支持“新生儿复苏”项目、“推进优质护理、助力健康中国”专题研讨会及守护心灵，你我同行——2016世界精神卫生日公益宣传等社会责任活动，并发布了《2015年在华企业公民与可持续发展报告》。而在丑闻发生之前的1年里，强生(中国)有限公司开展了“寻找最美援外医生”公益活动、普及妇幼保健知识、布局“健康社会”行动及重启“因爱而生”大型品牌传播等主要社会责任活动。品牌丑闻发生前后，企业的CSR行为是否发生明显变化？其行为动机是什么？企业在CSR行为类型与特征方面是否有规律可循？本章将采用多案例研究方法探索上述问题。

---

① 赔偿近28亿！美国强生爽身粉致多人患癌，中国强生坐不住了！[EB/OL]. [2017-8-24]. http://www.sohu.com/a/166955421_355363.

② 福布斯发布全球最具声望公司榜 强生名次大跌[EB/OL]. [2017-3-7]. http://www.pinguan.com/article/content/9228.

4.1 问题提出

已有研究表明，丑闻发生前的 CSR 行为对品牌丑闻具有规避效应、稀释效应，丑闻发生后的 CSR 行为对丑闻品牌形象具有修复效应，且修复效果与 CSR 特征相关，如行业 CSR 相对水平(鄢丙胜，2014)、CSR 匹配度(余伟萍等，2014)、CSR 行为方式(余伟萍和赵占恒，2015)、信息来源与信息参考点之间的协同程度(杜志刚等，2011)、丑闻类型、丑闻责任和产品感知质量(王春娅等，2014；余伟萍等，2015)、CSR 历史(万广圣和晁钢令，2015)等因素的影响。由于企业管理活动是其既往活动与环境变化的动态互动和回溯性意义建构，当企业发生丑闻时，其后续实施的 CSR 行为可能表现出异于常态的内在特征(Weick，1995)。

鉴于此，本章研究将基于 CSR 的过程分析范式和企业行为管理分析工具，确定研究范围和研究内容，并通过多案例研究方法，探索丑闻情境下 CSR 行为的特征，以便于准确识别决定丑闻企业的 CSR 行为有效性的关键特征变量，为后续研究 CSR 行为对品牌形象的修复机理提供现实依据和理论支撑。

4.2 文献背景

4.2.1 企业社会责任行为特征分析范式

“特征”是对一个客体或一组客体特性的抽象结果。对于客体根本特性的描述是用来反映概念的，被称为本质特征；对于客体专属特性的描述是用来区别其他客体的，被称为区别特征。在 CSR 内涵基本达成一致的前提下，学术界对其区别特征的分析主要存在如下两种分析范式。

(1)基于内容驱动的分析范式。该类研究主要是基于 Carroll(1979)的金字塔模型和利益相关者理论，从分类学视角对 CSR 的责任维度进行解构和剖析，以此来了解 CSR 实践现状。Maignan 和 Ralston(2002)通过分析企业官网披露的 CSR 内容，发现美国、法国、英国和荷兰四个国家的企业在 CSR 认知和表现方面存在差异，法国企业依次强调环境保护、产品/服务质量、社区生活质量；荷兰企业依次强调环境保护、社区艺术与文化建设、员工健康与安全；英国企业依次强调环境保护、教育、社区生活质量；美国企业依次强调社区生活质量、教育、环境保护领域。即便环境保护均得到了这些国家的重视，但表现强度也存在显著差异。李正和向锐(2007)发现，中国企业对于员工问题、产品质量提高、公益捐赠等 CSR 信息的披露较多，而对于废旧原料回收、环境、社区等 CSR 信息的披露较少。在该研究范式影响下，学者分析了不同 CSR 维度对消费者响应的影响。例如，周延风等(2007)分析了慈善责任、环保责任、员工责任对消费者购买意愿的影响；田敏等(2014)以现有研究中关于 CSR 提及最多的行为方式为标准，将 CSR 行为类型归类为慈善行为、公益实践(如环境保护、动物保护活动)及产品相关行为三类，分别研究了这三类行为方式对消费者品牌评价的影响(Sen and Bhattacharya，2001；Du et al.，2007)。

(2)基于意义建构过程的分析范式。意义建构理论认为，组织的管理活动是其既往活动与环境变化的动态互动和回溯性意义建构。基于该理论，Basu 和 Palazzo(2008)指出，CSR 行为是一个意义建构过程，包含认知(想什么)、释义(说什么)和意动(做什么)三个层面的内容。考虑到企业在意义建构之后会以“意义表达”(sense giving)的方式把所建构的意义解释、传递给他人，学者往往从消费者响应视角出发对 CSR 行为动机、行为内容、沟通方式进行研究，以此来探寻 CSR 行为的差异特征。在已有的 CSR 行为与消费者响应关系研究中，学者多是基于现实观察，将反映 CSR 行为差异性的某个或一组特征作为自变量，以此检验消费者的社会责任响应方向和程度。例如，刘凤军等(2012)基于对中国手机和奶制品行业的实地调查，着重分析了 CSR 承诺、CSR 水平、CSR 关联度及 CSR 时间选择四个行为特征对品牌影响力的影响。

就上述两种分析范式而言，基于内容驱动的分析范式在强化 CSR 意识、深化 CSR 治理等方面具有重要意义，但这类研究在实践中易导致 CSR 报告日益同质化和标准化，简单地记录与 CSR 相关的活动而未深入理解其前因是不大可能揭示企业间的真实区别的(Basu and Palazzo，2008)。基于意义建构过程的分析范式，更专注于企业与消费者的动态互动，在揭示决定 CSR 行为有效性的特征差异因素方面具有更为显著的优势。

4.2.2　丑闻后企业社会责任行为特征研究现状

(1)“移植”非丑闻情境下 CSR 行为特征的探索研究。非丑闻情境下 CSR 行为特征研究成果较丰富，已有研究发现，CSR 领域(如善待员工、保护环境、捐赠慈善事业)(李海芹和张子刚，2010)、CSR 行业相对水平(鄢丙胜，2014)、CSR 行为方式(如捐赠、赞助、事业关联营销)(朱翊敏，2013)、CSR-品牌匹配(Nan and Heo，2007；Alcañiz et al.，2010)、CSR 投入内容(如捐款)(Bhattacharya and Sen，2004)、消费者个人特征(周延风等，2007)、信息沟通渠道(Yeosun et al.，2006)

等特征变量均会影响消费者的社会责任响应。目前，国内外学者对丑闻后 CSR 行为研究变量的选取仍基于非丑闻情境下 CSR 行为特征研究成果。

(2) 丑闻情境下 CSR 行为特征的专项研究。Vanhamme 和 Grobben (2009) 发现，在危机沟通中，拥有较长 CSR 历史的企业比 CSR 历史较短的企业在发布社会责任声明时更有效，并发现消费者信任是这一现象的核心。Koehn 和 Ueng (2010) 以 2002～2004 年遭受财务丑闻的 249 个企业为样本进行研究，发现那些推动收益重申的企业往往会在后期利用捐赠转移公众对企业惨淡利润的注意；但先前实施捐赠的企业，未必会在丑闻发生后进行收益重申。Durmaza 等 (2011) 以土耳其官方和美国通用电气合资成立的 TEI 公司为研究对象，通过半结构式访谈，发现该公司确实把自愿性 CSR 行为(关爱员工、环境保护等)视为企业战胜危机的主要管理工具。Vassilikopoulou 等 (2009) 探讨了产品伤害危机后企业管理因素(时间、企业及时响应、CSR 声誉、危机严重程度)对消费者的品牌印象、感知风险和购买意向的交互作用，结果表明，在危机发生 3 天后，企业及时响应和 CSR 声誉对消费者的品牌印象和感知风险均有显著的影响；而在危机发生 3 个月后，企业及时响应、CSR 声誉和危机严重程度对消费者的感知风险有显著的影响，而此时，仅有 CSR 声誉对消费者的重购意愿有影响。相关研究表明，丑闻企业积极开展的 CSR 活动能够修复品牌形象，但 CSR 对品牌形象的修复程度会受到行业 CSR 相对水平(鄢丙胜，2014)、CSR 匹配度(余伟萍等，2014)、CSR 行为方式(余伟萍和赵占恒，2015)、信息来源与信息参考点之间的协同程度(杜志刚等，2011)、丑闻类型、丑闻责任和产品感知质量(王春娅等，2014；余伟萍等，2015)、CSR 历史(万广圣和晁钢令，2015)等因素的影响。

(3) 丑闻情境下与非丑闻情境下 CSR 行为特征的比较研究。Karaibrahimoğlu (2010) 以财富 500 强企业为样本分析发现，当企业陷入财务危机时，CSR 行为的力度和范围均会明显下降。Becker-Olsen 等 (2006) 以品牌丑闻的发生时间为节点，直接将企业在丑闻发生前开展的 CSR 行为称为前摄型 CSR，而把企业在丑闻发生后开展的 CSR 行为称为响应型 CSR，并以“家得宝公司(Home Depot)在裁员丑闻事件后帮助无家可归者寻找工作”“福特汽车公司在儿童座椅安全事故丑闻发生后开展的儿童座椅安全战役”“玩具反斗城(Toys R Us)在儿童丢失丑闻发生后开展的一系列关于丢失儿童的社会责任战役”三个现实案例为刺激物，通过实验证明了消费者对丑闻发生后的 CSR 行为具有更多的利己归因。田虹和袁海霞 (2013) 研究表明，危机前 CSR 投入水平越高，低程度的产品伤害危机对消费者品牌态度的影响越小，而高程度的产品伤害危机对消费者品牌态度的负面影响，并不受危机前 CSR 投入水平的影响。研究还发现，企业从事 CSR 活动历史的长短不同，对丑闻品牌形象负面效应的稀释效价存在差异，如果 CSR 活动从事历史较短，消费者会对其先前的 CSR 行为持怀疑态度，进而可能对企业/产品产生消极的认知评价(Vanhamme and Grobben，2009)。

综上可知：①以往研究在未探明丑闻情境下和非丑闻情境下 CSR 行为特征内在差异的前提下，将非丑闻情境下 CSR 行为特征的常用变量“移植”到丑闻情境下，或仅对部分 CSR 行为特征进行两种情境下的比较研究，研究侧重点不在于发掘丑闻情境下 CSR 行为特征，研究结论的普适性尚待验证；②对于丑闻发生后的 CSR 行为特征的研究较为缺乏，缺少系统严谨的分析框架和理论支撑；③缺乏对于产品质量丑闻特定情境下 CSR 行为特征的研究。因此，已有研究成果尚无法系统揭示丑闻发生后 CSR 行为的全貌，也未能阐明影响丑闻发生后 CSR 行为效果的关键特征，无法有效指导丑闻企业的社会责任实践。

4.3　丑闻后企业社会责任行为特征的案例研究

4.3.1　问题界定

本章的研究对象是企业在丑闻发生后开展的某一慈善责任/伦理责任行为，旨在系统探讨丑闻后 CSR 行为特征，以便于准确识别决定 CSR 行为有效性的关键特征变量，为后续研究 CSR 行为对丑闻品牌形象的修复机理提供理论依据。为此，本章将选用基于意义建构过程的特征分析范式，从消费者响应视角和信息加工视角出发，从丑闻后 CSR 行为的动机、实施、沟通三个层面对其所包含的具体内容进行研究。

为了界定研究问题和实现研究目的，本章在研究的过程中邀请了 1 名教授、2 名副教授和 1 名讲师组成专家队伍，借鉴非丑闻情境下 CSR 行为特征的研究成果，运用专家法对丑闻后 CSR 行为的动机、实施、沟通三个层面可能包含的问题进行归纳整理。同时，为了使分析问题更加明确，保证分析过程的严谨科学，本章借鉴企业管理行为分析工具——5W1H(why、what、where、when、who、how)分析法，对分析问题进行具体化和精准化表述，最终界定的研究问题见表 4.1。

表 4.1　研究问题

分析层面	分析对象	具体问题
动机层面	why	企业在丑闻发生后为什么要实施 CSR 行为？其行为动机是什么？
实施层面	what	企业在丑闻发生后开展哪些 CSR 行为？与丑闻发生前相比，有何差异？
	where	企业在丑闻发生后的 CSR 行为主要分布在哪些社会事业领域？这些领域与丑闻事件之间有何联系？
	when	企业在丑闻发生后是何时开始实施 CSR 行为的？时间分布有何规律？
沟通层面	who	丑闻企业的 CSR 行为信息是如何被披露的？与丑闻前相比，披露方式和披露渠道有何差异？
	how	在丑闻情境下，CSR 行为信息内容呈现哪些特征？

4.3.2 研究方法

本章选用多案例研究法，其理由在于以下三个方面：第一，本章的研究问题隐藏在复杂的现象背后，案例研究能生动、细致地对发现的现象进行描述和剖析，解释现象背后的法则(毛基业和李晓燕，2010)；第二，本章需要对丑闻前后特定时间段内焦点企业的 CSR 行为过程进行全面分析，案例研究在展示动态过程方面具有优势，能深入揭示动态过程的变化特征，归纳和总结动态演进的路径；第三，相对于单案例研究，从多个案例推导出的结论往往更有说服力，更能经得起推敲。

4.3.3 样本选择

多案例研究的样本对象如果过少，所得结论就不能令人信服，但当样本数超过 10 个时，资料收集就会变得非常复杂，使得案例间的比较不切实际(Eisenhardt，1989)。基于此，本章搜集了中国品牌监测中心、《中国名牌》杂志社发布的 2011～2016 年中国市场重大品牌危机事件共 60 件，排除非产品质量丑闻，并综合考虑行业类型的丰富性，保证国有、外资、民营三种企业性质均有涉及，同时尽量避免同行业、同企业多个事件入选，最终筛选 10 件事件作为分析样本，以此选择 10 家样本企业。其中，“毒胶囊”和“塑化剂”属群发性丑闻事件，因此，本章选取 2 起事件中最具代表性的涉事企业为样本企业[①]。这 10 起丑闻涉及食品、轮胎、汽车、白酒、饮用水、医药等多个产品品类，丑闻发生的时间分布于 2011～2016 年，行业、企业和时间分布较为合理，且有 1 起丑闻(2016 年 3 月 15 日曝光的路虎极光“变速箱质量门”)距本章的研究起始日(2017 年 4 月 1 日)也已满 1 年，为丑闻后 CSR 行为信息的搜集提供了完备的时间保障(表 4.2)。

表 4.2 样本对象选择

样本企业	丑闻事件	丑闻领域	曝光时间	披露媒体
双汇	“瘦肉精”	食品	2011-03-15	央视 3・15 晚会
锦湖中国	“返炼胶”	轮胎	2011-03-15	央视 3・15 晚会
修正药业	“毒胶囊”	医药	2012-04-15	央视《每周质量报告》

① 样本企业是指：河南省漯河市双汇实业集团有限责任公司(以下简称双汇)；锦湖(中国)轮胎销售有限公司(以下简称锦湖中国)；修正药业集团股份有限公司(以下简称修正药业)；酒鬼酒股份有限公司(以下简称酒鬼酒)；安徽江淮汽车集团股份有限公司(以下简称江淮汽车)；农夫山泉股份有限公司(以下简称农夫山泉)；尼康映像仪器销售(中国)有限公司(以下简称尼康中国)；上海福喜食品有限公司(以下简称福喜中国)；捷豹路虎(中国)投资有限公司(以下简称路虎中国)；拉扎斯网络科技(上海)有限公司(以下简称饿了么)。

续表

样本企业	丑闻事件	丑闻领域	曝光时间	披露媒体
酒鬼酒	“塑化剂”	白酒	2012-11-19	21 世纪网
江淮汽车	“锈蚀门”	汽车	2013-03-15	央视 3·15 晚会
农夫山泉	“标准门”	饮用水	2013-04-10	京华时报
尼康中国	“黑斑门”	相机	2014-03-15	央视 3·15 晚会
福喜中国	“过期肉”	食品	2014-07-20	东方卫视
路虎中国	“变速箱质量门”	汽车	2015-03-15	央视 3·15 晚会
饿了么	“黑心作坊”	食品	2016-03-15	央视 3·15 晚会

4.3.4　信息采集

本章的信息搜集内容和搜集过程如下：①搜集整理完备的丑闻信息。精准把握丑闻信息是本章研究开展的基础和前提，本章借助百度搜索工具，通过关键词搜索，全面了解样本企业的丑闻信息。②明确样本企业的 CSR 行为信息的搜集时间范围。根据 Vassilikopoulou 等(2009)对丑闻企业的 CSR 行为管理时机的研究，本章以丑闻发生的前后各 1 年为时间段，对样本企业的相关 CSR 行为进行信息搜集。③明确样本企业的 CSR 行为信息的搜集内容范围。根据第 2 章对 CSR 概念和行为类型的界定，本章借鉴 Carroll(1979)、Lii 和 Lee(2012)对 CSR 行为的分类和表述，将丑闻发生后的企业行为划分为 CSR 行为(包含捐赠、赞助、事业关联营销)及质量改进行为(产品/服务质量改进行为)，前者多具有战略性，后者有着明显的战术性(工具性)。④明确样本企业的 CSR 行为信息的搜集途径。根据 Groza 等(2011)的研究，CSR 信息源主要包括两种：企业主动发布和第三方媒体机构公开报道。基于此，本章获取 CSR 行为信息的途径主要有两种：一是进入企业官网，查阅企业的社会责任专栏、新闻动态、CSR 报告等；二是通过百度新闻(按时间排序)使用“社会责任”“公益”“慈善”“赞助”“捐助”“企业公民”“质量改进行为”“产品召回/更换”等对丑闻企业进行关键词查找，并逐一查阅。

整个信息搜集工作于 2017 年 4 月 30 日完成。本章主要关注 CSR 行为本身，而非 CSR 行为的信息公开数量，因此，本章将搜集到的所有关于同一 CSR 行为的信息报道整合为一条 CSR 行为信息，并归类整理。鉴于上述 10 起丑闻事件由国家官方媒体或监管部门披露，且质量改进行为是一种经济责任和法律责任，因此在统计该类 CSR 行为信息时只统计有无，未统计信息数量。综上所述，搜集丑闻前的 CSR 行为信息共 50 条，丑闻后的 CSR 行为信息共 64 条，且全部信息分布在 10 个样本对象中(表 4.3)。

表 4.3 样本企业丑闻前后的 CSR 行为信息汇总 (单位：条)

企业	丑闻事件	丑闻前(1 年内)的 CSR 行为	丑闻后(1 年内)的 CSR 行为
双汇	“瘦肉精”	11	10
锦湖中国	“返炼胶”	3	4
修正药业	“毒胶囊”	4	4
酒鬼酒	“塑化剂”	6	3
江淮汽车	“锈蚀门”	3	10
农夫山泉	“标准门”	2	3
尼康中国	“黑斑门”	10	11
福喜中国	“过期肉”	0	1
路虎中国	“变速箱质量门”	6	8
饿了么	“黑心作坊”	5	10
合计		50	64

4.4 丑闻前后企业社会责任行为的六项特征

4.4.1 行为类型分析

通过对样本企业丑闻后 1 年内的 CSR 行为信息进行搜集整理，我们发现，企业在丑闻发生后实施 CSR 行为已成为普遍的社会现象。所选的 10 个样本企业均在丑闻发生后，短时间内公布和实施了“缺陷改进”“价值增强”等质量改进行为。双汇、锦湖中国、修正药业、酒鬼酒、江淮汽车、农夫山泉、尼康中国、路虎中国、饿了么 9 家企业均在丑闻后 1 年内开展了 CSR 行为(包含捐赠、赞助和事业关联营销)，福喜中国也在丑闻后及时公布了未来的 CSR 行为计划(事业关联营销)。由此，证实了 CSR 行为具有很强的战略性动机，在丑闻前后企业均持续从事此类行为。丑闻后质量改进行为是企业理应履行的最基本责任，而且是一种强制性责任(如被动召回、更换等)，具有明确的工具性和战术性。因此，本章后续将重点研究 CSR 行为特征(表 4.4)。

表 4.4　样本企业丑闻前后的 CSR 行为类型汇总

企业	丑闻前(1 年内)的 CSR 行为			丑闻后(1 年内)的 CSR 行为			
	CSR 行为			CSR 行为			质量改进行为
	捐赠	赞助	事业关联营销	捐赠	赞助	事业关联营销	产品质量改进
双汇	√	√		√	√	√	√
锦湖中国	√			√	√		√
修正药业	√		√	√			√
酒鬼酒	√		√	√		√	√
江淮汽车	√		√	√	√	√	√
农夫山泉	√		√	√		√	√
尼康中国	√		√	√		√	√
福喜中国						√	√
路虎中国	√	√	√	√	√	√	√
饿了么	√		√	√		√	√

4.4.2　行为特征分析

1.丑闻后企业社会责任行为的动机

通过对丑闻前后 CSR 承诺、CSR 行为信息等内容的分析，我们发现，相较于丑闻前后的 CSR 行为，企业在丑闻后的 CSR 行为具有明确的形象修复动机。在 10 家样本企业中，双汇、锦湖中国、江淮汽车、福喜中国、饿了么 5 家企业的领导人均曾在丑闻发生后公开表示：“积极开展社会责任活动是其危机管理、修复形象的重要组成部分。”

“瘦肉精”事件在 2011 年 3 月 15 日被媒体曝光，双汇集团于 3 月 31 日召开“双汇万人职工大会”，董事长万隆在《履行企业责任 确保食品安全》报告中指出：“双汇集团将进一步修改完善企业的食品安全内控体系，把食品安全的管理水平提高到一个新的高度，把产业链上下游的发展进一步完善，提高对产业链上下游安全的控制力，始终为消费者提供安全放心的产品，恢复消费者对双汇产品的信心，重塑双汇品牌美誉度，推动双汇实现进一步的发展。”①

“返炼胶”事件在 2011 年 3 月 15 日被媒体曝光，4 月 15 日锦湖中国开始实施产品召回。5 月初，锦湖中国董事长李汉燮在谈及锦湖未来的发展规划时指出：“锦湖将会更加关注企业的可持续发展，推出更多绿色环保的节能轮胎，积极改善公司员工的工作环境和福利待遇，并积极参与更多的公益事业，让消费者重拾

① 双汇集团职工大会隆重召开[EB/OL]. [2011-4-1]. http://www.shuanghui.net/html/5027.html.

对锦湖轮胎的信心。”①

“锈蚀门”事件在2013年3月15日被媒体曝光，5月14日，江淮汽车董事长安进就江淮汽车的危机管理接受记者采访。安进董事长指出：“这是一个惨痛的教训。要说3·15事件对我们没有影响那是不可能的。不过3·15事件也是好事，它鞭策我们加快速度进行市场变革，摒除以前对市场消费者重视不够的行为。我们应该有一个更好的经营状态，通过调整产品结构，加大新产品推进的力度来进入新的创业阶段。”②在随后赞助“中国越野拉力赛”时，公司战略与市场管理部部长崔亦章表示：“汽车品牌和体育运动的契合度最高，众多的车企都是通过与体育赛事合作打造品牌形象。”③

“过期肉”丑闻在2014年7月20日被媒体曝光，7月28日美国福喜集团在上海召开新闻发布会，集团主席兼首席执行官谢尔顿•拉文表示：“此次在上海福喜所发生的错误是完全无法接受的，我们需要努力重建和重新赢得尊重、信任、信誉和宽恕。”④随后，集团承诺：“为了更好地让中国消费者了解食品安全的重要性，未来三年将投资1000万元用于食品安全教育活动。”⑤

“黑心作坊”丑闻在2016年3月15日被曝光后，饿了么创始人兼CEO张旭豪于3月16日做出回应：“我们必须承认，在食品安全管理上，饿了么确实存在失职之处。我们现在更需要用事实说话，用行动重新赢得尊重。我们要拿出一个成熟公司的责任感，及时审视自身的问题，割除自身恶疾。”⑥

修正药业、路虎中国两家企业虽未公开做出类似的声明或承诺，但其相关行为也具有明显的品牌形象修复动机。

“毒胶囊”事件在2012年4月15日被媒体曝光，4月18日，修正药业将其宣传语由原来的“良心药、放心药、管用的药”更换为“修元正本、造福苍生”。路虎中国将其在丑闻发生后开展的所有CSR行为全部披露在其官方微博上，并以“@新闻媒体”的方式进行呈现。

酒鬼酒、农夫山泉、尼康中国3家企业没有明确表示其CSR行为与丑闻及危机管理间的关系，但这些企业已将CSR行为战略化(丑闻前后持续从事同类型CSR行为)，且丑闻前的一些CSR行为具有显著的品牌形象提升动机。例如，农

---

① 锦湖董事长：“希望消费者重拾对我们的信心”[EB/OL]. [2011-5-18]. http://money.163.com/11/0518/14/74BHPSNE00253B0H.html.

② 王丽歌. 召回教训惨痛 江淮要在轿车上重新创业[EB/OL]. [2013-5-2]. http://auto.163.com/13/0502/01/8TR7ONV600084IJH.html.

③ 江淮汽车瑞风S5将征战中国“达喀尔”[EB/OL]. [2013-9-12]. http://auto.cnr.cn/ywzx/201309/t20130912_513582274.shtml.

④ 福喜集团首席执行官：努力重建信任[EB/OL]. [2014-7-28]. http://money.163.com/14/0728/15/A28H7JBK0025260 3.html.

⑤ 福喜集团投资食品安全教育打了谁的脸？[EB/OL]. [2014-8-1]. http://info.food.hc360.com/2014/08/010847844117.shtml.

⑥ 3·15晚会被点名 饿了么回应：确有失职愿担责任与商户共同守护行业健康发展[EB/OL]. [2016-3-16]. http://www.eeo.com.cn/2016/0316/284227.shtml.

夫山泉自 2001 年开始推出的“一分钱”项目①是典型的事业关联营销；酒鬼酒的“奥运湘军助威团”活动在《酒鬼酒股份有限公司 2012 年年度报告》中被明确为品牌传播方案②。因此，需要进一步甄别这 3 家企业在丑闻发生后开展的 CSR 行为是否具有利己成分。

2.丑闻后企业社会责任行为的时机

Vassilikopoulou 等(2009)认为，丑闻发生后的 3 天、3 个月、1 年是决定 CSR 行为效果的重要时间节点。为使研究结论更加具体化，本章进一步将丑闻发生后的 3 天、1 个月、3 个月、半年、1 年作为时间节点，对样本企业丑闻发生后的 CSR 行为做了归类整理，结果见表 4.5。

表 4.5　丑闻后 CSR 行为时机分布　（单位：次）

样本企业	丑闻发生时间	丑闻后 1 年内各时间段实施 CSR 行为的频次分布				
		前 3 天	第 4 天～1 个月	第 2～3 个月	第 4～6 个月	第 7～12 个月
双汇	2011-03-15	0	0	0	3	7
锦湖中国	2011-03-15	0	0	0	4	0
修正药业	2012-04-15	0	0	0	4	0
酒鬼酒	2012-11-29	0	0	0	1	2
江淮汽车	2013-03-15	0	1	2	3	4
农夫山泉	2013-04.10	0	1	1	1	0
尼康中国	2014-03-15	0	0	1	5	5
福喜中国	2014-07-20	0	1	0	0	0
路虎中国	2015-03-15	0	1	2	3	2
饿了么	2016-03-15	0	0	0	2	8
各时间段月平均活动频次统计		-	4	3	8.67	4.67

由表 4.5 可知，所有样本企业均没有在丑闻发生后 3 天内立即实施 CSR 行为，在丑闻发生后 1 个月内实施 CSR 行为的也较为少见(仅有 4 次)，在第 2～3 个月开展 6 次，第 4～6 个月开展 26 次，第 7～12 个月开展 28 次。考虑到各时间段的时间长度不等，本章对样本企业在丑闻发生后 1 年内各月的 CSR 行为次数进行了统计，结果显示，样本企业在丑闻后第 4～6 个月的月平均活动频次最高，达到 8.67 次，由此可知，企业更倾向于在丑闻发生 3 个月后实施 CSR 行为。

---

① 刘子媛. 一分钱的力量[N]. 中国经济时报，2004-8-2(7).

② 酒鬼酒股份有限公司 2012 年年度报告[EB/OL]. [2013-2-5]. http://vip.stock.finance.sina.com.cn/corp/view/vCBAllBulletinDetail.php?id=1042044.

3.丑闻前后企业社会责任行为持续性

Becker-Olsen 等(2006)把企业在丑闻发生后开展的 CSR 行为统称为响应型 CSR。显然，这一界定过于强调消费者的主观认知，无法客观深入地揭示“企业在丑闻前后 CSR 行为的变化状况”。基于此，本章以丑闻前 CSR 行为为参照，对样本企业丑闻前后 CSR 行为进行对比分析，结果如表 4.6 所示。

表 4.6 企业在丑闻前后(1 年内)的 CSR 行为对比分析

企业	丑闻后持续开展的CSR行为			丑闻后首次开展的CSR行为			丑闻前后(1 年内)的 CSR 行为对比
	捐赠	赞助	事业关联营销	捐赠	赞助	事业关联营销	
双汇	√	√				√	相同之处：企业在丑闻前后均以赞助方式支持了中国排球事业、文化事业并捐赠弱势群体(如困难学生、老人群体)；尽管 CSR 行为对象在丑闻前后有所不同，但同属一个社会事业领域，且类型相同 区别之处：企业在丑闻发生后以推出“绿色环保”展厅的方式，首次关注了环保事业
锦湖中国	√				√		相同之处：企业在丑闻前后均以小额捐赠的方式支持当地相关机构的发展；CSR 行为对象在丑闻前后并不相同，但同属一个社会事业领域，且类型相同 区别之处：企业在丑闻发生后以赞助万宇车队的方式，首次进入中国的赛事活动领域
修正药业	√			√			相同之处：企业在丑闻前后的 CSR 行为均集中在灾区救援、帮扶弱势群体(孤寡老人、智障学生)、传播“德文化”三个方面 区别之处：企业在丑闻发生后的 CRS 行为方式、对象上存在差异
酒鬼酒	√		√			√	相同之处：企业在丑闻前后均有灾区援助 区别之处：企业在丑闻前的 CSR 行为涉及领域包含环保事业、文化体育事业、产学研合作三大领域；企业在丑闻发生后的 CSR 行为较为保守，集中在爱心捐赠领域(灾民、学生、母亲)
江淮汽车	√		√		√		相同之处：企业在丑闻前后均有环境保护、关爱农村及农村儿童、灾区救援行为 区别之处：企业在丑闻发生后开始在体育事业领域开展活动，且形式多样
农夫山泉	√		√	√			相同之处：企业在丑闻前、后均有灾区捐赠 区别之处：企业在丑闻发生后首次开展了“夏送清凉”活动，支持高考学子
尼康中国	√		√				相同之处：企业在丑闻前后的 CSR 行为涉及领域基本相同，集中在环境保护、关爱弱势群体、灾区救援三大领域，一些 CSR 行为的对象、方式、时间也都固定不变 区别之处：无
福喜中国						√	相同之处：无 区别之处：企业丑闻前无 CSR 行为，丑闻发生后首次尝试实施 CSR 行为实践
路虎中国	√	√	√			√	相同之处：企业在丑闻前后的 CSR 行为均包括社会关爱、快乐体育、交通安全和人才培养四大领域，部分活动固定不变(“英国马球日”“世界极限帆船”等赛事的赞助)，部分活动在丑闻前后具有战略一致性(如“学转英超”VS“中英足球文化交流”，“一千零一个梦想”VS“希望小学”等) 区别之处：企业在丑闻发生后的部分 CSR 行为在方式上存在差异

续表

企业	丑闻后持续开展的CSR行为			丑闻后首次开展的CSR行为			丑闻前后(1 年内)的 CSR 行为对比
	捐赠	赞助	事业关联营销	捐赠	赞助	事业关联营销	
饿了么	√		√			√	相同之处：企业在丑闻前后的 CSR 行为对象和领域均包括灾区援助、帮扶弱势群体、关爱特殊职业群体(如记者) 区别之处：企业在丑闻发生后开始更多重视美食文化事业方面的社会责任

由表 4.6 可知，企业在丑闻后 1 年内开展的 CSR 行为并非完全是对丑闻的直接响应，更多表现为企业丑闻前 CSR 行为的延续或持续开展。丑闻前未开展而丑闻发生后首次开展(或计划开展)CSR 行为的企业仅有福喜中国 1 家，其他 9 家企业在丑闻前后均有 CSR 行为：尼康中国在丑闻前后的 CSR 行为基本一致，具有明确的持续性；修正药业、路虎中国两家企业在丑闻前后的 CSR 行为虽略有差异，但主要表现为实施方式的变化，而从事的社会事业领域并未变化，仍具有明确的延续性；双汇、锦湖中国、酒鬼酒、江淮汽车、农夫山泉、饿了么 6 家企业则是在延续先前 CSR 行为的基础上，扩展了社会事业领域。

基于以上分析结果，本章认为，以丑闻前 CSR 行为为参照，企业在丑闻发生后实施的 CSR 行为持续性可被进一步划分为持续从事型 CSR 行为和首次开展型 CSR 行为。持续从事型 CSR 行为侧重于战略性，是对丑闻前已经开展的 CSR 行为的延续。这种延续性一方面表现为同一 CSR 行为在时间上的连贯性。例如，路虎中国对“世界极限帆船系列赛”的赞助是一份为期 3 年(2013～2015 年)的赞助权[①]；尼康中国首次向中国台湾“宁安养老院”(2012 年)和中国香港“救世军”(2013 年)捐赠物资的时候，就将其确定为每年必须执行的固定项目[②]。另一方面，表现为不同 CSR 行为在社会事业领域的一致性，如企业多次参与不同自然灾害的灾区援助行为仍属同一社会事业领域，反映了企业对该社会事业领域的一贯支持。相反，如果企业在丑闻后所开展的 CSR 行为是其在丑闻前未曾开展过的类型，且与其丑闻前 CSR 行为在社会事业领域上不具有一致性，具有较强的工具性目的，则该行为被称为首次开展型 CSR 行为。

4.丑闻后企业社会责任-丑闻关联度

在企业决定从事何种 CSR 社会事业时，应重点考虑社会事业与品牌形象的匹配状况(Porter and Kramer，2002)，学者多运用匹配、契合、关联等多个专业术语

① 速度，激情，超越路虎鼎力支持 2014 世界极限帆船系列赛[EB/OL]. [2014-5-6]. https://www.landrover.com.cn/experiences/news/speed-passion-and-beyond.html.

② 尼康大中华区企业社会责任报告书(2015)[EB/OL]. [2015-6-15]. http://cn.nikon.com/csr/report/index.htm.

概念，重点研究品牌形象与社会事业的一致状况，并认为一致性越高，越有利于实现 CSR 的营销价值(Nan and Heo，2007；Alcañiz et al.，2010)。已有研究表明，丑闻企业往往会选择与其企业使命(品牌形象)较为一致的社会事业，因此，这一结论并不能完全反映丑闻后 CSR 行为的内在差异问题。

刘凤军等(2015)指出，CSR 关联度不仅表现为 CSR 行为与企业经营业务的关联程度，还表现为 CSR 行为与该企业给社会造成不良影响的关联程度，即面对丑闻后 CSR 行为，消费者更容易在丑闻与 CSR 行为间进行关联性联想。为此，探讨丑闻后 CSR 行为的社会事业领域选择问题，应进一步将社会事业与丑闻事件的一致性进行对比分析。本章采用内容分析法对在丑闻发生后首次开展型 CSR 行为所从事的社会事业与丑闻之间的关联性进行比较研究(持续从事型 CSR 行为不涉及社会事业领域的选择问题)，结果如表 4.7 所示。

表 4.7 丑闻后 CSR-丑闻关联度分析

企业	社会事业领域	关联度	丑闻事件
双汇	环保教育展厅	较低	猪肉添加瘦肉精
锦湖中国	赞助汽车赛事	较高	轮胎使用废料返炼胶
酒鬼酒	发起爱心捐赠	较低	白酒塑化剂超标
江淮汽车	支持体育事业	较高	车漆鼓包锈穿
农夫山泉	关爱高考学子	较低	产品“不符合”标准
福喜中国	食品安全教育	较高	食品不安全
饿了么	推广美食文化	较低	食品不安全

由表 4.7 可知，锦湖中国、江淮汽车、福喜中国 3 家企业表现出了较高的 CSR-丑闻关联度(所从事的社会事业是对丑闻事件的直接响应)，而另外 4 家企业呈现较低的 CSR-丑闻关联度，关联程度不一致的内在原因及实施效果有待进一步验证。

5.丑闻后企业社会责任信息披露渠道

研究发现，丑闻发生后所有样本企业的 CSR 信息都被第三方媒体机构公开报道，但这些信息并未完全由企业官方媒介及时、主动地披露，整理结果见表 4.8。

表 4.8 丑闻后 CSR 信息披露渠道分析

企业	CSR 行为持续性		企业主动披露		信息披露的渠道
	持续从事型	首次开展型	持续从事型	首次开展型	
双汇	√	√	√	√	详见双汇集团官方网站“集团新闻”“企业责任”专栏

续表

企业	CSR 行为持续性		企业主动披露		信息披露的渠道
	持续从事型	首次开展型	持续从事型	首次开展型	
锦湖中国	√	√	√		详见锦湖中国官方网站“公益活动”专栏
修正药业	√	√	√		详见修正药业官方网站“新闻动态”“爱心修正”专栏
酒鬼酒	√	√	√		详见酒鬼酒官方微博在 2013 年 4 月 27 日发布的微博
江淮汽车	√	√	√	√	详见江淮汽车官方网站“企业新闻”专栏
农夫山泉	√	√	√		详见农夫山泉官方微博在 2013 年 4 月 20 日发布的微博（首次开展型 CSR 行为信息：详见农夫山泉官方网站“媒体聚焦”专栏，以转发第三方媒体报道的形式呈现，且呈现得较晚）
尼康中国	√	√	√		详见尼康 2015 年年度 CSR 报告书（涵盖时间范围：2014-04-01～2015-03-31，与丑闻后 1 年时间要求一致）
福喜中国		√			未主动披露，所有报道均来自第三方媒体
路虎中国	√	√	√		详见路虎中国官方微博发布的相关信息
饿了么	√	√	√	√	详见 2017 年初饿了么发布的外卖行业首份社会责任报告

由表 4.8 可知，所有在丑闻发生后实施持续从事型 CSR 行为的 9 家企业均主动披露相关信息，在丑闻发生后实施首次开展型 CSR 行为的 10 家企业中，仅有双汇、江淮汽车、饿了么 3 家企业披露的信息中包含此类信息，福喜中国丑闻前后仅有 1 条首次开展型 CSR 行为信息，也未被企业主动披露。研究结果表明，丑闻企业主动披露 CSR 行为信息时具有一定的规律性，即对于持续从事型 CSR 行为，企业会及时、主动披露该类信息；对于企业在丑闻发生后首次进入的社会事业领域，企业则会选择性披露该类信息，披露内容也仅针对活动本身。

6.丑闻后企业社会责任信息呈现

为了厘清丑闻发生后 CSR 信息呈现的内在规律，本章从实践角度出发，聚焦于持续从事型 CSR 行为信息呈现（企业倾向于不主动披露首次开展型 CSR 行为）。研究发现，企业信息披露重点为从事该行为的历史背景信息，强调丑闻前后 CSR 行为的关联度和价值体现，如表 4.9 所示。

表 4.9 丑闻后 CSR 信息呈现特点

企业	CSR 行为类型	历史背景信息呈现的内容
双汇	赞助	信息内容强调：“此次冠名 2011 年世界女排精英赛，也是继双汇集团大力赞助 2009 年中国国际女排精英赛、2010 年世界男排联赛和 2010 年中国国际女排精英赛的第四次与国际性排球赛事结缘”

续表

企业	CSR 行为类型	历史背景信息呈现的内容
锦湖中国	捐赠	企业以图片的方式将丑闻前后的 CSR 行为信息一起呈现
修正药业	捐赠	信息内容强调："修正药业从非典、抗洪救灾到汶川地震，再到当前北京暴雨灾害，次次冲在医药行业最前列"
酒鬼酒	捐赠	以专题微博的方式将丑闻前后的 CSR 行为信息进行关联
江淮汽车	捐赠	信息内容强调："一直以来，江淮汽车始终承担并践行着企业公民的责任；2008 年汶川地震，由 200 辆瑞鹰车组成的车队……雅安地震，江淮再次出手援助救灾，证明了一个企业在社会责任事业的坚守"
农夫山泉	捐赠	以专题微博的方式将丑闻前后的 CSR 行为信息进行关联
尼康中国	捐赠 事业关联营销	信息内容强调："固定活动"是每年必须执行的活动
路虎中国	捐赠 事业关联营销	信息内容强调："作为世界极限帆船系列赛的主要合作伙伴之一，这已是路虎品牌连续第三年为该项赛事提供全球赞助""继 2014 年完成云南行之后，再次组织眼科专家医疗团队来到新疆维吾尔自治区" "一千零一个梦想"项目启动时强调："一千零一个梦想公益活动并非路虎首次发起或参与的公益活动……"
饿了么	捐赠	信息内容强调：作为全国最大的网络订餐平台，饿了么一直在坚持树立行业榜样，坚持"饿了么，和你一起拼！"

4.5 研究结论

本章研究基于意义建构过程的特征分析范式，从消费者响应视角和信息加工视角出发，以丑闻前 CSR 行为为参照，从丑闻后 CSR 行为的动机、实施、沟通三个层面对其特征进行研究，对丑闻后的 CSR 行为进行全面分析，研究发现，丑闻后 CSR 行为呈现如下 6 项特征。

(1) 企业在丑闻发生后实施的 CSR 行为具有明确的品牌形象修复动机。在选取的 10 个样本企业中，有 7 家企业直接或间接地表达了品牌形象修复动机，另外 3 家企业虽未明确表达这一动机，但这些企业已将 CSR 行为战略化，且丑闻前的 CSR 行为具有显著的品牌形象提升动机。Koehn 和 Ueng (2010) 在研究企业收益重申丑闻与企业捐赠行为关系时发现，那些被迫做出收益重申的企业，往往利用捐赠转移公众的注意力，以期赢得社区居民的良好评价。本章聚焦产品质量丑闻，通过多案例研究，得出了相似的研究结论，增强了研究成果的适用性。

(2) 企业倾向于在丑闻发生 3 个月后实施 CSR 行为。研究发现，在丑闻发生后的 4～6 个月，样本企业的 CSR 行为频次要远高于其他时间节点，企业这一实践特征与 Vassilikopoulou 等 (2009) 关于丑闻后 CSR 行为信息最佳暴露时机的研究结论一致，即相对于其他时间段，CSR 行为在丑闻发生 3 个月后实施对消费者重购意愿的提升效果最为显著。

(3) 企业在丑闻前后开展的 CSR 行为在动机、目的和连续性上有较大差异。研究发现，以丑闻前 CSR 行为为参照，企业在丑闻发生后实施的 CSR 行为可被进一步划分为持续从事型和首次开展型，前者侧重于战略性，后者则倾向于工具性，研究结论拓展了 Becker-Olsen 等(2006)从消费者主观认知视角对丑闻后 CSR 行为的界定。但因为本章并未研究 CSR 行为效果，所以两种 CSR 行为究竟如何影响消费者的响应，尚需进一步研究。

(4) 企业在丑闻后选择的 CSR 行为与丑闻事件存在关联度。研究发现，7 家样本企业中，有 3 家表现出了较高的 CSR-丑闻关联度，而另外 4 家企业呈现较低的 CSR-丑闻关联度，关联程度不一致的内在原因及实施效果有待进一步验证。已有研究主要针对 CSR 行为与品牌形象关联度等内容，而这些结论显然无法揭示丑闻后 CSR 行为效果存在差异的原因。由此推断，丑闻后 CSR-丑闻关联度可能是影响实施效果的主要原因，但此观点仍需检验。

(5) 企业对于丑闻后不同持续性的 CSR 行为会选择不同的信息披露渠道。研究发现，在丑闻发生后，对于持续从事型 CSR 行为，企业会主动披露信息；对于首次开展型 CSR 行为，企业则倾向于不主动披露，而是有选择地通过第三方媒体机构进行报道。鉴于目前我国消费者获取 CSR 行为信息的渠道较为单一，所以在丑闻情境下，CSR 行为信息披露渠道是否会导致消费者感知“伪善”及如何影响消费者响应，需要进一步研究证实。

(6) 企业对于丑闻后不同持续性的 CSR 行为会采取不同的信息内容呈现。研究发现，在丑闻发生后，对于持续从事型 CSR 行为，企业披露重点为从事该行为的历史背景信息，强调 CSR 行为的关联度和连续性。研究结论进一步证实了丑闻前 CSR 行为对品牌丑闻具有规避效应和稀释效应。

本章虽然采用基于意义建构过程的分析范式，运用多案例研究方法，从 CSR 行为的动机、实施、沟通三个层面对丑闻后 CSR 行为特征做了探索性研究，但仍存在一些局限，主要表现在如下两方面：第一，鉴于信息的可获得性，本章未能深入考察丑闻后 CSR 行为的实施效果，也无法将其与探索发现的丑闻后 CSR 行为特征进行关联关系分析；第二，鉴于案例研究样本数量的限制，本章未对丑闻情境的相关特征进行归纳整理，无法将其与探索发现的丑闻后 CSR 行为特征进行关联关系分析。尽管如此，本章研究仍可基于上述研究结论，识别出可能影响消费者响应的关键信息线索，并为后续研究提供启示。

4.6 研究意义

4.6.1 理论意义

本章研究旨在系统探究丑闻后CSR行为特征，以便于准确识别决定丑闻企业的CSR行为有效性的关键特征变量，为后续研究CSR行为对丑闻品牌形象的修复机理提供现实依据和理论支撑。理论意义包含如下几个方面：

(1) 以往研究在探讨丑闻后CSR行为特征时，往往考虑单一特征或若干特征，缺乏系统的分析框架和理论支持。本章首先在文献研究的基础上明确现有研究的不足，厘清本章基于意义建构过程的分析范式，进而运用专家法和5W1H分析工具，从CSR行为的动机、实施、沟通三个层面界定本章的研究问题和研究范围，为今后丑闻后CSR行为特征相关研究提供了系统的理论支持和分析框架。

(2) 以往研究多基于文献研究和单案例研究，梳理和选择丑闻后单一或若干CSR行为特征作为变量开展研究，缺乏对丑闻后CSR行为特征全貌的认知。本章研究运用多案例研究方法对10家样本企业在丑闻前后的CSR行为信息进行搜集、整理和分析，并梳理分析得出丑闻后CSR行为的6项特征，研究结论更加具有一般性和适用性。

(3) 以往研究证明了CSR行为时机的重要性，但已有成果及本章研究中的发现都是基于特定的时间段划分的，未探究决定CSR行为时机的关键因素，在后续研究CSR行为对丑闻品牌形象的修复机理中，可以此为出发点，选择代表性变量，并将其作为调节变量进行研究。

(4) 本章研究发现，丑闻CSR行为的真实动机往往并不重要，关键在于消费者的社会责任动机归因。基于归因理论可知，丑闻企业在行为、实施层面传递的CSR行为信息，经消费者的CSR动机归因，进而影响消费者响应。因此，在后续研究CSR行为对丑闻品牌形象的修复机理时，可将利他性归因作为中介变量进行研究。

(5) 本章研究还发现，对于丑闻后不同持续性的CSR行为，在社会事业选择、信息呈现、信息披露渠道三个方面有着不同的决策组合，这三个方面构成了消费者接受、加工CSR行为信息的主要内容。因此，在后续研究CSR行为对丑闻品牌形象的修复机理中，可基于消费者视角，从这三个方面确定研究变量，并将其作为丑闻后CSR行为特征的关键变量。

4.6.2　实践意义

丑闻后 CSR 行为的开展是一项复杂的系统工程，因此本章通过多案例研究得出丑闻后 CSR 行为的六项特征，是对案例企业实践规律的总结，可为企业丑闻后 CSR 行为的具体实施提供如下启示：

(1)企业可以从战术视角出发，研究如何提高丑闻品牌的应对能力，以研究发现的丑闻后 CSR 行为六项特征为关键着力点，制定丑闻应对策略方案，从动机、时机、持续性、CSR-丑闻关联度信息披露、信息呈现等方面进行决策组合，避免丑闻后 CSR 行为引发消费者消极的行为反应。

(2)企业也可以从战略视角出发，将 CSR 行为战略化，将企业已有 CSR 行为与丑闻后 CSR 行为特征统筹管理，将持续从事的 CSR 行为类型、社会事业领域、与品牌形象关联度等关键因素进行战略化设计，并长期贯彻执行，提升 CSR 决策能力和管理能力。

第5章　企业社会责任行为类型对丑闻品牌形象的修复效应与作用机理研究

案例导读

2017年“双11”过后，京东公布了其平台上11月1日至11月11日“京东全球好物节”期间各大手机品牌的销量排名，三星在“手机销售额TOP10品牌”榜单中名列前五①。此时，震惊世界的三星Note7手机“爆炸门”事件仅仅过了1年。2016年9月，全球爆出至少有35起三星Note7手机爆炸事件；9月8日，美国联邦航空管理局(Federal Aviation Administration，FAA)宣布将三星Note 7手机列为危险品，并强烈建议旅客不要在飞机上使用该款手机，不要为其充电或托运。“爆炸门”事件迫使三星投入过亿元的资金开展补救活动，三星不仅经济上遭受损失，而且失去了用户的信心和部分手机市场②。三星电子移动通信事业部总裁高东真在2017年三星Galaxy S8/S8+中国发布会上演讲时说道：“这两年的时间，我们经历了非常艰难的时期，我今天是带着与我们的顾客、消费者恢复信任关系的决心来到中国，如果我们在中国市场上得不到成功，在全球任何国家也是得不到成功的”③。

在短短1年内，三星公司迅速恢复了消费者信任，修复了品牌形象，除了升级战略、全面布局之外④，这与其形式多样的CSR活动之间或许也存在某些关联性，如赞助意大利足球甲级联赛、赞助2018年平昌冬奥会、向中国扶贫基金会捐助1000万元及累积捐赠超过2亿元建成150所三星希望小学等。在品牌丑闻发生后，企业从事捐赠、赞助和事业关联营销等CSR行为是否能够修复品牌形象？不

---

① 宾文娟. 为何说三星手机的这一步棋走对了？看看成绩就知道了[EB/OL]. [2017-11-14]. http://www.sohu.com/a/204318278_452858.

② 刘鸿光. 从品质角度看三星“电池门”事件[EB/OL]. [2016-9-22]. http://tech.sina.com.cn/zl/post/detail/t/2016-09-22/pid_8508578.htm.

③ 三星入华25年，中国市场成功等于全球市场成功[EB/OL]. [2017-5-26]. http://www.sohu.com/a/143718128_668654.

④ 对话三星电子大中华区总裁权桂贤：稳扎稳打，2018年将寻求新增长[EB/OL]. [2018-3-16]. http://xinwen.pconline.com.cn/1096/10965905.html.

同类型的 CSR 行为对品牌形象的修复效应是否存在差异？其修复过程受到哪些因素影响？本章将采用实验法研究上述问题。

5.1 问题提出

中国人民大学危机管理研究中心对企业形象危机进行研究后发现，目前我国企业内部的各个风险领域，丑闻的发生频次均呈现激增状态，其中由企业内部管理问题引发的丑闻频次增长率达到 400%[①]。企业处于被消费者感知的环境中，丑闻一旦发生，就会带来一系列的负面影响，包括消费者态度、消费者信任、消费者行为、品牌资产、企业形象等，无论真实情况如何，消费者都会认为企业应该对事件承担相应的责任。这些研究结果已被广泛证实，因而在实践领域，企业需要对这些消极的负面影响采取有效措施。本书第 3 章和第 4 章对丑闻后 CSR 行为的研究表明，CSR 是品牌形象的重要组成部分，是企业进行危机管理的重要方式之一。

品牌丑闻往往与 CSR 缺失有关，主要体现为企业未能自觉履行相应的社会责任。丑闻发生后，迫于制度压力和市场压力，企业会更加积极主动地实施 CSR 行为，确保其行动的制度合法性和行为有效性。自 2001 年以来，美国安然公司(Enron)、美国世界通信公司(WorldCom)、美国泰科国际有限公司(Tyco)等的丑闻严重动摇了消费者对商业巨头和美国经济的信心，把社会责任问题推向前台(丹尼斯•雷纳德和田彤坤，2008)。2002 年的科恩/罗珀企业公民责任调查发现：80%的被调查者声称如果他们发现一家企业有负面的公民责任实践，那么他们很可能会拒绝为这家企业工作(陈支武，2008)。2013 年 3 月 15 日，苹果公司的在华售后政策歧视事件遭央视曝光。4 月 22 日，一向在中国慈善事业领域较为“吝啬”的苹果公司，及时向雅安灾区捐献物资 5000 万元。同时，基于品牌形象修复目的，品牌丑闻发生后，企业也应该积极主动地实施 CSR 行为，因为以“沉默”的方式让消费者“遗忘”丑闻事件是愚蠢的做法(Braun-Latour et al.，2006)。

非丑闻情境下，企业常采用捐赠、赞助和事业关联营销三类 CSR 行为，以提升消费者对企业的整体评价，包括原有印象和新产品质量信息(Sen and Bhattacharya，2001)，有助于形成良好的企业声誉和积极的消费者品牌态度(Lii and Lee，2012)。第 3 章和第 4 章的研究发现，品牌丑闻发生后，企业开展捐赠活动的频次最高，赞助次之，事业关联营销最少。三类 CSR 行为对丑闻品牌是否具有修复作用？是否有助于修复受损的品牌形象？现有研究成果尚缺乏对于丑闻

① 企业形象危机 2013 年三季度报告[EB/OL]. [2013-11-28]. http://news.hexun.com/2013-11-28/160098703.html.

后CSR行为类型对丑闻品牌形象修复作用的深入探讨，丑闻企业不恰当的实施策略或不恰当的信息呈现，均有可能给消费者留下“伪善”的印象，因此，不能简单地推论丑闻后CSR行为可以修复其品牌形象。

鉴于此，本章将运用实验方法，依据归因理论探讨丑闻后CSR行为与品牌形象修复间的关系，引入丑闻责任和利他性归因两个变量，试图解决如下问题：①品牌丑闻发生后，企业实施CSR行为是否能够修复丑闻品牌形象？②捐赠、赞助和事业关联营销对丑闻品牌形象的影响是否存在差异？③在CSR行为和丑闻责任对丑闻品牌形象的作用过程中，消费者的利他性归因是否具有中介作用？④丑闻责任是否在CSR行为对丑闻品牌形象的影响中起调节作用？

5.2 理论基础与研究假设

在Carroll(1979)提出了经典的CSR金字塔模型之后，众多学者进行了更深入的研究。周祖城和厉杰(2011)依据履行社会责任的范围，将CSR分为公益型CSR、业务型CSR和综合型CSR；Lii和Lee(2012)根据消费者对CSR行为动机认知的差异，将CSR行为分为捐赠、赞助和事业关联营销三种类型；田敏等(2014)则将CSR行为方式分为相关责任行为、慈善行为、公益实践等。

5.2.1 企业社会责任行为对丑闻品牌形象的修复作用

已有大量研究表明，在非丑闻情境下，CSR行为对企业品牌资产，包括品牌形象、品牌态度、品牌评价、品牌忠诚等具有积极作用(田敏等，2014)。而在丑闻情境下，CSR行为对丑闻品牌形象的修复作用是否与在非丑闻情境下具有同样的影响效应？是否存在差异？又具有什么样的差异？这些问题需要进一步的探讨。

一般而言，品牌丑闻会给消费者留下初始负面印象(Muthukrishnan and Chattopadhyay，2007)或削弱正面印象(Dean，2004)。如果丑闻给消费者留下的是初始负面印象，则企业在后续事件提供的正面积极信息有利于改变消费者对焦点品牌的初始负面印象；而如果丑闻削弱了消费者对品牌的正面印象，根据信息整合理论，企业在后续事件中提供的正面积极信息有利于强化消费者记忆中的同类新信息，修饰记忆中的非同类信息，进而将其整合为单一整体品牌印象，即使消费者重新形成对企业的正面印象。因此，品牌丑闻情境下，CSR行为会引起消费者认知的积极变化。据此，提出如下假设。

H5-1：丑闻发生后，CSR行为对品牌形象修复具有积极作用。

5.2.2　企业社会责任行为类型对丑闻品牌形象的修复作用

根据对丑闻后 CSR 行为的研究，捐赠、赞助和事业关系联营销是企业 CSR 行为最常见的类型，这与 Lii 和 Lee(2012)的研究相一致。因此，本章将 CSR 行为分为捐赠、赞助和事业关联营销三类。捐赠是企业自愿将现金或其他物资赠送给与企业没有直接利益关系的受赠者，属企业自由决定责任范畴，是企业履行社会责任的高级形式，具有无条件、非互惠的特征(Carroll，1979)。赞助是企业为了支持公司目标(如提升公司形象)或营销目标(如提升品牌认知水平)而对事件或活动的投资，它根植于赞助者和被赞助者之间的交换及追求与拓展两者之间营销(传播)目标的关联，具有条件性和互惠的特征(Walliser，2003)。事业关联营销则是把企业和非营利组织(尤其是慈善组织)结合，将产品销售和社会问题或公益事业结合，在捐赠相关事业、资助其发展的同时，达到提高产品销售、实现企业利润、改善企业形象的目的，其商业特征较为明确(李伍荣和卢泰宏，2002)。

已有研究表明，在非丑闻情境下，企业捐赠行为会提高消费者的购买意愿(谢佩洪和周祖城，2009)，且捐赠可为企业的伤害行为预先保险，一旦出现丑闻，企业积累的 CSR 声誉能弱化顾客的消费报复行为(Godfrey et al.，2009)。Varadarajan 和 Menon(1988)以美国运通公司为例，认为该公司积极实施事业关联营销活动，是其能够平息其先前遭遇丑闻的主要原因。由于三类 CSR 行为具有不同的特征，捐赠是无偿、单方面的，所以在消费者看来是“真正的利他”；而赞助由于存在直接的补偿性交易，其利他动机会受到一定的质疑；事业关联营销的商业特征更为明确，其动机也最容易受到质疑(Lii and Lee，2012)。因此推测，三类 CSR 行为对丑闻品牌形象修复效果的影响存在显著性差异。据此，提出如下假设。

H5-2：在丑闻情境下，不同类型的 CSR 行为对品牌形象修复具有积极作用。

H5-2a：在丑闻情境下，企业捐赠、赞助、事业关联营销行为对品牌形象修复具有积极作用。

H5-2b：就丑闻品牌形象修复效果而言，捐赠最佳，赞助次之，事业关联营销最差。

5.2.3　利他性归因的中介作用

在非丑闻情境下，CSR 之所以能够改变消费者品牌态度，是因为消费者通过社会责任特质归因发现了企业真诚的一面，即利他性归因作了中介变量(Dean，

2004)。丑闻发生后，消费者首先会对丑闻情境进行归因分析，确认丑闻责任。根据归因理论，学者发现，企业从事社会责任实践的类型和时机会影响消费者对CSR行为动机的判断(Becker-Olsen et al.，2006)，而只有当消费者相信CSR行为是真正出于服务社会的利他动机时，才会对企业产生积极的评价；相反，若消费者认为企业的CSR行为是出于赚取利润等自利目的，他们将不会做出积极响应来回报企业的CSR投入，甚至会对其做出惩罚。据此，提出如下假设。

H5-3：消费者对CSR的利他性归因在CSR行为类型对品牌形象修复过程中起中介作用。

H5-3a：消费者对CSR的利他性归因在企业捐赠行为对品牌形象修复过程中起中介作用。

H5-3b：消费者对CSR的利他性归因在企业赞助行为对品牌形象修复过程中起中介作用。

H5-3c：消费者对CSR的利他性归因在企业事业关联营销行为对品牌形象修复过程中起中介作用。

5.2.4 丑闻责任的调节作用

丑闻责任是指丑闻企业在丑闻事件中的过失程度，反映消费者对丑闻的责任归因，即消费者认为企业究竟应为丑闻承担多大责任。依据归因理论，消费者主要通过丑闻发生的控制点(内因/外因)、稳定性(偶然发生/长期存在)和可控性(是否可控)三个方面进行责任归因，归因结果(丑闻责任)影响消费者的认知判断和行为反应(Coombs，2007)。在非丑闻情境下，消费者会对CSR行为的内部特质和动机进行分析和归因，进而影响消费者对企业的评价；而在丑闻情境下，消费者会对CSR行为特质和动机进行评价，更会在评价CSR行为之前，对企业在丑闻中承担的责任进行评估。只有当消费者在情境归因中产生的质疑较少时，才能更多地对CSR行为的内部特质进行归因。Vassilikopoulou等(2009)研究发现，在丑闻事件严重性较低的情况下，CSR行为对消费者的购买意愿有积极的影响。据此，提出如下假设。

H5-4：在CSR行为类型对品牌形象的修复过程中，丑闻责任起负向调节作用，相对于丑闻责任大时，丑闻责任小的CSR行为类型(捐赠、赞助、事业关联营销)对品牌形象修复作用更显著。

基于以上假设，本章提出CSR行为类型对丑闻品牌形象的修复与机理模型(图5.1)。

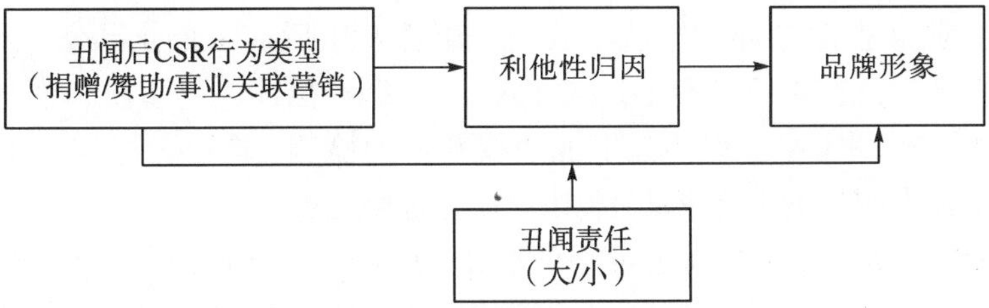

图 5.1　CSR 行为类型对丑闻品牌形象的修复与机理模型

5.3　企业社会责任行为的品牌形象修复实验

根据研究情境及问题，本章采用准实验法进行研究设计。与实验室实验(lab experiment)不同，准实验放宽了对独立变量和测试对象的操控，可在现场灵活地协调和控制实验对象，有效研究并设定环境下的因果推论。尽管其内在效度相对低一些，但其外在效度较高，可以按照实验过程的自然结果来推断最接近真实的答案(陈晓萍等，2012)。

本章研究包含了三个反映丑闻后 CSR 行为类型的自变量，为验证这三个变量及其交互作用对品牌形象的影响，实验将根据 CSR 行为刺激物的不同，设计 6 个实验组，即采用 3(CSR 行为类型：捐赠、赞助和事业关联营销)×2(丑闻责任：大/小)的组间设计，同时设置 2 个无 CSR 行为的参照组，共计 8 组。

5.3.1　刺激物设计

手机是人们较为熟悉的产品，经常被用作品牌丑闻研究的刺激物，同时为了排除测试对象自身消费经验或手机品牌自身差异对实验结果的干扰，实验材料采用虚拟品牌 A 进行设计。实验的刺激材料主要包含企业背景、品牌丑闻描述和 CSR 行为解释三部分。

(1)企业背景。方正等(2010)研究表明，企业声誉会调节丑闻发生后企业响应行为对品牌资产的影响。因此，材料设计中需要对企业声誉进行操控。通过对 5 个手机企业背景材料的重新组合，剔除好声誉、坏判断的文字，尽可能将企业声誉稳定在一个中等水平。

(2)品牌丑闻描述。以 2013 年 12 月 28 日网易新闻刊登的“苹果手机自燃”事件为原型，组合多家媒体报道，分别设计丑闻责任大、小两个实验。在丑闻责任(大)事件中，将事件描述为“手机自燃是 A 企业采用了不达标的锂电池所致，而锂电池供应商是A企业的附属子公司，事件发生后，A企业已公开致歉，并召回不合格产品”；在丑闻责任(小)事件中，将事件描述为“手机自燃一般是由于锂电池遇热所致，但A公司的锂电池经权威机构检测，均符合标准，事件发生后，A公司已发表声明，并表示将配合相关部门彻查此事”。

(3)CSR行为。考虑到测试对象与CSR行为的相关性，同时为了排除CSR契合度、CSR投入水平等变量可能对实验结果的影响，刺激材料选择中国青少年发展基金会设立的“希望工程激励行动项目”为公益事业素材。三个实验材料均采用同一企业、同一社会事业项目、同一活动对象和同样的投入水平，仅对CSR行为方式进行差别性描述。在捐赠材料中，描述为“在中国青少年发展基金会网站中获悉，A企业向中国青少年发展基金会无偿捐赠2000万元，以支持其该年度某项目的实施”。在赞助材料中，描述为“据各大媒体报道，A企业为支持该项目的实施，特向中国青少年发展基金会赞助2000万元，根据赞助协议，在活动实施期间，A企业具有唯一冠名权”。在事业关联营销材料中，描述为“在A企业官网中获悉，在特定时间内，A企业每销售一部手机，将向中国青少年发展基金会捐赠10元，用以支持该项目的实施，据初步估算，A企业可能向中国青少年发展基金会捐赠2000万元”。

5.3.2 变量测量和实验程序

本章研究需要完成操控检验和假设检验。操控检验的变量主要包含控制变量(企业声誉、CSR契合度)；调节变量(丑闻责任)；自变量(CSR行为类型)。假设检验的变量包含本章研究的中介变量(利他性归因)和因变量(品牌形象)。具体的测量题项如表5.1所示。

表5.1 变量测量

变量	测量题项	文献	Cronbach's α 值
企业声誉	您觉得A企业在消费者心中的声誉如何	方正等(2010)	—
CSR契合度	A品牌与本次公益事业项目的一致性程度很高 A品牌在本次公益事业项目中的行为很有道理	Lii和Lee (2012)	0.841
丑闻责任	丑闻事件的发生是A企业内部因素造成的 丑闻事件发生的原因在A企业长期存在 A企业本可以控制丑闻事件的发生	王志良(2012)	0.871
CSR行为类型	请测试对象对企业的CSR行为类型进行判断：捐赠/赞助/事业关联营销/其他	自设	—

续表

变量	测量题项	文献	Cronbach' s α 值
利他性归因	A 企业开展本次活动是为了追求社会利益 A 企业开展本次活动是以改善教育事业为动机 A 企业开展本次活动是出于对学生成长的关注	田虹和袁海霞(2013)	0.852
品牌形象	A 品牌的产品品质很高 A 品牌的产品质量很稳定 A 品牌的产品安全可靠 使用 A 品牌能体现个人品位或社会地位 认同 A 品牌所体现的价值观念和生活方式	王志良(2012)	0.887

由于学生样本的同质性较高，能有效降低个体差异对研究结果的影响(方正等，2010)，同时考虑到测试对象需要具备 CSR 方面的基础理论知识，所以本章研究选择某高校商学院大学生为样本。实验将样本随机分为 8 组，其中 6 个组为实验组，2 个组为参照组。

实验组的实验程序如下：①请测试对象阅读企业背景信息，并对企业声誉进行评分(操控检验)；②请测试对象阅读品牌丑闻信息，并对丑闻责任进行评分(操控检验)；③请测试对象阅读 CSR 行为信息，并对 CSR 行为方式进行选择(操控检验)及对 CSR 契合度进行评分(操控检验)；④请测试对象对利他性归因和品牌形象打分(假设检验)；⑤请测试对象回答人口统计特征问题。参照组的测试对象，在阅读企业背景信息和品牌丑闻信息后，直接对丑闻责任和品牌形象进行评分。

5.4 利他性归因的中介作用和丑闻责任的调节作用

5.4.1 样本概况

本次实验有样本 280 个，8 个实验组，发放问卷 280 份，每组 35 份。因漏选和 CSR 行为类型误判等原因，剔除样本 45 个，剩余有效样本 235 个。其中男性样本 85 个，女性样本 150 个，女性样本占比偏高，占有效样本的 63.83%。方差结果分析显示，无论是实验组还是参照组，测试对象对品牌形象的评价在不同性别间均无显著差异($M_{参照组}$=2.66，$F_{参照组}$=0.231，p=0.633＞0.05；$M_{实验组}$=4.20，$F_{实验组}$=0.268，p=0.605＞0.05)，排除了性别可能给本章研究带来的影响。

5.4.2 操控检验

(1)企业声誉。方差分析结果显示，8 组测试对象对企业声誉的评价无显著性差异(均值为 5.21~5.68，F=0.537，p=0.806＞0.05)，排除了企业声誉可能给本章研究带来的影响。

(2)丑闻责任。对于接受丑闻责任大、小刺激物的测试对象，他们对丑闻责任的判断存在显著差异($M_{小}$=4.78，$M_{大}$=6.39，F=167.207，p=0.000＜0.05)。对于接受丑闻责任(大)刺激物的 4 个实验组，他们对丑闻责任的评价无显著差异(均值为 6.27~6.59，F=1.026，p=0.384＞0.05)；对于接受丑闻责任(小)刺激物的 4 个实验组，他们对丑闻责任的评价也无显著差异(均值为 4.57~4.98，F=0.873，p=0.457＞0.05)。以上方差分析表明，丑闻责任的组间差异性、组内同质性被成功操控。

(3)CSR 行为类型。CSR 行为类型样本共 210 个，捐赠、赞助和事业关联营销各 70 个，有效样本分别为 59 个、60 个、59 个。

(4)CSR 契合度。6 组测试对象对 CSR 契合度的评价也无显著性差异(均值为 4.69~5.40，F=1.747，p=0.127＞0.05)，排除了 CSR 契合度可能对实验结果的影响。

5.4.3 信度效度检验

本章对利他性归因和品牌形象两个潜变量的测量，均采用成熟量表，因此具有较好的内容效度。本章进一步分析利他性归因和品牌形象题项，发现各指标数据均在可接受水平之上，说明这两个变量的信度和内在结构拟合情况良好，测量题项作为潜变量的衡量指标较为合理，可以继续开展假设检验(表 5.2)。

表 5.2 利他性归因和品牌形象结构效度检验

变量	题项	因子载荷系数	Cronbach's α 值	组合信度	平均变异抽取量
利他性归因	A 企业开展本次活动是为了追求社会利益	0.867	0.852	0.910	0.772
	A 企业开展本次活动是以改善教育事业为动机	0.892			
	A 企业开展本次活动是出于对学生成长的关注	0.877			
品牌形象	A 品牌的产品品质很高	0.819	0.887	0.918	0.692
	A 品牌的产品质量很稳定	0.857			
	A 品牌的产品安全可靠	0.831			
	使用 A 品牌能体现个人品位或社会地位	0.845			
	认同 A 品牌所体现的价值观念和生活方式	0.805			

5.4.4 假设检验

采用方差分析和回归分析验证假设。首先，用方差分析再次检验实验组和控制组对品牌形象评价有无显著性差异，在不考虑丑闻责任变量的情况下，将原 8 组数据合并为 4 组：捐赠、赞助、事业关联营销和参照组。用单因素方差分析判别品牌形象在各组间的差异性。分析结果显示，丑闻品牌形象在各组间存在显著性差异(F=70.543，p=0.000<0.05)。进一步用 Scheffe 法进行事后比较分析发现，就丑闻品牌形象而言，三类 CSR 行为均显著高于企业未实施 CSR 行为(表 5.3)。可见，与丑闻发生后未实施 CSR 行为的企业相比，其他企业无论开展哪一种 CSR 活动，均对丑闻品牌形象有显著的修复作用，且在本实验过程中取得证明：捐赠行为对丑闻品牌形象的修复作用效果最好(M=4.69)，赞助行为次之(M=4.09)，事业关联营销行为作用效果最差(M=3.83)。由此，H5-1、H5-2 得到验证。

表 5.3　CSR 行为对丑闻品牌形象的修复作用结果

因变量	参照组(I)	实验组(J)	均值差(I–J)	标准误差	显著性
品牌形象	无 CSR 行为(N=57；M=2.66)	捐赠行为(N=59；M=4.69)	−2.03	0.14	0.00
		赞助行为(N=60；M=4.09)	−1.43	0.14	0.00
		事业关联营销行为(N=59；M=3.83)	−1.17	0.14	0.00

其次，验证利他性归因的中介作用。根据张莉等(2011)的研究，检验此中介作用，需依据有中介的调节模型，依次开展三个回归方程。

$$Y=b_{10}+b_{11}X+b_{12}Mo+b_{13}XMo+\varepsilon_1 \tag{1}$$

$$Me=b_{20}+b_{21}X+b_{22}Mo+b_{23}XMo+\varepsilon_2 \tag{2}$$

$$Y=b_{30}+b_{31}X+b_{32}Mo+b_{33}XMo+b_{34}Me+b_{35}MeMo+\varepsilon_3 \tag{3}$$

其中，X 为自变量：CSR 行为类型，包含三个水平的类别变量，以事业关联营销为参照水平，设置两个虚拟变量 X_1(捐赠与事业关联营销对比)和 X_2(赞助与事业关联营销对比)；Mo 为调节变量(丑闻责任)，包含两个水平的类别变量，设定为虚拟变量(责任大与责任小对比)；Me 为中介变量(利他性归因)，为连续变量，但在式(3)中构造中介变量和调节变量的乘积项 $MeMo$ 时，需要对其进行中心化处理；XMo 为自变量和调节变量的乘积项，相应包含 X_1Mo 和 X_2Mo 两个乘积项；Y 为因变量(品牌形象)，为连续变量；b_{10}、b_{20}、b_{30} 分别为三个回归方程的常数项，其他 b 值均为相应变量在特定回归方程中的影响系数；ε 为误差项。分析结果见表 5.4。

表 5.4 利他性归因的中介效应分析

预测变量	式(1)——品牌形象				式(2)——利他性归因				式(3)——品牌形象			
	非标准化回归系数	标准误差	标准化回归系数	显著性	非标准化回归系数	标准误差	标准化回归系数	显著性	非标准化回归系数	标准误差	标准化回归系数	显著性
常量	3.750	0.142	—	0.000	3.810	0.143	—	0.000	0.171	0.127	—	0.181
X_1	1.230	0.197	0.682	0.000	1.646	0.199	0.785	0.000	−0.316	0.079	−0.175	0.000
X_2	0.560	0.196	0.312	0.005	0.556	0.198	0.266	0.005	0.037	0.062	0.021	0.546
Mo	0.153	0.196	0.090	0.434	−0.154	0.198	−0.078	0.438	0.266	0.180	0.157	0.141
X_1Mo	−0.740	0.276	−0.322	0.008	−1.061	0.279	−0.397	0.000	0.251	0.100	0.109	0.013
X_2Mo	−0.608	0.275	−0.264	0.029	−0.683	0.278	−0.256	0.015	0.035	0.085	0.015	0.680
Me									0.939	0.032	1.092	0.000
$MeMo$									0.009	0.046	0.020	0.852

式(1)的结果显示，CSR 行为类型与丑闻责任的交互作用对品牌形象的影响显著，且丑闻责任负向调节 CSR 行为类型与丑闻品牌形象间的关系(b_{13} 分别为−0.740 和−0.608，p 值均小于 0.05)；式(2)的结果显示，CSR 行为与丑闻责任的交互作用对利他性归因的影响显著，且丑闻责任负向调节 CSR 行为与利他性归因间的关系(b_{23} 分别为−1.061 和−0.683，p 值均小于 0.05)；式(3)的结果显示，利他性归因对品牌形象有着显著的正向影响(b_{34}=0.939，p=0.000＜0.05)。综合以上结果，b_{13}、b_{23} 和 b_{34} 均显著，表明 CSR 行为类型与丑闻责任的交互作用对丑闻品牌形象的影响确实受到利他性归因的中介作用，H5-3 得到验证。同时，从式(3)的结果也可看出：X_1Mo 的影响系数为 0.251，p=0.013<0.05；X_2Mo 的影响系数为 0.035，p=0.680>0.05；在自变量和调节变量的乘积项中，至少有一个乘积项达到显著水平，表明在该回归模型中 XMo 对因变量的整体解释达到显著水平，即 b_{33} 显著，因此，利他性归因在有中介的调节模型中起到了部分中介作用。

最后，验证丑闻责任的调节作用。方差分析结果表明，在丑闻责任较小的情况下，在修复丑闻品牌形象过程中，三类 CSR 行为之间存在显著性差异(F=18.741，p=0.000＜0.05)，就品牌形象修复效果而言，捐赠最优(M=4.98)，赞助次之(M=4.30)，事业关联营销最差(M=3.75)，H5-2b 得到验证。在丑闻责任较大的情况下，为了进一步确认丑闻责任的调节作用，将两组数据合并后，用一般线性模型进行分析，结果表明，CSR 行为类型与丑闻责任的交互项统计显著(F=4.080，p=0.019＜0.05)，证明了调节作用的存在，即在 CSR 行为类型对品牌形象的修复过程中，丑闻责任起负向调节作用，相对于丑闻责任大时，丑闻责任小的 CSR 行为类型(捐赠、赞助、事业关联营销)对品牌形象修复作用更显著。因此 H5-4 得到验证，见表 5.5。

表 5.5　丑闻责任对 CSR 行为方式的调节作用

	调节变量	CSR 行为(I)	CSR 行为(J)	均值差(I-J)	显著性
品牌形象	丑闻责任(大)	捐赠(*M*=4.39)	赞助(*M*=3.86)	0.53	0.018
			事业关联营销(*M*=3.90)	0.49	0.030
		赞助(*M*=3.86)	事业关联营销(*M*=3.90)	−0.04	0.965
	丑闻责任(小)	捐赠(*M*=4.98)	赞助(*M*=4.30)	0.68	0.003
			事业关联营销(*M*=3.75)	1.23	0.000
		赞助(*M*=4.30)	事业关联营销(*M*=3.75)	0.55	0.017

5.5　研究结论

本章通过实证研究主要得出了如下结论：

(1) 品牌丑闻发生后，企业实施 CSR 行为可以修复品牌形象。研究发现，品牌丑闻发生后，企业实施 CSR 行为可以修复品牌形象，捐赠、赞助和事业关联营销三类 CSR 行为均会显著提升消费者对丑闻品牌形象的评价。在修复丑闻品牌形象过程中，三类 CSR 行为之间存在显著性差异，就品牌形象修复效果而言，捐赠最优，赞助次之，事业关联营销最差。可见品牌丑闻情境下，CSR 行为对消费者认知的正向影响仍然存在，不同类型的 CSR 行为对品牌形象的修复具有不同的影响效果。

(2) 丑闻责任与 CSR 行为类型的交互作用对丑闻品牌形象的影响受利他性归因的部分中介作用。本章研究发现，丑闻发生后，消费者对 CSR 行为的归因，包括对丑闻情境的责任归因和 CSR 行为的特质归因，丑闻责任与 CSR 行为类型的交互作用对丑闻品牌的影响确实受到利他性归因的中介作用，该结论与卢东等(2010) 对 CSR 归因的解释保持一致。

(3) 根据 Lii 和 Lee(2012) 的观点，捐赠、赞助和事业关联营销三种行为方式对消费者认知的影响存在差异。本章研究发现，丑闻责任在 CSR 行为类型对品牌形象的修复过程中，起负向调节作用，相对于丑闻责任大时，丑闻责任小的 CSR 行为类型(捐赠、赞助、事业关联营销) 对品牌形象修复作用更显著。该结论与 Coombs(2007) 的研究一致，其研究是依据情境危机沟通理论，探讨其对 CSR 行为类型与丑闻品牌形象间关系的影响，结果表明：丑闻责任越大，CSR 行为对丑闻品牌形象的修复作用越弱。

5.6 研究意义

5.6.1 理论意义

本章研究的理论意义包含以下几个方面：

(1)以往的研究主要验证了非丑闻情境下，CSR 行为对品牌形象的影响，本章研究基于归因理论，验证丑闻发生后企业实施 CSR 行为有利于品牌形象的修复，并进一步验证了捐赠、赞助、事业关联营销三类 CSR 行为对丑闻品牌形象的修复都具有积极效应。研究拓展了品牌形象修复的研究视角，研究结论更具指导意义。

(2)验证了捐赠、赞助、事业关联营销三类 CSR 行为对丑闻品牌形象修复作用存在显著性差异，就品牌形象修复效果而言，捐赠最优，赞助次之，事业关联营销最差。利他性归因在丑闻后 CSR 行为对品牌形象的修复中承担中介作用，这进一步揭示出丑闻发生后品牌形象修复的内在机理，拓展了 CSR 理论和 CSR 品牌形象修复理论。

(3)验证了丑闻责任在捐赠、赞助、事业关联营销三类 CSR 行为对丑闻品牌形象的修复作用中的调节作用，丰富了归因理论和消费者 CSR 响应理论，从消费者视角揭示了丑闻发生后品牌形象修复的内在机理。

5.6.2 实践意义

CSR 的缺失会引发品牌丑闻，致使品牌形象受损。在丑闻频发的背景下，探讨 CSR 行为对丑闻品牌形象修复问题有着重要的现实意义，具体包含以下两方面：

(1)本章研究运用实验法，验证了捐赠、赞助、事业关联营销三类 CSR 行为对丑闻品牌形象修复作用存在显著性差异。就品牌形象修复效果而言，捐赠最优，赞助次之，事业关联营销最差。这一结论对于企业在品牌丑闻发生后，利用 CSR 行为进行品牌形象的修复具有更明确的指导价值，即采取捐赠方式效果最直接，更有利于消费者对企业产生正面的形象感知，避免消费者对企业产生“伪善”的印象。

(2)本章研究还探讨了丑闻责任的调节作用和利他性归因的中介作用，研究发现，丑闻责任在 CSR 行为修复品牌形象的过程中存在调节作用：一方面，丑闻责任越大，品牌形象的修复效果越弱；另一方面，无论丑闻责任大还是小，捐赠、赞助、事业关联营销三类 CSR 行为对品牌形象修复存在显著差异，而捐赠始终为最优选择，这说明丑闻发生后，企业开展最无商业目的的 CSR 活动，对品牌形象的修复效果越好。因此，丑闻发生后，企业的 CSR 行为应选择捐赠行为，这与现实中企业更多选择实施捐赠行为的情形相一致。

第6章 企业捐赠行为及契合度对丑闻品牌形象的修复效应与作用机理研究

案 例 导 读

2016年，央视3•15记者调查发现，饿了么网络订餐平台引导商家虚构地址、上传虚假照片，甚至默认无照经营的黑作坊进驻。丑闻被曝光后，舆论哗然，褪去了互联网订餐服务明星光环的饿了么被质疑“讹了么”“恶了么”[①]。为了修复受损的品牌形象，饿了么面向社会弱势群体积极开展捐赠活动：2016年8月，饿了么在武汉洪涝灾害中组织义工活动，免费为灾民发放消毒药品，并向武汉慈善总会捐赠了17万份总价值340万元的餐品[②]；2016年12月，饿了么CEO张旭豪向上海慈善基金会玉佛禅寺觉群大学生创业基金捐赠50万元[③]；2017年12月，饿了么手机软件以“为流浪动物点外卖”为主题的“爱心后院”上线，联合让宠有家专项基金向流浪动物救助站捐出相应数量的爱心宠粮[④]。

饿了么企业愿景是“以创新科技打造全球领先的本地生活平台”，其品牌定位是连接“跟吃相关的一切”。品牌丑闻发生后的捐赠行为是否能够有效改变人们对饿了么的品牌形象评价？是否有助于消费者重新选择饿了么？饿了么捐赠餐品、设立创业基金与流浪动物基金等行为在品牌形象修复效果方面是否存在差异？企业应选择与愿景使命、品牌形象和产品定位高度契合的捐赠行为，还是应反其道而行之？本章将通过系列实验验证上述问题。

---

① 饿了么？讹了么？恶了么？[EB/OL]. [2016-3-17]. http://news.163.com/16/0317/14/BIC7HOB700014AED.html.

② 饿了么340万元餐品驰援武汉灾区[EB/OL]. [2016-7-14]. http://www.ceoim.com/article-65527-1.html.

③ 感恩创业第一桶金：饿了么回捐玉佛寺大学生创业基金50万元[EB/OL]. [2016-12-12]. https://www.thepaper.cn/newsDetail_forward_1578748.

④ 饿了么推出“云养猫”新功能，点开以后发现真相竟然是这个[EB/OL]. [2017-12-8]. http://www.sohu.com/a/209225435_310877.

6.1 问题提出

第 3 章和第 4 章的研究结果显示，捐赠是丑闻发生后 CSR 行为的主要方式之一，且第 5 章研究证实捐赠对丑闻品牌形象具有修复效应。然而，企业捐赠行为在什么条件下修复效应最佳？其契合度在丑闻品牌形象修复中起到什么作用？关于丑闻后 CSR 行为效果的实证研究相对偏少，这可能源于学术界对丑闻前 CSR 价值增值作用(温素彬和方苑，2008)和伤害保险作用的普遍认可。情境危机沟通理论表明，丑闻情境会影响危机后企业行为的选择与实施，企业在不同情境下实施 CSR 行为，其效果也会有所差异(Coombs，2007)。然而，国内仅有江炎骏(2013)探究了丑闻前捐赠行为能够减缓公司丑闻发生时股东财富的损失，即捐赠具有伤害保险效应。井淼和周颖(2013)的研究表明，危机前 CSR 行为能有效降低危机事件对品牌资产的伤害，研究结论仍然针对丑闻前的企业捐赠行为。国外也仅有 Haley(1991)研究指出，企业捐赠可以为企业形成社会通币，它可以使得企业与环境结为同盟；Haigh 和 Brubaker(2010)定性地认为，提升公司的社会责任是遭受形象危机的公司形象修复的重要方式。因此，国内外学者并未实证研究丑闻发生后企业捐赠策略对购买意愿和品牌形象是否仍具有积极作用。此外，Coombs(1995)指出，个体对危机事件的责任归因越严重，越可能对责任主体表现出强烈愤怒，并做出更为负面的评价。丑闻情境下，消费者会根据对企业责任感知产生不同反应，同时，利他动机有助于企业在利益相关者中获得正面行为归因，提高企业声誉。Sen 和 Bhattacharya(2001)还发现，在非丑闻情境下，CSR 投入水平对消费者购买行为的影响还受到产品感知质量的调节，但是以上相关变量对企业捐赠行为及其契合度修复效应的影响作用都不能在丑闻情境下得到很好的解释。

基于此，本章基于 S-O-R 理论整体设计实验框架，逐步探究丑闻发生后企业捐赠行为及契合度对消费者购买意愿与品牌形象的修复效应。首先，通过实验探究企业捐赠行为对购买意愿的修复效应，验证品牌态度的中介作用和感知质量的调节作用，然后引入捐赠契合度探究捐赠对购买意愿与品牌形象的修复效应，分别验证品牌信任和利他性归因的中介作用，以及与丑闻责任和感知质量的调节作用，旨在指导企业在丑闻发生后有效开展捐赠等公益活动，促成消费者的积极响应，提升购买意愿，从而减少品牌丑闻的负面影响，修复受损的品牌形象。

6.2 理论基础

6.2.1 归因理论

归因理论是社会心理学中激励理论之一，常被用来解释或预测人们的态度和行为(Hill，1977)。归因就是人们对行为(包括他人和自己行为)和事件原因的知觉或解释推论(Kelley，1973)。Weiner(1985)认为，人们对行为结果的解释往往会对以后的行为产生重大影响，如危机后公众对政府及企业的信任与支持行为、对企业产品和服务的重购行为等。针对归因过程中人们使用的原则和方法，心理学家做了丰富的研究，并形成了大量有价值的理论成果，这些理论主要包括以下几个方面。

①Heider(1958)的归因理论认为，人们都有理解、预测和控制周围环境的需要，为了满足这种需要，人们会根据情绪、态度、人格、能力等方面的内因和外界压力、天气、情境等方面的外因对各种线索进行加工，并对已发生的行为与事件进行原因解释。②Jones 和 Harris(1967)的符合论，即当人们进行个人归因时，就要从行为及其结果推导出行为的意图和动机。一个人所拥有的信息越多，他对该行为所作推论的对应性就越高。一个行为越是异乎寻常，观察者对其原因推论的对应性就越大。③Kelley(1973)的三维归因理论，即人们可以使用三种不同的解释来说明外在行为发生的原因：归因于从事该行为的行动者、归因于行动者的对手或归因于行为产生的环境。④Weiner(1985)在归因理论中提出，人们对行为结果的解释主要从任务难度、能力、努力、运气、身心状态和其他因素六个原因展开，并分别纳入稳定性、控制点和可控性三个维度来解释外在行为原因。本章以归因理论作为理论基础，从中逐步探究企业捐赠行为及其契合度对丑闻品牌形象的修复机理。

6.2.2 形象修复理论

形象修复理论是由 Benoit(1997)基于“声誉是个人或组织最重要的资产”的假设提出的。该理论认为，应该从战略高度去维护声誉或公众形象。具体而言，组织在危机发生后应该主动承担责任，争取在较短的时间内将组织形象受损的程度与范围控制在最小的限度。形象修复理论提出的危机沟通管理模式包含五项策略，即否认、逃避责任、减少敌意、修正和自责，为组织形象的修复和改善提供了可供选择的策略。形象修复策略存在两个重要前提：第一，企业被认为应对危机事件的发生承担责任；第二，社会大众对企业责任的看法比危机事件的真相本身更重要，即当丑闻发生后，企业的责任归属并非通过事实来认定，只要社会公众认为企业与此丑闻发生的行为有关联，就会使企业产生形式上的责任归属。基于形象修复理论，本章研究立足于战略视角构建捐赠行为及其契合度修复模型，以期实现丑闻发生后企业品牌形象的有效修复。

6.3　研究假设

6.3.1　丑闻后捐赠与购买意愿修复效应

1.丑闻后捐赠与购买意愿修复

捐赠对企业具有积极的作用，企业可以通过良好的战略性捐赠实现多赢效果。研究表明，在非丑闻情境下，企业捐赠行为会提高消费者的购买意愿(Sen and Bhattacharya，2001)，且捐赠可以为企业伤害行为预先保险，一旦出现丑闻，企业积累的 CSR 声誉将削弱顾客的消费报复行为(Godfrey，2005)，主要原因如下。①企业捐赠有着较为明确的利他动机。例如，Lii 和 Lee(2012)在研究中发现，与赞助、事业关联营销等其他 CSR 行为类型相比，企业捐赠是真正的利他行为；张同龙(2011)对中国 1268 家企业的实证调查结果也显示，中国的企业捐赠具有显著的利他动机，有利于利益相关者做出积极评价。②企业捐赠会产生积极的道德资本(张同龙，2011)。企业捐赠是超越企业基本责任要求的行为，理应得到更多的嘉许(钟宏武，2007)。③消费者具有较强社会责任意识。即出于消费者自我道德修养的约束，消费者更倾向于考虑私人消费行为的公共影响，并试图通过自己的购买行为使社会向良性方向转变(Webster，1975)。

企业在丑闻发生后的捐赠行为，受消费者认知的影响，其利他动机归因可能会大打折扣(朱翊敏，2013)，但对消费者而言，其作为正面信息的本质并不会改变。Muthukrishnan 和 Chattopadhyay(2007)的研究表明，即使丑闻给部分潜在消费者留下了初始负面品牌印象，但只要该企业在后续时间能够提供相关的正面信息，仍可以改变该类顾客群体的购买决策行为。同样，对于丑闻企业的原有消费者而言，虽然丑闻会在一定时间内挫伤其购买意愿，但由印象形成的信息整合理论表明，一旦该类消费者在丑闻后获悉企业的相关正面信息，将会按照逻辑一致性和情感一致性的原则，逐步强化该正面信息，并修饰记忆中的负面丑闻信息(袁登华等，2010）。可见，企业在丑闻发生后积极参与捐赠活动，无论其利他动机是否会受到质疑，但其作为正面信息对购买意愿的积极作用仍然存在。据此，本章研究提出如下假设。

H6-1：与丑闻发生后企业未实施捐赠相比，企业实施捐赠对消费者购买意愿的修复有着显著的积极作用。

2.丑闻后捐赠中品牌态度的中介作用

态度是个体对特定社会客体以一定方式做出反应时所持有的稳定性、评价性的内部心理倾向。态度的稳定性倾向表现为态度对个体后续行为反应的影响。大量研究证实，一旦消费者对某一品牌持有正面、积极的品牌态度，其购买意愿将会显著增强。但态度也并非一成不变，双重态度理论表明，内隐态度和外显态度是态度形成的两个维度，内隐态度往往具有较强的稳定性，而外显态度则具有一定的动态变化性。在企业初期经营过程中，企业会通过广告、社会责任等活动，激发消费者正面、积极的内隐态度，形成固有的顾客群体。一旦消费者检索到关于该品牌的负面信息，就会出现与内隐态度不一致的外显态度，且如果影响外显态度变化的强度能够超越和压制内隐态度，消费者的品牌态度就会发生变化。例如，田虹和袁海霞（2013）研究发现，品牌丑闻严重程度越高，消费者品牌态度将会变得越差。

在消费者负面的品牌态度下，企业仍可以通过正面信息的发布，修复消费者的原有态度。例如，袁登华等（2010）发现，在品牌丑闻下，广告干预将对消费者的外显品牌态度发生较大程度的影响。虽然现有成果尚缺乏对丑闻发生后企业捐赠与消费者品牌态度两者关系的研究，但大量研究证实，在非丑闻情境下，捐赠有助于消费者正面态度的形成（周延风等，2008），并最终会提升消费者的购买意愿，即品牌态度在捐赠与购买意愿之间发挥了中介作用（Lii and Lee，2012）。翁智刚等（2013）指出，受企业捐赠情境的影响，即使消费者可能会质疑企业捐赠的动机，但捐赠对消费者品牌态度的积极作用不可抹杀。因此，本章研究推论，丑闻情境下捐赠对购买意愿的修复受品牌态度的影响，即丑闻发生后，企业捐赠行为会正向影响品牌态度的变化，而品牌态度的改变又进一步提升了消费者的购买意愿。据此，本章研究提出如下假设。

H6-2：丑闻发生后，在企业捐赠行为对消费者购买意愿的修复过程中，品牌态度作了中介变量。

3.丑闻后捐赠中感知质量的调节作用

感知质量是指消费者按自己对产品的使用目的和需求状况，综合分析市场上各种经由正式或非正式途径获得的相关信息，对一种产品或服务做出抽象、主观的评价(张广玲等，2010)。产品质量反映着企业进行经济交换的能力和消费者购买与使用某品牌的功能性收益，因此，感知质量是决定消费者品牌态度和购买意愿的基准因素。Campbell(2006)指出，CSR 的最低标准是不伤害利益相关者。Sen 和 Bhattacharya(2001)研究发现，CSR 对消费者态度和行为的影响受产品感知质量的调节作用，即虽然 CSR 可以提高顾客的积极响应，但是创新能力低的企业实施 CSR 行为会显著降低顾客的满意水平，因为它们能传递出产品感知质量低的消极信号，使其社会责任行为的合理性受损。丑闻发生后，尽管企业会采取短期应对措施，修正企业传递功能性价值的能力形象，但由于丑闻情境不同，企业采取的应对措施不尽相同，消费者对产品质量的感知也存在差异。在不同的感知质量情境下，捐赠对消费者意愿的修复效应存在差异。据此，本章研究提出如下假设。

H6-3：丑闻发生后，消费者的产品感知质量正向调节企业捐赠与消费者品牌态度及购买意愿的关系，即与低感知质量相比，高感知质量情境下，企业开展捐赠更能激发消费者积极的品牌态度和购买意愿。

6.3.2　丑闻后捐赠契合度与购买意愿修复效应

1.丑闻后捐赠契合度与购买意愿修复

企业在开展 CSR 活动时，希望能寻找到公众对其持积极态度的合作对象，即具有高契合度。契合度是指企业的捐赠公益活动和企业能力、产品/业务范围、品牌形象、企业定位、目标市场等之间的一致性，企业公益性活动应该与企业本身的生产线、品牌形象或者定位、目标市场等相匹配(Varadarajan and Menon，1988)。本章根据我国企业在品牌丑闻发生后开展捐赠活动的特点，借鉴 Berger 等(2010)对契合度的分类，考察目标市场契合、产品契合和形象契合对品牌信任与购买意愿的影响。

Gupta 和 Pirsch(2006)研究发现，企业的公益事件契合度高时，消费者态度和购买意愿也随之增高；朱翊敏等(2012)研究发现，捐赠行为的契合度对消费者评价、购买意向和顾客忠诚行为存在主效应；周延风(2015)证实，公益事项与企业品牌的契合度会影响消费者态度和购买决策。据此，本章研究提出如下假设。

H6-4：丑闻发生后的捐赠契合度越高，购买意愿修复得越好。

2.丑闻后捐赠契合度与品牌信任重建

品牌信任是指在面临风险的情况下，消费者依赖和认可某品牌品质、善意及能力的意愿，其中品质信任是消费购买意向的重要决定因素，是形成最终购买的关键因素，品牌信任的加深可更大程度地降低消费者购买时的风险和不确定性。品牌信任易受危机事件破坏，因此需要积极修复。Kim 等(2015)将信任修复定义为在违背行为发生后，旨在使信任方的信任信念和意愿更加积极的活动。Luo 和 Bhattacharya(2006)认为，品牌丑闻发生后，企业开展高契合度的公益活动能提升品牌形象、增加品牌信任；Sen 和 Bhattacharya(2001)认为，消费者更倾向于购买 CSR 投入水平高的企业产品，但受消费者对 CSR 支持和能力的调节；谢毅等(2013)从消费者-企业关系的视角出发研究发现，企业积极承担社会责任会提升顾客满意度，增强顾客对公司的信任和情感承诺，进而提高顾客的态度忠诚和行为忠诚。据此，本章研究提出如下假设。

H6-5：丑闻发生后的捐赠契合度越高，品牌信任重建效果越好。

3.丑闻后捐赠契合度中品牌信任的中介作用

信任度是购买意向的决定因素之一，Kim 等(2015)证实了信任度与购买意向正相关，信任度在预测购买意向时发挥主要作用；品牌信任是导致关系营销取得成功的关键中介变量，信任能够使顾客和企业间建立起长期的关系承诺，并影响其行为。Laroche 和 Sadokierski(1994)正式检验了品牌信任对购买意愿的影响作用。据此，本章研究提出如下假设。

H6-6：品牌信任重建在捐赠契合度对购买意愿的修复中起中介作用。

4.丑闻后捐赠契合度中丑闻责任的调节作用

丑闻责任是危机情境下消费者所感知到的企业应为危机承担责任的程度，是危机归因的直接结果。Coombs(1995)认为，危机责任体现的是利益相关者为危机事件谴责企业的程度，品牌丑闻的责任如果在企业，大多是产品质量不合格或不符合相关标准，且企业自身可控；当丑闻责任在顾客或企业外部时，大多是由顾客误用导致的产品伤害，属于顾客可控而企业不可控。王春娅等(2013)的研究结果表明，较之低契合度的捐赠，高契合度的捐赠可产生更高的品牌信任重建和更高的消费意愿恢复，品牌信任重建在修复效应中起完全中介作用，丑闻发生后的感知责任起完全调节作用。据此，本章研究提出如下假设。

H6-7：企业丑闻责任越低，捐赠契合度对购买意愿的修复效应越好。

6.3.3　丑闻后捐赠契合度与品牌形象修复效应

1.丑闻后捐赠与品牌形象重塑

品牌形象是品牌的总体感觉在消费者心目中的折射，但丑闻会降低品牌形象，需要采取有效策略积极修复。已有研究发现，企业慈善行为对品牌形象具有积极作用，捐赠和其他社会活动有助于减轻某些违法或不道德行为对企业声誉的破坏(Williams and Barrett，2000)。Coombs(1995)认为，CSR 沟通可能是消除危机负面影响的有效工具；Ashforth 和 Gibbs(1990)指出，企业在危机中使用 CSR 行为进行沟通实际上代表了企业合法合理的防卫；Handelman 和 Arnold(1999)表明，企业需要从事社会性的捐赠活动以迎合社区的规范约束，从而抵御短期经营竞争性环境的突变。企业应对危机时要体现公平公正的精神，而对公平公正的追求正是企业承担社会责任目标之一。Siomkos 和 Kurzbard(1994)指出，CSR 体现在企业的日常经营管理之中，更集中体现在应对产品危机事件的过程中。如果企业在政府介入危机之前便采取行动，如自愿的产品召回或其他更积极的努力，消费者会感觉企业更富有社会责任感；但当消费者认为企业在处理危机事件时没有体现社会责任并破坏诚信准则时，他们不仅会反对某特定品牌，更可能会反对企业提供的所有产品或服务。因此，企业在丑闻发生后要迅速采取系列产品质量管理措施予以纠正，而履行社会责任是最低标准。

丑闻会使组织被污名化。Kulik 等(2008)认为，污名促使组织履行义务等有价值的反污名化行为，在帮助组织累积社会资本的同时使组织受益。因此，丑闻发生后，CSR 行为是修复品牌形象的重要策略之一。杜岩等(2013)从契约角度进行研究后认为，企业形象主要是通过显性契约的履行来提升的，但在危机时通过履行隐性契约可以降低损害，而社会责任恰好是企业与社会的隐性契约，事后企业开展 CSR 活动可以修复企业形象。Haigh 和 Brubaker(2010)认为，提升公司的社会责任是遭受形象危机的公司进行形象修复的重要方式。

企业捐赠是具有战略性的社会责任行为，有益于企业和社会的战略性投资，能降低企业成本，在消费者中建立正面的声誉效应(Campbell et al.，2002)；当企业出现产品事故或责任时，慈善能作为事后的“救火”策略，分散公众对企业负面事件的关注，挽回企业形象与声誉(Koehn and Ueng，2010)。据此，本章研究提出如下假设。

H6-8：丑闻发生后，企业捐赠行为能够显著提升品牌形象。

2.丑闻后捐赠契合度与品牌形象修复

企业在捐赠时希望寻找到持积极态度的公众作为合作对象，关注慈善活动的契合度。在品牌顺利经营情境下，捐赠的契合度会影响消费者对慈善行为的响应，这方面的研究很丰富，但丑闻情境下的类似研究相对较少。例如，樊建锋和田志龙(2012)认为，品牌与善因事件的契合显著影响善因营销效果；Pracejus 和 Olsen(2004)用实验法研究得出，品牌与公益事项契合度可充分地放大善因营销效应，慈善等 CSR 行为对品牌形象的积极效应受 CSR 行为和企业特征契合度的影响；Porter 和 Kramer(2002)认为，战略性的捐赠要与企业利益目标具有协同性，尤其是品牌丑闻发生后的捐赠行为应与企业营销战略密切相关，精心设计的战略性捐赠可以改善经营环境，直接提升企业绩效，此时，恰当的捐赠契合度是成功的关键。

由此推断，丑闻情境下的企业捐赠也应考虑契合度问题，本章研究按照余伟萍等(2014)的做法，根据我国企业在品牌丑闻发生后捐赠的特点，借鉴其对契合度的分类，考察受捐对象与目标市场、捐赠物品与核心业务和品牌形象与慈善活动三方面的契合对丑闻发生后品牌形象的作用。据此，本章研究提出如下假设。

H6-9：丑闻发生后，捐赠的契合度越高，对品牌形象的修复效应越好。

3.丑闻后捐赠契合度对利他性归因的作用

根据归因理论，企业捐赠有多种动机，Campbell 等(2002)将其分为战略性、利他主义、管理层利益驱动和制度力量下的“从众”行为四种。另有学者提出了第五种动机，即通过慈善来掩盖或者转移公众对企业不当行为或内在社会责任缺失的关注，降低企业的声誉损失(Godfrey，2005)。大多数消费者对企业捐赠的动机描述是混合性的，而且当他们相信企业与慈善相关的努力同时结合价值驱动和战略归因时，也会对慈善活动持积极的观点。

企业履行社会责任有多种形式，捐赠是重要形式之一，体现出公司的“品德”。通过捐赠，企业向外界表明，公司在追求经济利益的自利动机下，同时也有利他动机，而且 CSR 行为的契合度将正向影响消费者对 CSR 行为的社会导向归因(顾浩东和宋亦平，2009)，CSR 契合度越强，消费者的利他性归因动机越明显，有助于企业在利益相关主体中获得正面的行为归因，提高企业声誉(Klein and Dawar，2004)。据此，本章研究提出如下假设。

H6-10：丑闻发生后，企业捐赠的契合度越高，越有利于消费者形成利他性归因。

4.丑闻后捐赠契合度中利他性归因的中介作用

学者研究了丑闻情境下 CSR 历史长度对消费者感知的公司正直形象有正向效应，而消费者对 CSR 行为动机的认知充当了中介变量(Vanhamme et al., 2009)。CSR 行为的类型和时机会影响消费者对其动机的判断(Simmons and Becker-Olsen, 2006)，只有当消费者相信 CSR 行为是出于服务社会的利他动机时，才会对企业产生更积极的评价；相反，若消费者认为 CSR 行为是出于赚取利润等自利目的，他们将不会做出积极响应来回报 CSR 投入，甚至会对企业做出惩罚行为。据此，本章研究提出如下假设。

H6-11：消费者对捐赠契合度的利他性归因在捐赠契合度对品牌形象修复过程中起中介作用。

5.丑闻后捐赠契合度中感知质量的调节作用

感知质量不同于客观的产品质量，其定义是消费者对产品整体卓越或优势的主观判断。Sen 和 Bhattacharya(2001)发现，CSR 对消费者态度和行为的影响受产品感知质量的调节，虽然 CSR 可以提高顾客的积极响应，但是创新能力低的企业实施 CSR 会显著降低顾客的满意水平，因为他们能传递出产品感知质量低的消极信号，使其 CSR 行为的合理性受损。在丑闻情境下，企业可能会采取一系列产品质量管理措施来弥补产品质量缺陷，当消费者感知产品质量水平高时，CSR 行为会带来积极的影响；当产品感知质量水平低时，即使企业采取 CSR 行为也无济于事。据此，本章研究提出如下假设。

H6-12：在企业捐赠契合度对品牌形象的修复过程中，消费者对产品的感知质量起正向调节作用，即当消费者感知质量高时，捐赠契合度对品牌形象修复作用更显著。

基于以上假设，本章研究提出企业捐赠行为及其契合度对丑闻品牌形象的修复效应与作用机理模型，如图 6.1 所示。

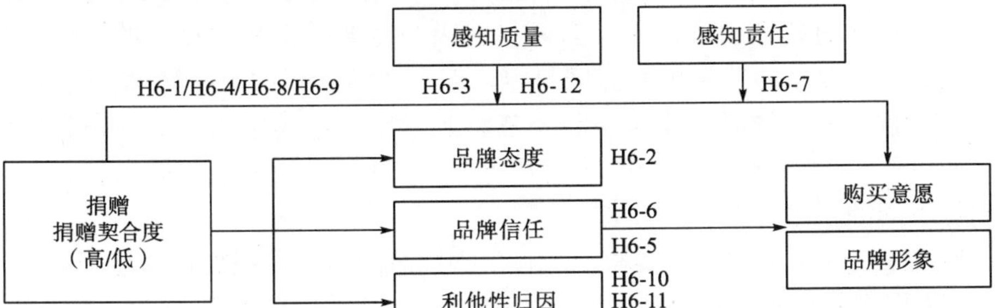

图 6.1　企业捐赠行为及其契合度对丑闻品牌形象的修复效应与作用机理模型

6.4 企业捐赠行为及契合度的品牌形象修复实验

本章研究共分为三部分：研究一，通过实验探究企业捐赠行为对购买意愿的修复效应，验证品牌态度的中介作用和感知质量的调节作用；研究二，探究捐赠契合度对购买意愿与品牌形象的修复效应，分别验证品牌信任的中介作用、丑闻责任的调节作用；研究三，探索企业捐赠行为和捐赠契合度对品牌形象的修复效应，分别验证利他性归因的中介作用、感知质量的调节作用。

6.4.1 刺激物设计

研究一运用实验法，采用 2(产品感知质量：高/低)×2(捐赠：有/无)的组间设计，以大学生为实验对象。实验共设计“产品感知质量”和“捐赠”两种刺激物。考虑到测试对象对碳酸饮料的熟悉喜好程度，同时排除该行业已有严重丑闻史对消费者固化思维的影响，实验以可口可乐公司的“4-甲基咪唑超标”事件为原型，以虚拟品牌 A 设计实验材料，以排除其他干扰因素。感知质量刺激材料采用同一品牌、同一丑闻、不同企业响应方式的形式形成感知质量高和低的两份材料。高感知质量材料强调丑闻曝光后，A 品牌主动进行内部彻查、修正和改进；低感知质量材料中强调 A 品牌声称“4-甲基咪唑使人致癌的证据不足”，无任何质量改进行为。捐赠材料以可口可乐公司捐赠希望工程为原型，参照媒体报道以新闻形式进行设计。

研究二运用实验法，采用 2(捐赠契合度：高/低)×2(丑闻责任：高/低)的组间设计，选取适合学生样本的手机为研究品类，并使用同质的大学生样本。为了选取合适品牌，本章研究根据中国品牌网对 95 个手机品牌的排名，选取排名在 40～50 名且学生最熟悉的夏普手机品牌，实验刺激材料根据此品牌手机网络资料和媒体报道整理而成，其中丑闻材料因与夏普手机品牌相关的报道较少，故嫁接了曝光较多的苹果手机丑闻材料，但在实验中用虚拟品牌 A 代替，以排除其他干扰因素。同时，实验设计了三种刺激物：中等水平的品牌声誉控制材料(因高低不同的品牌声誉会影响消费行为)、丑闻责任大小不同的材料、契合度高低不同的捐赠材料。

研究三包含两个实验。实验一，首先探究丑闻后企业捐赠行为能否修复品牌形象，采用实验组和控制组对比的方法实现。刺激物选择如下：①产品类别选择。选择 30 个大学生为前测样本，确认手机是大学生比较熟悉的产品品类。②品牌丑闻。手机是大学生比较熟悉的品类，经常被用作品牌丑闻研究刺激物，为了增强研究的外部效度，采用真实的三星手机品牌(中国品牌网 2013 年销量最好的智能手机品牌之一)作为刺激物。本章研究以 2013 年 9 月 22 日网易数码刊登的文章"美国俄勒冈州一男子的三星 Galaxy S4 手机发生爆炸"为原型，修改成为品牌丑闻刺激物。③捐赠行为。本章研究通过三星网站、中国青少年发展基金会、新浪财经等梳理了三星公司的捐赠行为，编制了三星慈善行为刺激物，内容如下。三星公司社会责任报道：2014 年以来，三星公司积极开展捐赠公益活动，截至目前，投入资金累计 1000 万元。例如，2014 年 1 月 20 日，三星公司支持中国青少年发展基金会主办的"2014 年希望工程激励行动"公益事业项目，向其无偿捐赠 500 万元，激励大学生在环保、健康教育、关怀弱势群体、社会政策建议等领域进行组织和行动；2014 年 2 月 8 日，三星公司无偿向中国科学技术协会科普部和共青团中央学校捐赠 500 万元，资助两家单位联合主办的"2014 全国青年科普创新实验大赛"。

实验二，目的是在验证捐赠行为主效应的基础上，探究品牌丑闻发生后捐赠契合度对品牌形象的修复作用、利他性归因的中介作用及感知质量的调节作用，即修复机理。研究品类仍选取了智能手机，采用虚拟品牌 A 以排除其他因素干扰。采用实验组和控制组对比的方法，在验证主效应的基础上，对实验组数据单独分析修复作用机理。实验共设计三种刺激物：品牌简介、品牌丑闻事件、契合度高低不同的捐赠材料。

6.4.2　变量测量

研究一变量量表包括以下几个方面：①自变量：捐赠(虚拟变量)，根据不同的材料设计对捐赠(有/无)赋值 1 和 0。②调节变量：感知质量(虚拟变量)，根据材料设计的差异对感知质量(高/低)赋值 1 和 0。为了检验感知质量变量是否被成功操控，参考卢东等(2010)的研究，在材料中设计了 3 个题项：我认为该公司的产品质量很高；我认为该公司的产品原料很可靠；我认为该公司的产品味道很棒。③潜变量品牌态度，参考 Lii 和 Lee(2012)的研究，设计了 3 个题项：我很喜欢该公司品牌；我认同该公司品牌所传递的价值观；我赞同该公司品牌的相关行为。④潜变量购买意愿，参考谢佩洪和周祖城(2009)的研究，设计了 3 个题项：我会在该公司购买相关产品；我认为该公司是我购买相关产品的第一选择；我愿意尝试该公司推出的新产品。变量题项的测量均采用七级利克特量表("1"表示"完全不同意"，"7"表示"完全同意")。

研究二变量量表包括以下几点：①控制变量(品牌声誉)，以 Chaudhuri(2012)开发的量表为主，结合李国峰等(2008)的研究及手机数码产品的特点，选取了 5

个题项；②调节变量(丑闻责任)，借鉴 Coombs 和 Holladay(2002)及王志良(2012)所使用的量表，选取了 2 个题项；③自变量(丑闻后捐赠契合度)，结合 Lafferty 和 Goldsmith(2005)与周延风(2015)所使用的量表，采用了 3 个题项；④中介变量(品牌信任)，在 Chaudhuri 和 Holbrook(2001)、Xie 和 Peng(2009)的研究基础上，结合丑闻情境、虚拟产品特点稍作修改，采用了 3 个题项测量；⑤因变量(购买意愿)，采用了 Jayanti 和 Sirdeshmukh(1998)等研究中的成熟量表。所有题项均采用七级利克特量表。

研究三变量量表包括：①自变量(丑闻后捐赠契合度)，选择了 Alcañiz 等(2010)所使用量表中的 5 个题项；②中介变量(利他性归因)，借鉴 Alcañiz 等(2010)使用的量表；③因变量(品牌形象)，从王志良(2012)使用的量表中选取了 5 个题项；④调节变量(感知质量)，借鉴 Gatti 等(2012)使用的量表，选取了 3 个题项；⑤操控变量(丑闻严重性)，量表参考 Coombs(2006)对严重性的描述，并借鉴阎俊和佘秋玲(2009)对其的研究，归纳为 3 个题项。每个题项在借鉴成熟量表的基础上，结合丑闻情境、虚拟产品特点稍作修改，全部采用七级利克特量表。

6.4.3 实验流程

研究一在正式实验前，先使用学生样本进行前测，测试结果达到要求。正式实验在某高校大学课堂上进行，其中有捐赠行为刺激的两组测试对象，需要在阅读完感知质量材料后对感知质量题项进行评价，然后阅读企业捐赠材料，并回答品牌态度及购买意愿的相关题项。另两组测试对象在阅读完感知质量材料后，直接对感知质量、品牌态度、购买意愿的所有题项进行评价。

研究二采用 2(捐赠契合度：高/低)×2(丑闻责任：高/低)的组间设计，每组 20 人，样本为成都某高校大学生。令契合度高低的量表语言表述相同，得分越高，契合度越高，得分越低，契合度越低；令丑闻责任在企业和消费者的量表语言表述相同，得分高的则丑闻责任在企业一方，得分低的则丑闻责任在消费者一方。测试结果为契合度高低和丑闻责任大小的均值都差异显著，说明材料符合正式实验要求。正式实验与预测的测试对象具有同质性，实验采用了前测和后测的组间设计。每组测试对象需回答与材料配对的两份问卷，问卷一测量品牌丑闻发生后捐赠契合度材料刺激前的因变量，此为前测；问卷二对同一测试对象用捐赠契合度材料进行刺激并测量因变量，此为后测。

研究三中，实验一采用控制组与实验组的组间设计，本章研究选择的学生样本同质性较高，能有效降低个体差异对研究结果的影响，被广泛运用于消费者行为研究中。学生被随机分在实验组和控制组。实验组程序如下：①请测试对象阅读三星品牌简介及品牌丑闻信息报道，让学生判定丑闻属性；②请测试对象阅读三星公司的捐赠信息并评价其品牌形象；③人口统计特征问题。控制组与实验组相比，不出现捐赠信息。实验二实验组程序如下：①请测试对象阅读 A 品牌丑闻信息报道，其中涉及 A 品牌采取的系列产品质量管理补救措施，让学生判定丑闻后的品牌感知质量；②请测试对象阅读 A 品牌的捐赠信息，再评价捐赠契合度和动机；③让测试对象对 A 品牌形象做出评价；④人口统计特征问题。控制组则仅出现步骤①和步骤③。

6.5 品牌态度等的中介作用和感知质量等的调节作用

6.5.1 样本概况

研究一中样本概况如下：某高校 152 名大学生参加了本次实验，剔除不完整样本和误判样本，剩余有效样本 114 个。其中男性样本 51 个，女性样本 63 个，女性样本占比 55.26%，方差分析显示，性别对购买意愿的判断无显著差异(F=0.945，p=0.333＞0.05)，排除了人口统计特征可能对因变量带来的影响。

研究二中样本概况如下：每组发出问卷 40 份，共 160 份，回收问卷 137 份，在对变量关系分析前，剔除选项呈 Z 字形、不完整的样本，剩余有效样本 128 个，男性样本 60 个，女性样本 68 个，女性样本比例为 53.13%。

研究三中样本概况如下。实验一共有 400 位大学生参与，剔除选项呈 Z 字形、不完整的样本，剩余有效样本 375 个，其中实验组 190 个，控制组 185 个。实验二共发放问卷 400 份，回收并剔除不合格样本后，剩余有效样本 390 份，其中实验组 197 份，控制组 193 份，男性样本 173 个，女性样本 217 个，女性样本比例为 55.64%，且性别对品牌形象评价无显著性差异[$F(1, 388)$=0.14，p=0.708＞0.05]。

6.5.2 操控检验

研究一的方差分析发现，测试对象对产品感知质量高低的判断存在显著差异(M_1=4.24，M_0=2.30；F=390.400，p=0.000＜0.05)，说明产品感知质量被成功操控；在高感知质量情况下，两个实验组对感知质量高低的判断无显著差异(F=2.542，p=0.085＞0.05)，说明高感知质量的同质性被成功操控；在低产品感知质量情况下，两个实验组对感知质量高低的判断无显著差异(F=0.330，p=0.720＞0.05)，说明低感知质量的同质性被成功操控。以上方差分析表明，感知质量的组间差异性、组内同质性被成功操控。

研究二中，首先，品牌声誉被成功操控，检验结果得出四个实验组对品牌声誉的评价无显著性差异[均值为 3.80～4.09，$F(1，126)=0.86$，$p=0.463>0.05$]；其次，丑闻责任被成功操控[$M_{丑闻责任低}=5.402$，$M_{丑闻责任高}=6.127$，$F(1，126)=14.24$，$p=0.000< 0.001$]；再次，丑闻责任高的两个组，捐赠契合度高的组和契合度低的组对丑闻责任判断无显著性差异[$M_{契合度高}=6.197$，$M_{契合度低}=6.059$，$F(1，126)=0.42$，$p=0.567>0.05$]，说明丑闻责任高的同质性被成功操控，经过相同分析可得，丑闻责任低的同质性被成功操控；最后，契合度不同的捐赠活动特征为 $M_{契合度高}=4.9479$，$M_{契合度低}=4.4427$，$F(1，126)=5.321$，$p=0.023<0.05$，说明捐赠契合度被成功操控。

研究三中，首先，丑闻严重性被成功操控，检验结果为实验组和控制组对丑闻严重性评价无显著性差异[均值为 5.32～5.35，$F(1，388)=0.095$，$p=0.758>0.05$]。其次，对捐赠契合度和感知质量进行分组，并检验差异性是否显著。对实验组的自变量捐赠契合度和调节变量丑闻责任均值分别进行高低排序，选样本数 197 的前、后 27%比例进行高低分组，而处于中间值的不参与主效应分析，得出契合度高、低两组样本数恰好均为 67，且两组差异显著[$M_{契合度高}=5.69$，$M_{契合度低}=3.73$，$F(1，132)=660.80$，$p=0.000<0.001$]。再次，对感知质量用中位数分成高低两组，样本数分别为 68、66，且两组差异显著[$M_{质量高}=5.27$，$M_{质量低}=3.01$，$F(1，132)=222.86$，$p=0.000<0.001$]，说明捐赠契合度和感知质量被成功操控。最后，分析对感知质量的操控情况，在感知质量高的两个组，捐赠契合度高低组对感知质量判断无显著性差异[$M_{契合度高}=5.30$，$M_{契合度低}=5.12$，$F(1，66)=1.25$，$p=0.268>0.05$]，说明感知质量高的同质性被成功操控，经过相同分析可得，感知质量低的同质性被成功操控。

6.5.3 信度效度检验

研究一中，产品感知质量三个题项的 Cronbach's α 值为 0.818。消费者购买意愿 3 个题项的 Cronbach's α 值最小为 0.912，信度较高，探索性因子分析结果提取一个因子，累计解释方差的变动量为 86.714%，验证性因子分析结果显示，3 个题项的因子载荷均高于 0.8，测量模型拟合指标为 $\chi^2/N=1.96$，RFI=0.957，IFI=0.973，CFI=0.973，NFI=0.969，RMSEA=0.071，说明聚合效度较好。消费者品牌态度的 Cronbach's α 值为 0.873，探索性因子分析提取一个因子，解释方差的变动量为 79.756%，且所有题项的因子载荷也都在 0.8 以上，信度和效度均达到要求。

研究二中，验证性因子分析结果显示，各潜变量的各测量问项标准化因子载荷系数最大值为 0.922，最小值为 0.703，大于 0.6，效度达到要求；Cronbach' s α 值最小为0.87，大于0.8，各潜变量均具有良好的信度，并且都通过了 t 检验，$p<0.01$，表明各题项具有较高的会聚效度。

研究三中，验证性因子分析结果显示，各潜变量的各测量问项标准化因子载荷系数最大值为 0.911，最小值为 0.657，大于 0.6，效度达到要求；Cronbach' s α 值最小为 0.82，大于 0.8，各潜变量均具有良好的信度。由于采用的是多次使用的成熟量表，内容效度可靠。

6.5.4 假设检验

研究一中，假设检验具体如下：

(1) 以企业捐赠行为为自变量，以购买意愿为因变量进行单因素方差分析，分析结果表明，丑闻后企业实施捐赠行为对消费者购买意愿有显著的提升作用（M_1=3.97，M_0=3.45；F=9.561，p=0.002<0.05），H6-1 得到验证。

(2) 关于品牌态度中介效用的检验，参考 Wen 等(2005)的研究，依次开展三个回归分析(表 6.1)。首先，以捐赠(虚拟变量)为自变量，以购买意愿为因变量，进行一元回归分析，回归模型的调整判定系数为 R^2=0.027，β 系数为 0.522，回归系数的 t 值为 3.092，显著性概率小于 0.05，表明品牌丑闻发生后的捐赠正向影响购买意愿的变动。其次，考察捐赠对品牌态度的影响。回归模型的调整判定系数为 R^2=0.114，β 系数为 0.736，回归系数的 t 值为 6.414，显著性概率为 0.000，丑闻后捐赠正向影响品牌态度的变动。最后，将品牌态度引入自变量(捐赠)与因变量(购买意愿)的回归模型中，回归模型的调整判定系数为 R^2=0.199，方差膨胀因子值均为 1.132，不存在多重共线性问题，捐赠的 β 系数为−0.120，显著性概率为 0.408，大于 0.05，说明引入品牌态度后，捐赠对购买意愿不存在显著影响。因此，可以判定在丑闻后企业捐赠行为对购买意愿的修复作用过程中，品牌态度为完全中介变量，H6-2 得到验证。

表 6.1 品牌态度的中介效用分析步骤及结果

回归分析步骤	自变量	标准化回归系数	t 值	概率
步骤一：捐赠对购买意愿的影响	捐赠	0.172	3.092	0.002
步骤二：捐赠对品牌态度的影响	捐赠	0.341	6.414	0.000
步骤三：控制品牌态度后，捐赠对购买意愿的影响	品牌态度	0.621	12.987	0.000
	捐赠	−0.040	−0.829	0.408

(3)感知质量调节效应的检验，参考 Wen 等(2005)的研究，如果自变量和调节变量均为类别变量，需要做方差分析。以捐赠、感知质量为自变量，以品牌态度为因变量进行双因素方差分析(表 6.2)，结果表明，捐赠与感知质量的交互项对品牌态度回归系数显著(F=4.785，p=0.029<0.05)，即丑闻后捐赠对品牌态度的影响受感知质量的调节作用。

表 6.2 感知质量的调节效应检验结果

自变量	III型平方和	df	均方	F	Sig.
校正模型	190.148	3	63.383	112.183	0.000
截距	4901.684	1	4901.684	8675.650	0.000
捐赠	42.693	1	42.693	75.565	0.000
感知质量	14.886	1	144.886	256.438	0.000
捐赠×感知质量	2.704	1	2.704	4.785	0.029

注：R^2=0.521(调整 R^2=0.516)

在确定感知质量调节捐赠与品牌态度的关系后，需要确定其作用模式。由于自变量(捐赠)和调节变量(感知质量)均为分类变量，可以在不同的组中分别计算因变量(品牌态度)均值，以直观图的形式表示。由图 6.2 可知，丑闻情境下，感知质量正向调节捐赠对品牌态度的影响，即产品感知质量越高，企业开展捐赠对消费者品牌态度的积极影响越显著。

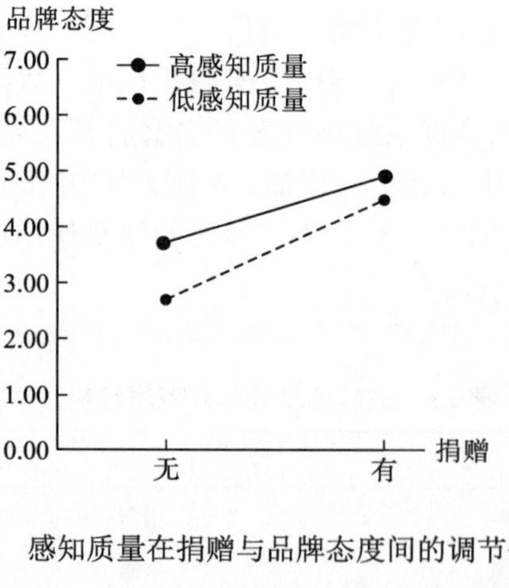

图 6.2 感知质量在捐赠与品牌态度间的调节作用

同理，检验捐赠与感知质量的交互项对购买意愿的作用，结果发现，回归系数不显著(p=0.787)，即捐赠与购买意愿的关系不受感知质量的调节，H6-3 得到部分验证。

研究二中，假设检验具体如下。

(1)在验证假设之前，首先用配对样本 t 检验分析测试对象的购买意愿前测与后测值有无显著性差异，结果显示，$M_{后}=3.8958$，$M_{前}=3.200$，$t=7.894$，$p=0.000<0.001$，即捐赠策略之后测试对象的购买意愿显著大于品牌丑闻发生后企业未采取捐赠之前的购买意愿，说明丑闻后企业捐赠行为确实能够修复购买意愿。因此，在此后分析中，将企业捐赠行为后的购买意愿作为因变量。

(2)变量的描述性统计中，表 6.3 给出变量的均值、标准误差和相关系数。捐赠契合度与购买意愿有显著相关关系($r=0.213$)，初步表明两者之间有线性相关关系；捐赠契合度与丑闻责任无显著线性关系($r=-0.01$)，捐赠契合度与品牌信任有显著线性关系($r=0.208$)；品牌信任与购买意愿有显著线性关系($r=0.505$)；品牌声誉与任何其他变量都无显著线性相关关系，进一步表明品牌声誉变量被成功操控。

表 6.3　描述性统计结果与相关矩阵(N=128)

变量	均值	标准误差	品牌声誉	捐赠契合度	丑闻责任	品牌信任	购买意愿
品牌声誉	3.96	0.476	—				
捐赠契合度	4.6953	1.25980	0.024	—			
丑闻责任	5.781	1.1411	−0.153	−0.010	—		
品牌信任	3.6094	1.21676	0.019	0.208*	−0.121	—	
购买意愿	4.0026	1.09280	−0.006	0.213*	−0.149	0.505**	—

注：*、**分别表示在 0.05、0.01 水平上显著

(3)验证 H6-4。由于自变量契合度分高、低两种情况，将契合度高的自变量数值记为 1，将契合度低的自变量数值记为 0，因此不再做虚拟化处理(后文分析丑闻责任调节作用时处理方法相同)。回归分析结果显示，捐赠对购买意愿正向影响显著($b_{11}=0.366, p=0.000<0.001$)；单因素方差分析结果为：$M_{契合度高}=4.4010$，$M_{契合度低}=3.6042$，$F(1，126)=19.493$，$p=0.000<0.001$。这说明丑闻发生后，企业捐赠行为确实对购买意愿有显著正向影响，且契合度越高，效果越好，H6-4 得到验证。

(4)验证 H6-5。检验结果为捐赠契合度对品牌信任正向影响显著($b_{21}=0.421$，$p=0.000<0.001$)，且捐赠契合度高低对品牌信任影响差异显著[$M_{契合度高}=4.1198$，$M_{契合度低}=3.0990$，$F(1，126)=27.165$，$p=0.000<0.001$]，说明丑闻发生后，企业捐赠行为确实对品牌信任有显著正向影响，且契合度越高，效果越好，H6-5 得到验证。

(5)品牌信任重建的中介作用检验，变量分析步骤及结果见表 6.4。

表 6.4 品牌信任的中介作用分析

步骤及回归分析对象	标准化回归系数	t 值	概率
第一步：捐赠契合度对购买意愿的作用	0.366***	5.212	0.000
第二步：捐赠契合度对品牌信任的作用	0.421	6.564	0.000
第三步：品牌信任对购买意愿的作用	0.505***	4.415	0.000
第四步：捐赠契合度、品牌信任对购买意愿的作用	品牌信任 0.426***	2.235	0.000
	捐赠契合度 0.187*	5.106	0.027

注：*、***分别表示在 0.05、0.001 水平上显著

由表 6.4 可知，最后一步回归分析结果显示，控制了中介变量品牌信任后，捐赠契合度的正向作用显著度降低(由 b=0.366 下降为 b=0.187，显著性概率 p 由 0.000 上升为 0.027，但仍然小于 0.05 的显著性水平)；品牌信任的正向作用依然显著(b=0.426，比原来的值 0.505 有所下降，显著性概率 p=0.000<0.001)，即品牌信任起部分中介作用，H6-6 得到验证。

(6)丑闻责任的调节作用检验。捐赠契合度和丑闻责任对购买意愿的影响分析结果见表 6.5 和图 6.3。

表 6.5 主体间效应的检验

变量	III 型平方和	df	均方	F	Sig.
捐赠契合度	21.441	1	21.441	21.375	0.000
感知责任	1.643	1	1.643	1.638	0.203
捐赠契合度×感知责任	5.324	1	5.324	5.308	0.023*

注：*表示在 0.05 水平上显著

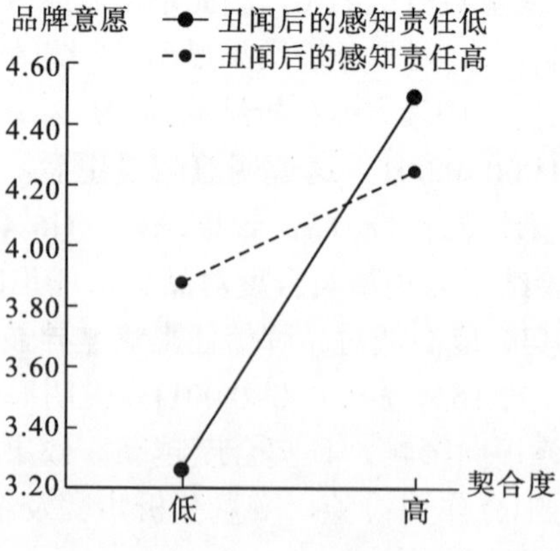

图 6.3 丑闻后的感知责任和捐赠契合度的交互效应

从表 6.5 可知，捐赠契合度和丑闻责任交互效应显著（$F=5.308$，$p=0.023<0.05$），说明丑闻责任调节效应存在，因而 H6-7 得到验证。由图 6.3 可知，具体的调节作用是：丑闻后的感知责任低拉高了高契合度的捐赠对购买意愿的修复效果；丑闻后的感知责任高拉高了低契合度的捐赠对购买意愿的修复效应。由此可知，修复效果最好的情境是契合度高且丑闻后的感知责任低，修复效果最差的情境是契合度低且丑闻后的感知责任低。

研究三中，假设检验具体如下。

(1) 实验一探究品牌丑闻发生后的企业捐赠行为是否能修复品牌形象，以是否有捐赠行为为自变量，以品牌形象为因变量进行单因素方差分析，分析结果为：$M_{\text{控制组}}=4.98$，$M_{\text{实验组}}=5.25$，$F(1，373)=8.95$，$p=0.03<0.05$；再对实验组数据进行回归分析，结果显示，捐赠对品牌形象正向影响显著（$b_{11}=0.258$，$p=0.003<0.01$）。由此说明，丑闻后企业捐赠行为确实对品牌形象有显著修复作用，H6-8 得到验证。

(2) 实验二采用方差分析和回归分析验证假设。第一步，用方差分析再次检验实验组和控制组对品牌形象评价有无显著性差异，结果显示，$M_{\text{实验组}}=4.57$，$M_{\text{控制组}}=4.29$，$F(1，388)=7.572$，$p=0.006<0.05$；再对实验组数据进行回归分析，结果显示，捐赠对品牌形象正向影响显著（$b_{11}=0.201$，$p=0.005<0.01$），说明丑闻后捐赠策略确实能修复品牌形象，H6-8 得到验证。

第二步，验证 H6-9，即丑闻发生后，契合度不同的捐赠对品牌形象的修复作用是否有显著性差异，对实验组数据进行方差分析，分析结果为：$M_{\text{契合度高}}=4.80$，$M_{\text{契合度低}}=4.39$，$F(1，132)=6.22$，$p=0.014<0.05$，即丑闻情境下捐赠的契合度越高，对品牌形象的修复效应越好，H6-9 得到验证。

第三步，验证 H6-10，根据捐赠契合度与利他性归因之间的关系，运用回归分析和方差分析实现。回归分析结果显示，捐赠对利他性归因正向影响显著（$b_{12}=0.370$，$p=0.000<0.001$，达到显著性水平）。方差分析结果为：$M_{\text{契合度高}}=4.61$，$M_{\text{契合度低}}=3.91$，$F(1，132)=18.34$，$p=0.000<0.001$，即丑闻情境下，捐赠的契合度越高，越有利于消费者形成利他性归因，H6-10 得到验证。

第四步，分析利他性归因的中介作用，变量分析步骤及结果见表 6.6。

表 6.6　利他性归因的中介作用分析

步骤及回归分析对象	标准化回归系数	t 值	概率
第一步：捐赠契合度对品牌形象的作用	0.247^{**}	2.95	0.004
第二步：捐赠契合度对利他性归因的作用	0.4051^{***}	5.12	0.000
第三步：利他性归因对品牌形象的作用	0.225^{**}	2.68	0.008
第四步：捐赠契合度、利他性归因对品牌形象的作用	捐赠契合度 0.136	1.82	0.070
	利他性归因 0.178^{*}	2.38	0.018

注：*、**、***分别表示在 0.05、0.01、0.001 水平上显著

由表 6.6 可看出，最后一步回归分析结果显示，控制了中介变量利他性归因后，捐赠契合度的正向作用显著度降低(由 *b*=0.247，下降为 *b*=0.136，且由显著变得不显著)；利他性归因的正向作用依然显著(*b*=0.178)，比原来的值 0.225 有所下降，显著性概率由 0.008 改变为 0.018，显著性降低，即利他性归因起完全中介作用，H6-11 得到验证。

第五步，检验感知质量的调节作用。捐赠契合度和感知质量对品牌形象影响用一般线性模型的单变量方差分析完成，结果见表 6.7 和图 6.4。

表 6.7 主体间效应的检验

变量	III 型平方和	df	均方	*F*	Sig.
捐赠契合度	3.553	1	3.553	9.354	0.003
感知质量	0.010	1	0.010	0.025	0.874
捐赠契合度×感知质量	1.542	1	1.542	4.060	0.046*

注：*表示在 0.05 水平上显著

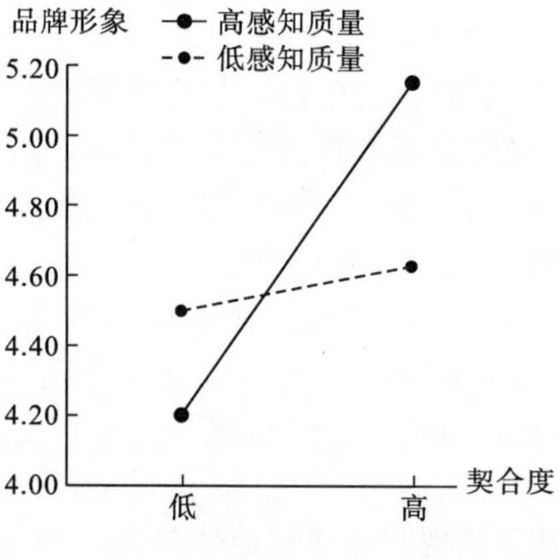

图 6.4 感知质量和捐赠契合度的交互作用

由表 6.7 可知，捐赠契合度和感知质量交互效应显著(F=4.06，p=0.046<0.05)，说明感知质量调节效应存在，H6-12 得到验证。从图 6.4 可看出，调节作用具体表现为：低感知质量降低了高契合度的捐赠对品牌形象的修复效应，高感知质量提升了高契合度的捐赠对品牌形象修复效应；契合度高且感知质量高时，修复效果最好，契合度低且感知质量高时，修复效果最差。

6.6 研究结论

本章研究基于理论梳理和现实观察，运用实验法设计多个实证研究，探讨了丑闻发生后企业捐赠行为对消费者购买意愿的修复效应，契合度不同的捐赠对品牌购买意愿的修复效应，以及契合度不同的捐赠对品牌形象的修复效应与作用机理，得出如下结论：

(1) 丑闻发生后的企业捐赠行为能够修复购买意愿。这与非丑闻情境下捐赠对购买意愿的作用相似；同时，研究结论也表明，在丑闻情境下，尽管消费者对企业捐赠的动机可能会产生质疑，从而削弱其应有的效应，但与不开展捐赠行为相比，捐赠的积极作用仍然存在。

(2) 与非丑闻情境相似，丑闻发生后捐赠仍通过品牌态度的中介作用修复购买意愿。可见，无论在何种情境下，外在刺激总是通过影响人们的心理认知，进而影响其态度和行为反应。

(3) 丑闻发生后，消费者的产品感知质量正向调节企业捐赠行为对消费者品牌态度的影响，感知质量越高，消费者的品牌态度越好。研究结论进一步强调了产品质量在品牌认知中的核心地位，同时也从营销角度初步探索了丑闻发生后企业捐赠行为的实施时机，即当消费者的产品感知质量较高时，企业实施捐赠的效果会更好。但研究也发现，丑闻发生后产品感知质量在企业捐赠行为与购买意愿的关系中不存在调节作用，该结论与非丑闻情境下的相关研究成果并不一致，存在差异的原因可能是实验中品类选择上的差异，也可能是不同情境下相关变量间的关系确实存在差异。

(4) 丑闻发生后企业采取契合度恰当的捐赠行为对消费者购买意愿能产生正向干预效果，且高契合度的捐赠会带来更高的购买意愿修复效果。研究结论揭示了丑闻情境下的捐赠策略，即捐赠物品要和企业核心业务相关，受捐赠对象要和企业产品与服务的目标市场相吻合，捐赠行为本身要和企业形象相契合。诸多学者在研究公益营销活动对消费行为的响应时，考察并验证了契合度对效果的影响(樊建锋和田志龙，2012；Pracejus and Olsen，2004)，本章研究置身于丑闻情境下也得出了相同的结果。

(5) 企业丑闻责任负向调节不同契合度的捐赠对购买意愿的修复作用，丑闻发生后捐赠的契合度与丑闻责任的交互作用对购买意愿的影响显著。研究发现，丑闻发生后企业捐赠效果最理想的情境是企业丑闻责任低且捐赠契合度高，效果最差的情境是契合度和丑闻责任都低。这说明，现实中丑闻发生后，如果消费者认为企业丑闻责任低，是企业外部因素导致了危机事件，此时企业采取高契合度的捐赠行为，就会降低丑闻对购买意愿破坏的风险；相反，如果契合度低，消费者将怀疑企业慈善活动的真实动机是为自己利益着想，而不是纯粹回馈社会，从而会忽略丑闻企业责任较低的正面因素，导致购买意愿比较低，这与 Coombs(1995)的研究结论一致。

(6)品牌信任重建在修复效应中起部分中介作用。丑闻发生后，消费者首先会对质量产生怀疑，此时品牌信任受损，进而导致消极的消费行为决策和行动。此时企业应积极采取有效措施，打消消费者疑虑，重建品牌信任，提升消费者购买意愿。尤其当消费者将丑闻责任归因于企业自身时，消费者将怀疑企业生产和经营品牌的能力，放弃对品牌的信任，并降低购买意愿。但重建信任过程漫长，在未完全重建前，消费者会因企业回馈社会的捐赠等 CSR 行为而逐步修复受损的购买意愿。

(7)丑闻发生后企业捐赠行为对品牌形象能产生正向修复作用，这与以往研究的修复策略视角和领域不同。有关丑闻品牌修复策略最早的研究始于 Benoit(1997)，之后十多年的研究几乎呈现空白，仅存在 4P 营销策略[product(产品)、price(价格)、place(渠道)、promotion(促销)]框架下研究的修复策略和基于市场和非市场理论，从短期、中长期视角对品牌形象修复策略的研究成果。而本章研究将修复策略和企业忽视社会责任的丑闻根源联系在一起，证明丑闻发生后捐赠等 CSR 行为可以修复企业在危机中受损的品牌形象，进一步丰富与拓展了品牌形象修复的研究成果。

(8)丑闻发生后，捐赠等 CSR 行为可以削弱丑闻的负面影响，这与江炎骏(2013)、井淼和周颖(2013)的研究结论不同。上述学者探究了丑闻前捐赠行为对丑闻后的品牌声誉具有保险效应，研究发现，丑闻前 CSR 行为能有效降低丑闻事件对品牌资产的损伤。而本章研究围绕丑闻发生后的捐赠行为开展，将丑闻与 CSR 行为效应的关系研究放置在丑闻情境下，进一步验证了丑闻发生后的企业捐赠行为可以提升品牌形象，研究结论有助于深化 CSR 行为对丑闻品牌的效应研究。

(9)丑闻发生后，企业捐赠的契合度越高，其对品牌形象的修复效果越好。这说明，在丑闻情境下，企业如果将捐赠作为一种营销战略来修复受损的品牌形象，捐赠物品要和企业核心业务相关，捐赠对象要和企业产品与服务的目标市场相吻合，捐赠活动本身要和企业形象相契合。诸多学者在研究公益活动等 CSR 行为对品牌形象等的效果时，考察并验证了契合度的影响(Pracejus and Olsen，2004)，本章研究将捐赠契合度嵌入丑闻情境下，得出了相同结论。

(10)消费者对企业捐赠行为的利他性归因在契合度对品牌形象的修复效应中起到中介作用。丑闻发生后，消费者首先会对品牌(企业)能力产生怀疑，进而对品牌形象产生负面评价，此时企业需要采取有效措施重建品牌形象，而契合度恰当的捐赠策略能取得有益效果。当捐赠契合度高时，消费者认为企业捐赠的确是为了回馈社会，是“取之于民，用之于民”的善举，因而，其修复效果好。反之，如果捐赠契合度低，消费者会怀疑企业慈善活动的真实动机是为自身利益着想，并非真正为了回馈社会，慈善活动只是企业“伪善”。这与田虹和袁海霞(2013)的研究结果一致。

(11)产品感知质量正向调节捐赠契合度对品牌形象的修复作用，丑闻发生后，捐赠契合度与感知质量的交互作用对品牌形象影响显著。研究发现，企业运用捐赠发挥最佳修复效果的情境是消费者对产品的感知质量高且捐赠契合度高，效果最差的情境是契合度低而感知质量高。这说明，丑闻发生后，如果消费者对产品感知质量高，且企业采取高契合度的捐赠，将大大降低丑闻污损品牌形象的风险；反之，如果消费者对产品的感知质量低，即便企业采取契合度较高的捐赠，消费者对品牌形象的评价仍然较低。这与 Tsiotsou(2006)的研究结论一致，即产品质量调节 CSR 投入水平对消费者购买行为的影响。

6.7 研究意义

6.7.1 理论意义

本章研究通过文献梳理，在企业捐赠行为的价值增值、伤害保险等作用的研究结果基础上，基于归因理论和形象修复理论，以战略视角，构建捐赠行为及其契合度修复模型，并运用实验法，探究了丑闻发生后企业品牌形象修复的内在机理，理论意义包含如下几个方面：

(1)本章研究将 CSR 效用的研究由企业的非丑闻情境延伸到丑闻情境下，拓展了 CSR 相关研究内容。

(2)研究发现，丑闻发生后的企业捐赠行为与购买意愿的关系并未受到产品感知质量的调节，说明在不同产品感知质量和捐赠契合度交互作用下，企业捐赠行为对购买意愿的作用机理并不完全相同，扩充了企业捐赠的价值体系。

(3)本章研究在丑闻情境下验证了捐赠契合度修复效应的积极影响，发现高契合度的捐赠会带来更高的购买意愿修复，并进一步验证了品牌信任的部分中介作用及丑闻责任的调节作用，完善了丑闻情境下企业捐赠契合度的研究成果，进一步丰富了 CSR 行为对品牌形象及购买意愿修复作用的成果。

(4)本章研究通过两个实验法实证研究发现，丑闻发生后的企业捐赠行为能在一定程度上修复品牌形象，且捐赠契合度越高，其对品牌形象的修复效果越好，将以往单一研究购买意愿拓宽到品牌形象的研究范围，进一步丰富了 CSR 行为修复理论的相关研究成果，为企业在丑闻发生后有效实施捐赠行为提供了切实的理论基础。

(5)本章研究在企业捐赠行为及契合度对品牌形象与购买意愿修复效应模型中引入利他性归因充当中介作用，引入感知质量充当调节变量，研究表明，丑闻发生后企业可从长期战略视角运用恰当的CSR行为修复品牌形象，进一步丰富了形象修复理论。

6.7.2 实践意义

已有研究及本章研究结果显示，捐赠是丑闻发生后CSR行为主要方式之一，对丑闻品牌形象具有修复效应。但Menon和Kahn(2003)指出，响应型CSR活动受情境线索的影响，消费者可能对其CSR动机进行更为复杂的信息处理，可能出现负面的CSR评价。因此，本章研究结论对丑闻后企业捐赠行为的实践提供了如下启示：

(1)无论在何种情境下，企业开展捐赠等CSR行为都是有益的。企业不仅要自觉履行CSR，还要主动实施CSR行为，从社会和企业自身出发，全面树立良好的企业公民形象。

(2)丑闻发生后，企业不仅要及时采取响应行为，还应做好持续修复的准备，CSR行为作为企业道德水平的集中体现，是修复消费者购买意愿的重要方式，尤其是企业捐赠行为，更容易激发消费者的利他归因，产生更好的修复效应。

(3)企业管理者应该注意，捐赠等CSR行为的效果受时机的影响。企业应该注重时机的选择，尤其当消费者的产品感知质量较高时，企业实施捐赠行为的效果会更好。

(4)丑闻发生后，企业除了采取公关、广告等应急管理策略外，更需回归企业公民本位角色，注重捐赠与品牌形象、目标市场之间的契合度，从而逐渐修复受损的品牌形象。在此过程中，企业还应该注重产品质量，以对消费者和社会负责的理念为根本，只有这样，才能从源头上减少和杜绝品牌丑闻的发生。

第7章　企业社会责任行为特征对丑闻品牌形象的修复效应研究

案例导读

世界十大汽车厂之一的本田汽车自2008年11月起，因高田气囊踏上了漫长的召回之路①。随着高田气囊弹出时金属碎片伤人甚至致死事件的不断增加，作为日本高田株式会社(Takata)最大客户的本田技研工业株式会社(Honda，以下简称本田公司)无疑是“高田气囊门”中受影响最大的汽车公司。截至2016年6月，本田公司在华召回汽车数量达142万辆，已超过2015年全年因高田气囊缺陷召回的汽车数量②。为了挽回消费者心中的品牌形象，本田公司与中国合资企业东风本田、广汽本田纷纷在社会责任领域行动起来。2016年10月，本田公司向参加国际轮椅马拉松的三名中国选手捐赠了比赛用竞速轮椅；同期，本田公司还在广州举办了“2016年第10届Honda中国节能竞技大赛”，吸引了150支高校和企业队参加；2017年7月，本田公司联合16家在华企业齐聚内蒙古，参加以“绿色未来，你我共创”为主题的联合植树活动……本田公司在《2017年度可持续发展报告》中展示了公司在实现“零事故社会”“加速电动化发展”、推动“能源有效应用”及“积极开展社会活动”四方面的成果。

在本田公司与合资企业开展的系列CSR活动中，节能竞技大赛累计开展已有十年之久，植树造林也是具有十年历史的长期公益环保项目，具有较强的CSR行为持续性；而2016年的“安全中国行”全民安全驾驶体验等活动则体现了与“高田安全气囊”召回事件更高的关联度；在CSR信息披露方面，本田公司官网及其可持续发展报告都有针对活动历史背景的详细介绍，而深入报道CSR活动则选择了新浪财经、东方网汽车等第三方媒体。丑闻发生后的CSR行为具有哪些突出特

① 84岁“高龄”的高田终因“气囊门”黯然倒下[EB/OL]. [2017-6-26]. http://auto.sina.com.cn/news/hy/2017-06-26/detail-ifyhmtek7791657.shtml.

② 高田气囊“受害者”不断增加本田在华又发百万召回令[EB/OL]. [2016-6-21]. https://www.thepaper.cn/newsDetail_forward_1486315.

征？这些特征对品牌形象和购买意愿的修复是否产生影响？本章将通过实验法尝试回答上述问题。

7.1 问题提出

第3章和第4章的研究表明，企业在丑闻情境下的CSR行为并非如Becker-Olsen等(2006)所言均为响应型，而是存在持续从事、首次开展两种不同行为的持续方式，并在信息呈现、社会事业选择、信息披露渠道三个方面采用不同的决策组合。这些决策涉及“企业做了什么”“企业说了什么”“企业如何说”等影响消费者认知的关键性信息。S-O-R 理论认为，对于外在刺激物的反应，首先取决于人们对刺激物内在特征的知觉。根据可接近性-可诊断性理论(accessibility-diagnosability framework)，信息在多大程度上用于消费者决策，取决于内部和外部信息的可接近性和可诊断性(Lynch et al.，1988)。由于负面信息具有更强的可接近-可诊断性(Fiske，1980)，丑闻作为重要的情境线索，消费者更容易在丑闻与社会责任之间建立关联。因此，本章研究推断消费者对这三个方面的信息解读将是决定 CSR 行为能否修复丑闻品牌形象的关键因素。

本章将通过实验法检验上述推断。第一，在参考相关研究的基础上，从消费者的信息加工视角，围绕丑闻发生前后“企业做了什么”“企业说了什么”“企业如何说”三个方面对 CSR 行为特征进行描述。第二，基于消费者响应视角的CSR 理论，将消费者对 CSR 的响应分为两种类型：一是关于消费者对企业意识和对企业评价态度的内在响应(Mohr et al.，2007)；二是关于消费者对企业产品和服务的购买意向及购买忠诚等的外在响应(Bhattacharya and Sen，2004)，提出研究假设和理论模型，并运用实验方法检验丑闻后 CSR 行为持续性、CSR-丑闻关联度、CSR 信息披露渠道等 CSR 行为特征变量及其交互作用对丑闻品牌形象的修复效应，以期全面了解丑闻发生后 CSR 行为对丑闻品牌形象的修复机理。

7.2 理论基础与研究假设

基于情境线索效应(contextual cueing effect)可知，情境线索对后续输入信息的加工选择具有导向作用(Chun and Jiang，1998)，即情境信息输入会激活更高水平的假设单元，产生自上而下的直觉预期(Wang and Reinitz，2001)。丑闻情境下，当消费者面对丑闻企业的CSR行为信息时，同样也会产生预期假设，即该企业是为了消除/掩盖其先前的负面影响而进行CSR行为。有学者研究指出，消费者对丑闻发生后企业的CSR行为的预期假设容易使其表现出不利于企业的认知反应(王静一和王海忠，2014)。

但关于CSR行为与消费者响应的大量研究表明，消费者对CSR行为的响应并不完全依赖直觉，而更多地来自知觉判断(顾浩东和宋亦平，2009)，且进行知觉判断的依据主要源自CSR行为所传递的信息内容及信息渠道(Du et al.，2010)。Godfrey等(2009)研究表明，当品牌丑闻发生时，CSR活动提供了“保险式”的保护。因此，如果CSR行为信息能够提供合理性证据，证明其开展的CSR活动并不是对丑闻的响应，那么CSR行为将可以有效修复品牌形象。

基于第3章和第4章的研究结论，本章研究认为，针对不同的CSR行为特征，丑闻企业之所以在信息呈现、社会事业选择、信息披露渠道等方面做出不同决策，正是为了给消费者提供相应的合理性证据。从消费者的信息加工视角来看，这三方面的信息差异可分别用CSR行为持续性、CSR-丑闻关联度和CSR信息披露渠道三个变量来表示。

7.2.1 企业社会责任行为持续性与品牌形象修复效应

第3章和第4章研究发现，以丑闻前CSR行为为参照，企业丑闻发生后的CSR行为可划分为持续从事型和首次开展型两种类型。由于企业处于非真实且易被感知的环境中，企业从事CSR行为的客观现实能够被消费者感知存在较大的不确定性(Benoit，1997)。例如，即便该行为属于持续从事型CSR行为，但如果企业在信息披露中没有提供相关证据，消费者仍然可能将其视为首次实施的CSR行为。第3章和第4章还发现，不同持续性的CSR行为在信息呈现方面存在较明确的差异，持续从事型CSR行为会重点呈现先前行为的历史信息，如强调“这是企业第*N*次举办该活动”“本次活动是在去年开展的基础上……”等；而首次开展型CSR行为则无此类信息呈现，或者直接呈现该行为的“首次/首届”信息。

在营销实践中，消费者通常依赖两种参照信息进行认知判断：基线信息(base-rate information)和案例历史信息(case history information)。前者侧重于定量分析，后者侧重于定性分析(Nettelhorst et al.，2013)。在CSR与消费者响应研究领域，学者已经以行业的平均CSR投入水平为基本参照信息，研究了CSR相对水平对消费者的影响(周祖城和张漪杰，2007)。但参照信息的选择必须结合特定情境，已有研究适合于自然灾害相关的社会事业情境，即行业内所有企业均面临开展CSR活动的压力与动力，而丑闻情境下的CSR行为显然不具备该前提。Du等(2007)研究表明，CSR的真正价值可能源于其对公司/品牌长期声誉资本的贡献。Vanhamme 和 Grobben(2009)认为，在危机沟通中，具有较长 CSR 历史的企业使用 CSR 声明比 CSR 历史较短的企业更有效。丑闻情境下，消费者更容易将 CSR 行为视为是对丑闻的反应，但如果 CSR 行为呈现了背景信息，一方面，这些信息有利于化解消费者对 CSR 的消极判断(如“遮羞”“伪善”等)；另一方面，这些信息在某种程度上也可以发挥稀释丑闻负面影响的作用(Vassilikopoulou et al.，2009)。基于此，本章研究推断，丑闻发生后，CSR 行为持续性是影响其修复品牌形象的重要因素，且相较首次开展型，持续从事型 CSR 行为的品牌形象修复效果更佳。据此，本章研究提出如下假设。

H7-1：CSR 行为持续性影响丑闻品牌形象的修复效果。

H7-1a：丑闻发生后，相对于企业首次实施 CSR 行为，企业连续实施的 CSR 行为更有利于提升消费者的品牌形象评价。

H7-1b：丑闻发生后，相对于企业首次实施 CSR 行为，企业连续实施的 CSR 行为更有利于提升消费者的产品购买意愿。

7.2.2 企业社会责任-丑闻关联度与品牌形象修复效应

基于品牌延伸理论中的情感迁移模型(Czellar，2003)，学者认为，企业与其从事的社会责任之间的关联关系是决定 CSR 营销价值的重要因素之一。但在已有实证研究中，学者主要针对那些具有良好或中立声誉的企业，探究其所从事的社会事业与其品牌(或产品)之间的匹配、契合程度对消费者响应的影响(Lafferty and Goldsmith，2005)。企业与 CSR 之间的关联有着丰富的内涵，可体现在功能、形象、定位、目标市场等多个方面(Varadarajan and Menon，1988)。在关联方向上，可根据企业性质不同而表现为正向或负向关联，如烟草企业与肺癌防治事业、裘皮生产商与动物保护事业等(朱翊敏等，2012)；在具体内容上，在所有其他因素都不变的情况下，消费者更愿支持开展过 CSR 活动的企业，若公司和 CSR 之间高度契合，消费者更愿购买相关品牌产品(Brown and Dacin，1997)。

Trimble 和 Rifon(2006)认为，企业与社会事业之间的关联关系主要取决于消费者的感知。根据可接近性-可诊断性理论，信息在多大程度上用于消费者决策，取决于内部和外部信息的可接近性和可诊断性(Lynch et al.，1988)。由于负面信息具有更强的可接近-可诊断性(Fiske，1980)，企业在丑闻情境下开展 CSR 活动时，丑闻作为重要的情境线索，更容易使消费者在丑闻与社会责任之间建立关联。刘凤军等(2015)也指出，CSR 关联度不仅表现为 CSR 行为与企业经营业务的关联程度，还表现为与该企业给社会所造成的不良影响的关联程度。第 4 章研究发现，企业在丑闻发生后开展的 CSR 活动虽涉及多个社会事业领域，但其中多数与丑闻领域毫不相关，只有 4 种 CSR 行为涉及的社会事业领域与丑闻领域存在一定的关联，且其中一种 CSR 行为遭遇了严重的消费者抵制。

基于上述分析，本章研究提出 CSR−丑闻关联度概念，特指 CSR 活动与丑闻发生领域的一致程度。由于 CSR−丑闻关联是一种负向关联，且消费者对企业能力与 CSR 的认知存在明显区分，所以在产品性能型丑闻情境下，CSR−丑闻关联度越高，越容易给消费者造成企业“砌墙遮羞”的印象，而不像质量改进行为那样给消费者留下企业“知错就改”的印象，进而消费者的响应就越消极。在已有研究中，学者以污名行业为研究对象，做了类似的检验证明，并得出了与上述推断基本一致的研究结论(刘凤军等，2015)。据此，本章研究提出如下假设。

H7-2：CSR-丑闻关联度影响 CSR 行为对丑闻品牌形象的修复效果。

H7-2a：CSR-丑闻关联度越低，消费者的品牌形象评价越高。

H7-2b：CSR-丑闻关联度越低，消费者的产品购买意愿越强。

7.2.3 企业社会责任信息披露渠道与品牌形象修复效应

对信息接收者而言，信息源反映了信息的可信程度，决定信息的说服效果(Olsen et al.，2014)。消费者接收到的 CSR 行为信息可能源于企业官方的信息发布平台，也可能源于第三方媒体的公开报道。S-O-R 理论认为，对于外在刺激物的反应取决于人们对刺激物内在特征的知觉。通常情况下，消费者会认为，由专业报刊、电视节目及其他独立第三方媒体发布的 CSR 活动信息更为客观公正；而由企业信息发布平台披露的 CSR 活动信息，则更多属于企业的广告宣传行为。部分学者通过实证发现，相较于企业官方的信息发布平台，由第三方媒体发布的 CSR 行为信息对品牌形象的提升效果更佳(鞠芳辉等，2014)。

由第 4 章研究结论可知，丑闻企业会针对不同的 CSR 行为信息采用不同的信息披露渠道。据此推断，丑闻情境下，CSR 信息披露渠道可能是影响消费者响应的重要因素。尽管已有成果也曾检验了 CSR 信息披露渠道与消费者响应的关系(Yoon et al.，2006)，但其关注的研究对象为污名企业，尚未涉及丑闻情境。因此，CSR 信息披露渠道是否会影响 CSR 的品牌形象修复仍需要进一步验证。据此，本章研究提出如下假设。

H7-3：CSR 信息披露渠道影响 CSR 行为对丑闻品牌形象的修复效果。

H7-3a：相对于企业主动披露其 CSR 行为信息，第三方媒体机构公开报道的 CSR 行为信息更能提升消费者的品牌形象评价。

H7-3b：相对于企业主动披露其 CSR 行为信息，第三方媒体机构公开报道的 CSR 行为信息更能提升消费者的产品购买意愿。

7.2.4 企业社会责任行为持续性、丑闻关联度与信息披露渠道的交互作用

根据第 4 章对丑闻企业的 CSR 行为持续性、CSR-丑闻关联度、CSR 信息披露渠道的界定，完整的 CSR 行为同时包含了三方面的特征属性。基于属性趋同效应，在知觉处理模式下，消费者的注意力容易被特殊属性吸引，从而对特殊属性知觉聚焦(孙洪杰和周庭锐，2012)。因此，如果消费者在接收丑闻企业的 CSR 行为信息时，未能发现能够证明企业虚假响应丑闻的属性信息，消费者基于丑闻情境线索建立的直觉预期将被完全推翻，CSR 行为对品牌形象的提升作用不会受到任何影响。但只要消费者发现一个能够证明企业虚假响应丑闻的属性信息，CSR 行为对丑闻品牌形象的修复效应就将大打折扣，发现的信息越多，折扣效应越明显。而如果消费者发现所有属性都能够证明 CSR 行为是对丑闻的直接反应，那么 CSR 行为将不会修复品牌形象，甚至出现适得其反的效果。据此，本章研究提出如下假设。

H7-4：CSR 行为持续性、CSR-丑闻关联度、CSR 信息披露渠道交互影响 CSR 行为对丑闻品牌形象的修复效应。就仅 CSR 行为对丑闻品牌形象的修复效应而言，“持续从事型+CSR-丑闻低关联+第三方媒体机构报道”的 CSR 行为信息组合对品牌形象的修复效果最佳，“首次开展型+CSR-丑闻高关联+企业官方报道”的 CSR 行为信息组合最差。

基于以上假设，本章研究提出 CSR 行为特征对丑闻品牌形象的修复效应模型(图 7.1)。

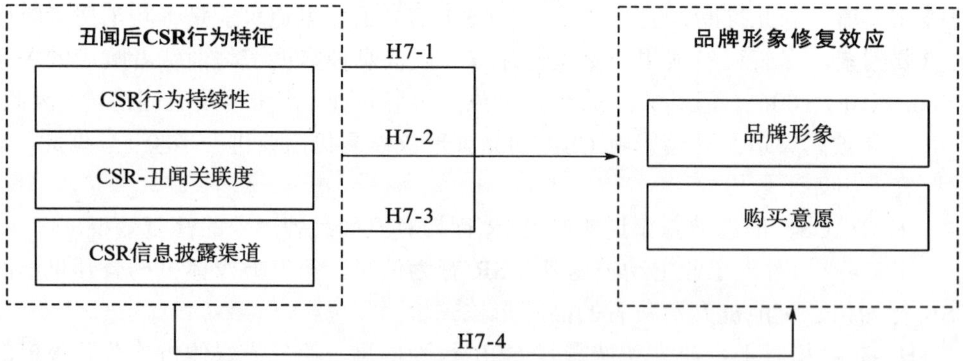

图 7.1　CSR 行为特征对丑闻品牌形象的修复效应模型

7.3　企业社会责任行为特征的品牌形象修复效应实施

7.3.1　实验设计

根据研究情境与问题，本章研究采用准实验法。与实验室实验(lab experiment)不同，准实验放宽了对独立变量及测试对象的操控，在现场灵活地协调和控制实验对象，有效设定研究环境下的因果推论；尽管其内在效度相对低一些，但其外在效度较高，可以按照实验过程的自然结果来推断最接近真实的答案(陈晓萍等，2012)。

本章研究包含三个反映丑闻企业的 CSR 行为特征的自变量，为验证这三个变量及其交互作用对品牌形象修复的影响，实验将根据 CSR 行为刺激物的不同，设计 8 个实验组，即采用 2(CSR 行为持续性：持续从事型/首次开展型)×2(CSR-丑闻关联度：高/低)×2(CSR 信息披露渠道：企业/第三方媒体机构)的组间设计，同时设计 1 个无 CSR 行为刺激的参照组，用于与 8 个实验组进行比较，以检验 CSR 行为对品牌形象的修复效果(表 7.1)。

表 7.1　实验组的组合设计

组别	CSR 行为持续性	CSR-丑闻关联度	CSR 信息披露渠道
E1	持续从事型	低关联度	第三方媒体机构
E2	持续从事型	低关联度	企业
E3	持续从事型	高关联度	第三方媒体机构
E4	持续从事型	高关联度	企业
E5	首次开展型	低关联度	第三方媒体机构
E6	首次开展型	低关联度	企业
E7	首次开展型	高关联度	第三方媒体机构
E8	首次开展型	高关联度	企业

7.3.2 刺激物设计

1.品牌丑闻刺激物的选择

沿用第 4 章的案例选择思路，本章研究以《中国名牌》发布的 2015 年中国十大品牌危机榜为依据，选取了 2015 年 8 月 2 日在社交媒体上热传的“康师傅馊水油事件”。根据澎湃新闻网的调查，该丑闻信息源自个人微博，且主要传播途径为微博，信息扩散路径具有一定的专业性，且在康师傅微博响应(8 月 3 日)之前，该丑闻事件的微博转发次数为 8 万次①。因此，相对于其他丑闻事件(如经 3·15 晚会报道的事件)，该事件的知晓受众数量较为有限。康师傅既是为大众消费者提供产品的供应商，又是一个被广大消费者所熟知的知名品牌。所以，以该品牌丑闻为研究情境，较适合在自然环境下开展后续研究。

2.企业社会责任行为刺激物的设计

首先，社会事业刺激物的选择。本章研究从康师傅在“馊水油”事件后 1 年内开展的 CSR 活动中选择了两起捐赠事件：其一，2016 年 4 月 12 日康师傅对天津科技大学的捐赠活动，捐赠对象为 “该校食品工程与生物技术学院勤奋学习、勇于创新、有志投入食品科学研究的本科生、研究生及青年教师”，捐赠是为了支持该校在食品科学与工程、方便食品营养及食品安全等方面的人才培养和课题研究②；其二，2016 年 6 月 3 日康师傅对洪涝灾区的捐赠，捐赠对象为湖北、安徽等地的洪涝灾区灾民，捐赠是为了帮助灾民共渡难关③。

由于“馊水油”事件属食品安全问题，根据第 4 章对 CSR-丑闻关联度的界定，本章研究认为，在呈现 CSR 行为的历史参照信息、信息披露渠道等其他信息线索的前提下，相较于捐赠灾区，捐赠天津科技大学的社会事业-丑闻关联度更高。以 40 个大学生为前测样本，参考刘凤军等(2015)对 CSR 关联度的研究，设计两个测量题项：一是，企业本次选择的社会事业与前期丑闻事件直接相关；二是，本次活动的开展有利于企业降低先前丑闻事件的发生概率。前测结果显示：两个测量题项的 Cronbach’s α 值为 0.947，具有较高的内部一致性；且测试对象

---

① 康师傅回应“在大陆用馊水油”：系恶意中伤[EB/OL]. [2015-8-3]. http://news.sohu.com/20150803/n418079562.shtml.

② 康师傅奖学金捐赠签约仪式在天津科大举行[EB/OL]. [2016-4-13]. http://www.radiotj.com/gnwyw/system/2016/04/13/000547950.shtml.

③ 康师傅等食品企业捐助灾区与受灾群众共渡难关[EB/OL]. [2016-7-12]. http://news.xinhuanet.com/food/2016-07/12/c_1119205386.htm.

对这两起事件与丑闻事件的关联度感知存在明显差异[$N_{天津科技大学}$=25；$N_{洪水灾区}$=19；$M_{天津科技大学}$=5.76；$M_{洪水灾区}$=2.84；$F(0.949)$=157.013，p=0.000<0.001]。这表明以这两起事件为依据可以实现对 CSR-丑闻关联度变量的操控。

其次，CSR 行为持续性的设计。通过进一步搜集这两起捐赠行为的相关信息，本章研究发现：在捐赠高校方面，康师傅曾于 2013 年 9 月 12 日与天津科技大学结成战略联盟①，但向该校捐赠却是首次。因此，可通过设计捐赠的起始时间实现对该捐赠 CSR 行为类型的操控，即持续从事型 CSR 行为强调：自 2013 年以来，康师傅已连续四年对该大学进行资助；首次开展型 CSR 行为强调：本次捐赠是康师傅首次对高校科研机构进行资助。同样，在灾区援助方面，研究发现，康师傅之前也积极参与了四川雅安地震②、云南鲁甸地震③等灾区的援助工作，因此，可通过是否呈现这些灾区援助信息实现对该捐赠 CSR 行为类型的操控，即持续从事型 CSR 行为强调：从四川雅安地震到云南鲁甸地震，再到本次洪涝灾害，在每次的救灾过程中，康师傅始终冲在第一线；首次开展型 CSR 行为则不呈现上述历史参照信息，仅强调：灾情发生后，康师傅在第一时间将救灾物资送达灾区。

最后，对 CSR 信息披露渠道的设计。本章研究将 CSR 行为信息以新闻报道的方式呈现，并根据报道者身份设计两个报道机构：康师傅公共关系部、腾讯网。同时为了排除捐赠水平等信息对研究结果产生的干扰，将 8 条 CSR 行为信息的捐赠量设计为一致，并将新闻字数控制在 200 字以内。

7.3.3　变量测量与实验程序

品牌形象有着较为复杂的内部构成，且不同品牌的构成结构又存在差异。因此，长期以来，学术界对品牌形象的测量并没有通用的测量量表，而只有符合品牌形象构成结构要求，并适合目标品牌形象特性的测量量表。王志良(2012)的测量量表不仅与 Aaker 和 Biel(1993)、范秀成和陈洁(2002)等国内外营销学者对品牌形象属性构成的解释框架保持一致，而且在研究情境(丑闻情境)、刺激品牌(两种高/低显品牌产品：手机、可乐)方面与本章研究相似。基于此，本章研究选择王志良(2012)的量表测量品牌形象，设计 5 个题项：①该品牌的产品品质很高；②该品牌的产品质量稳定；③该品牌的产品安全可靠；④使用该品牌能体现个人品位或社会地位；⑤认同该品牌所体现的价值观念和生活方式。购买意愿的测量参考 Dahlén 和 Lange(2006)的研究，设置 1 个题项：相较于其

① 康师傅与天津科技大学结成战略联盟[EB/OL]. [2013-9-12]. http://www.ce.cn/cysc/sp/info/201309/12/t20130912_1487486.shtml.

② 康师傅赈灾物资当晚运抵灾区[EB/OL]. [2013-4-22]. http://news.hexun.com/2013-04-22/153427752.html.

③ 急难救助车日志——急进鲁甸重灾区[EB/OL]. [2014-8-8]. http://www.masterkong.com.cn/trends/SocialWelfare/20140808/30267.shtml.

他品牌，更愿意购买该品牌产品。各测项均采用七级利克特量表测量。

实验有四个步骤：①测试对象阅读品牌丑闻材料；②测试对象阅读 CSR 行为材料；③测量测试对象对品牌形象及产品购买意愿的评价；④人口统计特征问题。参照组只需在阅读品牌丑闻材料的基础上，回答品牌形象、产品购买意愿两个变量的测量题项及人口统计特征问题。

7.4 企业社会责任行为持续性、丑闻关联度和信息披露渠道的修复效应

7.4.1 样本概况

实验于 2016 年 8 月在河南实施，采用便利抽样邀请 270 名消费者参与，实验组和参照组共 8 组，各 30 名。此实验剔除缺失项过多(缺失项大于 3 项)、随意填答问卷(连续 6 个题项的打分相同)66 份，最终得到 204 份有效问卷。有效问卷在各实验组的数量分布分别为：N_1=25、N_2=20、N_3=23、N_4=21、N_5=26、N_6=18、N_7=22、N_8=23，参照组的有效样本量为 N_0=26。

7.4.2 信度效度检验

信度是指测验量表工具所测得结果的稳定性、一致性，信度越高，其测量标准误差越小。在社会科学领域研究中，常使用 Cronbach' s α 值检验量表信度。Devellis(1991)认为，Cronbach' s α 值在 0.70 以上，则信度可接受。本章研究中，因变量品牌形象的 Cronbach' s α 值为 0.952，达到可接受标准，信度较高。组合信度为内在质量判别标准之一，如果组合信度在 0.60 之上，则内在质量理想。验证性因子分析结果显示，品牌形象的组合信度为 0.960，也在标准之上。以上分析表明，品牌形象的测量信度较好。

内容效度主要体现在该领域专家对某一测量语句能够测度所衡量事物的认可程度。本章研究对品牌形象、购买意愿的测量量表都是由国内外专家学者多次实证检验过的，具有较好的内容效度。收敛效度首先表现为各个测量语句在其对应潜变量上都有显著的载荷系数。验证性因子分析结果显示，品牌形象 5 个题项的因子载荷因数分别为 0.928、0.907、0.919、0.915、0.912，均介于 0.5～0.95，内在结构拟合情况较好。其次，平均变异抽取量超过 0.50 也是收敛效度合格的一个

标准，本章研究中，因变量品牌形象的平均变异抽取量为 0.839。因此，本章研究中潜变量的收敛效度合格。

7.4.3　假设检验

在对研究假设进行正式验证分析之前，首先检验 CSR 行为是否对丑闻品牌形象具有修复效应。将实验组和参照组的数据对比分析，分析结果显示，与参照组对比，8 个实验组的测试对象对品牌形象[$N_{实验组}=178$，$N_{参照组}=26$，$M_{实验组}=4.93$；$M_{参照组}=3.91$；$F(1.664)=19.868$，$p=0.000<0.001$]、购买意愿[$N_{实验组}=178$，$N_{参照组}=26$，$M_{实验组}=4.44$；$M_{参照组}=3.46$；$F(1.635)=17.945$，$p=0.000<0.001$]的评价均显著偏高。这一结果表明，CSR 行为对品牌形象的修复效应确实存在，可以继续开展假设检验。

H7-1、H7-2、H7-3 假定 CSR 行为持续性、CSR-丑闻关联度、CSR 信息披露渠道会影响 CSR 行为的品牌形象修复效果。考虑到这三个自变量均为包含两个水平的类别变量，在后续的分析过程中，均需对其进行中心化处理，即通过赋值将类别变量转换为一个相应的虚拟变量。根据研究假设，本章研究对这三个变量进行如下赋值：对于 CSR 行为持续性变量，将“首次开展型”赋值为 0，将“持续从事型”赋值为 1；对于 CSR-丑闻关联度变量，将“高关联”赋值为 0，将“低关联”赋值为 1；对于 CSR 信息披露渠道变量，将“企业官方报道”赋值为 0，将“第三方媒体机构报道”赋值为 1。剔除参照组数据，分别将 CSR 行为持续性、CSR-丑闻关联度、CSR 信息披露渠道作为自变量，将品牌形象、购买意愿作为因变量进行单因素方差分析(表 7.2)。

表 7.2　单因素方差分析结果

因变量	自变量	均值	均值差(I-J)	F 值	显著性
品牌形象	CSR 行为持续性	首次开展型(I)：N=89，M=4.55 持续从事型(J)：N=89，M=5.30	−0.75	22.11	0.000
	CSR-丑闻关联度	高(I)：N=89，M=4.62 低(J)：N=89，M=5.23	−0.61	14.01	0.000
	CSR 信息披露渠道	企业(I)：N=82，M=4.72 第三方(J)：N=96，M=5.10	−0.38	5.37	0.022
购买意愿	CSR 行为持续性	首次开展型(I)：N=89，M=4.06 持续从事型(J)：N=89，M=4.82	−0.76	22.34	0.000
	CSR-丑闻关联度	高(I)：N=89，M=4.14 低(J)：N=89，M=4.74	−0.60	13.34	0.000
	CSR 信息披露渠道	企业(I)：N=82，M=4.26 第三方(J)：N=96，M=4.59	−0.33	3.98	0.054

由表 7.2 可看出，CSR 行为持续性不同，消费者对品牌形象、购买意愿的评价存在显著差异，且相较于首次开展型 CSR 行为，持续从事型 CSR 行为能够产生更高品牌形象评价和更强产品购买意愿。CSR-丑闻关联度不同，消费者对品牌形象、购买意愿的评价也存在显著差异，且 CSR-丑闻关联度越低，消费者对品牌形象评价更高、购买意愿更强烈。CSR 信息披露渠道不同，消费者对品牌形象、购买意愿的评价也存在显著差异(其中，CSR 信息披露渠道对购买意愿的影响方面，显著性概率为 0.054，基本处在合格线)，且相较于企业公开报道，第三方媒体机构公开报道 CSR 行为信息能够产生更高的品牌形象评价和更强的产品购买意愿。综上所述，H7-1、H7-2、H7-3 全部得到验证。

在检验 H7-4 的过程中，由于 8 个实验组分别代表 CSR 行为持续性、CSR-丑闻关联度、CSR 信息披露渠道三个 CSR 行为特征所能构成的 8 种 CSR 行为信息组合。因此，将各实验组与参照组对品牌形象、购买意愿的测评结果进行对比分析，即可实现对 H7-4 的检验。根据测试对象的组别差异，设置一个类别变量“实验组别”，分别将 8 个实验组的测试对象分别赋值为 1～8，将参照组的所有测试对象赋值为 0。以设置的“实验组别”为自变量，分别以品牌形象、购买意愿为因变量进行单因素方差分析。分析结果显示：在“实验组别”间品牌形象的差异性显著(F=13.957，p=0.000＜0.05)、购买意愿的差异性显著(F=13.360，p=0.000＜0.05)。这一结论表明，“CSR 行为持续性、CSR-丑闻关联度、CSR 信息披露渠道交互影响 CSR 对丑闻品牌形象的修复效果”这一假定成立。但要评价 8 种 CSR 行为特征对丑闻品牌形象的修复效果，需要对各组间的多重比较结果进行分析。

由表 7.3 可知，与参照组(E0)相比，前 6 个实验组(E1～E6)的测试对象对品牌形象的评价明显偏高(p 值均小于 0.01)，而后两个实验组(E7、E8)的测试对象对品牌形象的评价与参照组无显著性差异(p 值分别为 0.423、0.951，均大于 0.05)。尽管从均值比较上看，相较于参照组(M=3.55)，8 个实验组中第 1 组(E1)均值最大(M=5.51)，第 8 组均值最小(M=3.87)，但由于前 6 个实验组间的差异显著性并不明显(两两比较后，所有 p 值大于 0.05)，后两个实验组间的差异显著性也不明显(p=0.999＞0.05)，所以尚不能充分确定 E1 组的测试对象对品牌形象的测评结果显著优于 E2～E6，同样也不能完全确定 E8 组的测试对象对品牌形象的测评结果一定低于 E7。当因变量为购买意愿时，分析结果与上述结果基本一致。

表 7.3 就各组别间的差异显著性进行的多重比较分析结果

项目	E0	E1	E2	E3	E4	E5	E6	E7	E8
E0 (M=3.55)									
E1 (M=5.51)	0.000								

续表

项目	E0	E1	E2	E3	E4	E5	E6	E7	E8
E2 (M=5.13)	0.000	0.986							
E3 (M=5.46)	0.000	1.000	0.995						
E4 (M=5.03)	0.000	0.942	1.000	0.974					
E5 (M=5.21)	0.000	0.996	1.000	0.999	1.000				
E6 (M=4.97)	0.000	0.911	1.000	0.955	1.000	1.000			
E7 (M=4.14)	0.423	0.003	0.194	0.008	0.308	0.063	0.475		
E8 (M=3.87)	0.951	0.000	0.021	0.000	0.043	0.003	0.102	0.999	

就 CSR 行为对品牌形象的修复效果而言，“持续从事型+CSR-丑闻低关联+第三方媒体机构报道”的 CSR 行为信息组合(E1)效果最佳，“首次开展型+CSR-丑闻高关联+企业官方报道”的 CSR 行为信息组合(E8)效果最差的假定不成立，但前者对丑闻品牌形象修复效果优于后者($M_{E1}=5.51>M_{E8}=3.87$，$p=0.000<0.05$)一定成立。由此可知，H7-4 得到部分验证。

为了揭示 H7-4 未得到充分支持的原因，本章研究将 CSR 行为持续性、CSR-丑闻关联度、CSR 信息披露渠道三个自变量代入因变量回归模型中，分析结果显示，三个自变量对因变量品牌形象的回归系数并不相同，CSR 行为持续性最大($\beta=0.331$，$t=4.906$，$p=0.000<0.05$)、CSR-丑闻关联度次之($\beta=0.257$，$t=3.803$，$p=0.000<0.05$)，CSR 信息披露渠道最小($\beta=0.155$，$t=2.286$，$p=0.023<0.05$)。当因变量为购买意愿时，结果基本相似，即 CSR 行为持续性的回归系数($\beta=0.333$，$t=4.899$，$p=0.000<0.05$)大于 CSR-丑闻关联度的回归系数($\beta=0.253$，$t=3.817$，$p=0.000<0.05$)，此时，CSR 信息披露渠道的回归系数不显著($\beta=0.128$，$t=1.873$，$p=0.063>0.05$)。结果表明，尽管 CSR 行为持续性、CSR-丑闻关联度、CSR 信息披露渠道均会影响消费者对品牌形象、购买意愿的评价，但三个自变量对因变量的作用强度存在差异，CSR 信息披露渠道的作用强度最小。这也正是出现“实验组 E1～E4(所有包含持续从事型 CSR 信息的实验组)对因变量的测评结果均显著高于参照组 E0”“实验组 E1、E2、E5、E6(所有包含 CSR-丑闻低关联信息的实验组)对因变量的测评结果也均显著高于参照组 E0”，而“实验组 E1、E3、E5、E7(所有包含第三方媒体机构公开报道信息的实验组)对因变量的测评结果并不全部显著高于参照组 E0”的原因。因此，在 CSR 行为持续性、CSR-丑闻关联度、CSR 信息披露渠道的交互影响下，CSR 行为对丑闻品牌的形象修复效果并不取决于 CSR 行为传递的信息量，而是取决于这些信息对品牌形象的提升强度。

7.5 研究结论

本章在第3章、第4章的基础上，结合已有研究，从消费者信息接收层面识别出可能影响CSR行为丑闻品牌形象修复效果的特征变量：CSR行为持续性、CSR-丑闻关联度、CSR信息披露渠道，并基于S-O-R理论、情境线索理论，对三个变量在CSR行为修复品牌形象过程中的作用做了研究推断，提出了四个研究假设。最后用准实验法对研究假设进行验证分析，分析结果完全验证了H7-1、H7-2和H7-3，部分验证了H7-4。本章研究主要得出了如下结论：

(1)企业在丑闻情境下的CSR行为持续性影响消费者的品牌形象评价及产品购买意愿，相对于首次开展的CSR活动，企业连续从事的CSR活动会引发消费者更高的品牌形象评价和更强的产品购买意愿。

(2)企业在丑闻情境下的CSR-丑闻关联度影响消费者的品牌形象评价及产品购买意愿，关联度越低，消费者对品牌形象的评价越高，对产品的购买意愿越强。

(3)企业在丑闻情境下实施CSR行为，相对于企业主动报道该信息，由第三方媒体机构报道能引发消费者更为积极的品牌形象评价及产品购买意愿。

(4)企业在丑闻发生后实施的CSR行为对其品牌形象具有修复效应，但修复效果受CSR行为持续性、CSR-丑闻关联度、CSR信息披露渠道的交互影响。如果不当的组合配置出现，CSR行为不仅不会修复品牌形象，还可能适得其反。

7.6 研究意义

7.6.1 理论意义

本章研究的理论贡献包含以下几个方面：

(1)本章研究在第3章、第4章的基础上，进一步验证丑闻后CSR行为特征对丑闻品牌形象的修复效应，从CSR行为持续性、CSR-丑闻关联度、CSR信息披露渠道三个特征出发，对丑闻品牌形象的修复进行验证，进一步拓展CSR理论和丑闻后消费者响应理论。

(2)已有研究成果在CSR-关联度方面，主要指向具有良好或中立声誉的企业，探究其所从事的社会事业与其品牌(或产品)之间的契合程度对消费者响应的影响。但关联关系的建立首先源自消费者对关联主体的识别，本章研究根据接近性-可诊断性理论和现有研究，创新性地提出 CSR-丑闻关联度变量，并通过实证验证该变量对消费者响应的影响，从而拓展学术界对 CSR 关联度的认知，并推动学术界对丑闻后 CSR 行为的相关研究。

(3) 本章研究验证了基于消费者获知的丑闻后 CSR 信息披露渠道对丑闻品牌形象的修复作用，信息来源对于消费者的 CSR 认知具有重要影响作用，通过区别企业官方与第三方媒体机构披露信息的差异，进一步拓展 S-O-R 理论在品牌丑闻事件管理中的运用。

7.6.2　实践意义

本章研究的实践意义包含以下几个方面。

(1) 在丑闻情境下，CSR 行为在信息传递过程中可以解构为 CSR 行为持续性、CSR-丑闻关联度、CSR 信息披露渠道三方面，且消费者对 CSR 行为的响应也主要依赖于这些特征，本章结论可以初步解释“为什么不同丑闻企业的 CSR 行为会引发不同的消费者反应”。

(2) 在消费者对 CSR 响应研究方面，尽管 Yoon 等(2006) 在研究污名企业的 CSR 与消费者响应时，已就 CSR 信息披露渠道做了相关研究，并得出了与本章研究相一致的结论，但本章研究对 CSR 信息披露渠道的选择是基于第 4 章的案例研究，且 CSR 信息披露渠道是 CSR 行为传递中包含的基本信息内容。根据本章研究结论，在丑闻发生后，企业无论开展何种 CSR 行为，引入第三方媒体披露相关信息都比企业自身宣传效果要好，这也直接指导企业可选择在丑闻发生后积极借助第三方媒体力量进行宣传。

(3) 相对于丑闻后企业突击性实施 CSR 行为，持续从事型 CSR 行为更有益于修复丑闻品牌形象，引发消费者的购买意愿。因此，企业实施 CSR 行为时，与其亡羊补牢，不如恪守本分，在平时的经营管理中注重 CSR 行为的实施，始终履行其应有的社会责任。

第8章　企业社会责任行为特征对丑闻品牌形象的修复作用机理研究

案 例 导 读

2017年7月26日，美国路易斯安那州一家麦当劳餐厅的实习生Nick将冰淇淋机零部件发霉的照片传至推特后，在全球范围内引发了轩然大波。在网络热议“冰淇淋机门”事件的第二天，麦当劳中国发表声明，称网传照片中的“零件是冰淇淋机的清洁滴漏盘”，“与奶浆完全隔离，完全没有接触食品的可能”，并表示该事件与麦当劳中国无关[①]。虽然剧情突然反转，消费者仍然会担忧麦当劳设备的清洁问题。无论麦当劳在“冰淇淋机门”中丑闻责任的真实情况是怎样的，消费者对品牌丑闻事件的关注与质疑都有可能对品牌形象造成伤害。丑闻发生之后，麦当劳迅速开展了危机公关，其快速反应有效地影响了媒体舆论[②]。除了危机应对策略之外，麦当劳同样在社会责任领域积极行动，如继续推进为异地医疗患儿和家人提供“家以外的家”的“麦当劳叔叔之家”、组织第四届倡导“运动+爱心”的“为爱麦跑”长跑活动等。

“麦当劳叔叔之家”是于1974年在美国成立的全球性公益项目，落地中国有两年的时间；而“为爱麦跑”活动则在中国成功举办了四届，2017年在16个城市举行，号召了超过4万个家庭通过跑步活动为“麦当劳叔叔之家”助力。两项CSR活动的历史背景在麦当劳官网都有详细介绍，而“为爱麦跑”活动则得到了门户新闻网站和上海、重庆、广州等本地媒体的热烈报道。在“冰淇淋机门”事件中，麦当劳的CSR行为特征是否对品牌形象修复产生积极效果？丑闻责任对消费者的品牌形象评价是否有影响？消费者如何看待CSR行为动机对品牌形象的修复效应是否产生作用？本章将采用实验法探索上述问题。

---

① 麦当劳冰淇淋机严重发霉？真相仍在调查[EB/OL]. [2017-7-28]. http://news.ifeng.com/a/20170728/51520855_0.shtml.

② 餐饮老板内参.老司机麦当劳的这次危机公关，又给我们上了一课[EB/OL]. [2017-8-17]. http://www.sohu.com/a/165413174_409230.

8.1　问 题 提 出

第 7 章研究发现，丑闻后 CSR 行为持续性、CSR-丑闻关联度、CSR 信息披露渠道可显著影响品牌形象的修复，但其内在机理还未得到揭示。品牌丑闻情境下，CSR 行为的实施动机更容易遭受消费者质疑，可能出现适得其反的效果(Bhattacharya and Sen，2004)。消费者是否将 CSR 行为视为企业试图掩饰或消除丑闻负面影响的故意行为，决定着消费者的响应方向及响应程度。本章将在第 7 章研究的基础上，基于归因理论，引入利他性归因和丑闻责任两个变量，并运用实验法检验利他性归因的中介作用和丑闻责任的调节作用，以探究丑闻后 CSR 行为特征对丑闻品牌形象的修复机理。具体步骤如下：①阐述归因理论和消费者 CSR 归因理论，并提出研究假设；②采用实验法，以真实丑闻材料为基础，设计出符合要求的刺激材料，检验利他性归因在丑闻后 CSR 行为特征对丑闻品牌形象修复效果影响的中介作用，以及丑闻责任的调节作用。

8.2　理 论 基 础

8.2.1　归因理论

归因就是人们对他人和自己行为及事件原因的知觉或推论(Kelley，1973)。20 世纪 50 年代以来，学者在社会心理学领域围绕归因做了大量研究，产生了被广泛接受的用来解释或预测人们态度和行为的理论观点(Fishbein and Ajzen，1975)，通常将该研究领域的代表性理论观点称为归因理论。

归因理论创始人 Heider(1958)最先从朴素心理学的角度研究了人类的归因现象，认为每一个人都是朴素的心理学家，都在不断地试图解释他人的行为。他还指出，个体行为主要受两类因素影响：内部因素(如人的能力、努力、人格、品质、动机、情绪等)和外部因素(如任务难度、运气、他人影响等)。人们也常常依据这两类因素对他人行为进行归因，将其归为内部原因或外部原因。然而，行为发生的原因具有多样性，且各种原因之间的作用关系较为复杂，甚至外部因素还会导致内部因素的改变，那么，观察者究竟如何做出归因呢？

Kelley(1973)指出，某一特定行为与导致该行为发生的原因之间总是存在内在、固定不变的协变关系，人们通常把那种与特定行为有着不变、内在联系的条件视为行为的原因。他认为，人们主要根据刺激、行动者、情境对行为进行归因判断，这三个因素构成了原因协变的基本骨架，且分别取决于行为的三种信息特征。①一致性，是指在相同刺激下其他人是否会与行动者表现出相同的反应。一致性越低，内部归因越明显。②区别性，是指面对相同的刺激行动者是否会表现出相同的反应。区别性越低，内部归因越明显。③一贯性，是指在不同情境下行动者是否均对该刺激做出相同反应。一贯性越高，内部归因越明显。在信息完备情况下，人们对行为结果的归因取决于三种信息特征各种组合的相对值；如果信息不完备，人们可能基于单方面的信息特征运用因果图式进行归因。总之，Kelley(1973)对人们的归因过程做了比较细致、严谨、合理的分析与解释。此外，Winer(1997)就人们对行为成败的原因分析做了深入研究，他认为，人们对行为成败的归因主要取决于控制点、稳定性、可控性。综上可知，归因是普遍的社会现象，个体每天都在进行归因。归因理论提供了解释人们行为过程的框架，对科学地解释、预测他人的态度和行为具有重要的指导意义。

8.2.2 消费者的企业社会责任归因

CSR 行为的真实动机比较复杂，可能源于企业家的道德良知而真正地关心他人，也可能是制度压力下的“服从”行为，或是出于市场竞争的需要而采取的资源获取行为。但对于企业而言，“真实”往往并不重要，关键在于消费者的感知。根据 Heider(1958)对人类归因现象的阐释，现实生活中的消费者也会根据信息线索对 CSR 行为动机做出归因判断。

学者普遍认为，消费者对 CSR 行为动机的归因主要表现为两方面：利己性归因和利他性归因(Forehand and Grier，2003)。也有学者将其称为利益驱动型和社会驱动型动机或内在与外在动机等(Du et al.，2007)。但在早期研究中，学者主要从单维视角来解释动机归因。例如，Drumwright(1996)指出，消费者对 CSR 动机的判断往往比较简单，要么归因于企业追逐经济利益，要么归因于企业真诚服务社会。随着研究的深入，学者发现，消费者对 CSR 动机的归因具有二重性，即消费者对 CSR 动机的归因并非单一的利己或利他，而是一种混合归因(Ellen et al.，2006)。Powpaka(2008)研究表明，企业履行社会责任时，消费者会根据自己的认知模型来推测企业隐含的行为动机，做出其动机是利他或利己的分析。大量实证研究也表明，在混合归因情况下，占据绝对优势的归因最终将决定人们的后续行为反应。例如，Becker-Olsen 等(2006)认为，企业在进行 CSR 活动时，消费者如果认为动机是利他的，就会增强对企业的偏爱和忠诚，进而产生购买意愿；反之，其对企业的偏爱和忠诚就会下降，甚至产生厌恶感。

8.3　研究假设

8.3.1　利他性归因的中介作用

归因理论认为，人们对其所观察事物的归因是其后续行为决策的依据。因此，消费者对 CSR 行为的动机归因必然会影响消费者的 CSR 行为响应。在已有的消费者对 CSR 行为响应研究中，学者针对那些具有良好或中立声誉的企业，通过大量实证研究证明了利他性归因越多，消费者对企业的品牌形象评价越高、产品购买意愿越强(Lii and Lee，2012)。丑闻情境下，消费者对 CSR 行为的响应可能会受丑闻影响，但消费者 CSR 归因与其行为反应之间的内在逻辑关系不会变化。一旦消费者在 CSR 归因中发现了更多利他成分，CSR 行为就能修复品牌形象，利他性归因是决定 CSR 行为修复品牌形象的重要前置变量。据此，本章研究提出如下假设。

H8-1：丑闻情境下，消费者对 CSR 行为的利他性归因与品牌形象修复效果正相关。

H8-1a：利他性归因越大，消费者对丑闻企业的品牌形象评价越积极。

H8-1b：利他性归因越大，消费者对丑闻企业的产品购买意愿越强。

消费者对 CSR 行为的归因判断始于对 CSR 行为信息的接受。因此，无论在何种情境下，CSR 行为所传递的信息特征都是影响 CSR 归因的重要线索。本章将着重围绕丑闻后 CSR 行为持续性、CSR-丑闻关联度、CSR 信息披露渠道三个信息线索进行分析。

根据 Kelley(1973)的一贯性归因原则可知，如果行动者在不同情境下面对同一刺激均会做出相同的行为反应，观察者会更多地进行内部归因。因此，如果消费者在解读丑闻后 CSR 行为信息内容时发现，企业在丑闻发生前已经开始从事该 CSR 行为(持续从事型 CSR 行为)，或者企业从事的社会事业领域与丑闻存在较低的关联度(CSR-丑闻低关联)，消费者更容易做出“该 CSR 行为并非是企业在丑闻情境下的专属行为”这一推断，进而会对 CSR 行为给予更多的利他性归因。除信息内容外，信息来源也会影响观察者对行动者的动机判断(Yoon et al.，2006)。如果消费者发现 CSR 行为是由企业自身主动报道的，而非第三方媒体机构公开报道，消费者更容易做出“企业是为了刻意掩饰或消除丑闻事件的负面影响”这一推断，进而会对 CSR 行为给予更多的利己性归因。据此，本章研究提出如下假设。

H8-2：在丑闻后 CSR 行为特征影响品牌形象修复效果的过程中，利他性归因充当中介变量。

H8-2a：在 CSR 行为持续性影响品牌形象修复效果的过程中，利他性归因充当中介变量。

H8-2b：在 CSR-丑闻关联度影响品牌形象修复效果的过程中，利他性归因充当中介变量。

H8-2c：在 CSR 信息披露渠道影响品牌形象修复效果的过程中，利他性归因充当中介变量。

8.3.2 丑闻责任的调节作用

丑闻发生也会引起消费者的责任归因，归因结果不仅影响消费者对丑闻企业的认知、态度和行为，还会影响丑闻后企业行为方式的选择及实施效果(方正等，2011)。在丑闻负面效应研究中，学者基于 Weiner(1980)的成败归因理论，从控制点、稳定性、可控性三方面对丑闻责任归因做了丰富的研究，并从消费者感知视角将丑闻责任界定为企业在丑闻中的过失程度，反映了消费者对丑闻责任归因的结果，即消费者认为企业应为丑闻承担多大责任(Coombs，2007)。

如果消费者在对品牌质量丑闻归因中发现，企业在丑闻中负有较大责任，消费者将会非常气愤，甚至可能质疑企业的伦理道德价值(崔保军和余伟萍，2015)。根据归因理论的共变原则和折扣原则，一旦消费者对企业的 CSR 观表示怀疑，消费者几乎不需要对企业后续 CSR 行为进行详细的信息解读，就会直接将其视为迫于社会的压力和自身利益的考虑，甚至直接做出企业“伪善”的认知判断(王静一和王海忠，2014)，进而致使 CSR 行为应有的效果大打折扣(卢东等，2010)。只有当对企业的怀疑较少时，消费者才会对 CSR 行为信息进行详细的解读，并进行更为复杂的归因判断，以便证明或推翻先前的预期判断，并根据归因结果做出相应的行为反应。基于以上分析，丑闻发生后，丑闻责任会在 CSR 行为特征对品牌形象的修复作用中起到调节效应，丑闻责任越大，CSR 行为特征对丑闻品牌形象的修复作用越不显著。据此，本章研究提出如下假设。

H8-3：丑闻责任越大，CSR 行为持续性对利他性归因(H8-3a)、品牌形象(H8-3b)、购买意愿(H8-3c)的影响越不显著。

H8-4：丑闻责任越大，CSR-丑闻关联度对利他性归因(H8-4a)、品牌形象(H8-4b)、购买意愿(H8-4c)的影响越不显著。

H8-5：丑闻责任越大，CSR 信息披露渠道对利他性归因(H8-5a)、品牌形象(H8-5b)、购买意愿(H8-5c)的影响越不显著。

基于以上假设，本章提出 CSR 行为特征修复丑闻品牌形象的作用机理模型(图 8.1)。

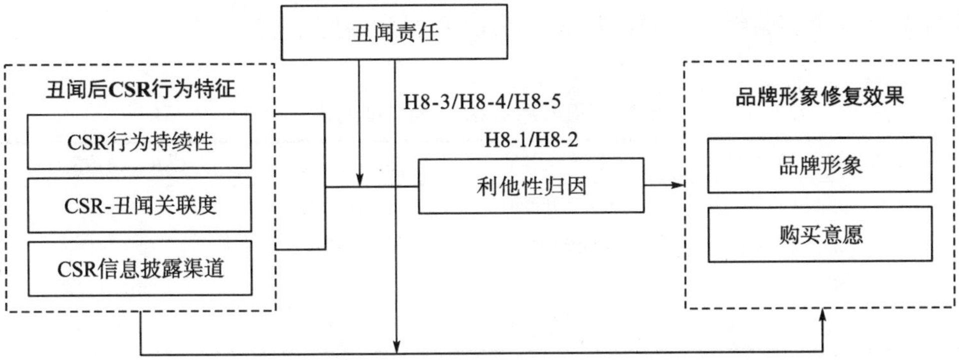

图 8.1　CSR 行为特征对丑闻品牌形象的修复作用机理模型

8.4　企业社会责任行为特征的品牌形象修复作用机理实验

8.4.1　研究方法

研究采用实验法，其理由如下：①第 7 章对 CSR 行为的品牌形象修复效应的检验采用的是准实验法，该方法在内外部效度方面的优缺点与实验法恰恰相反。本章运用实验法对上述问题的二次检验，可以保证研究结论的稳定性。②本章的调节变量为丑闻责任，在研究过程中需要对丑闻情境进行操控设计，不符合准实验法的研究情况。

8.4.2　实验组设计

本章研究包含 3 个自变量和 1 个调节变量，如果采用组间设计，至少需要 16 个实验组，实验过程较为复杂。由于本章研究不探讨 3 个自变量的交互作用，因此参考 Smith 等(1999)的方法进行混合实验设计。在实验组设计中，首先根据品牌丑闻责任的高低设计两个情境。其次，对 CSR 行为持续性、CSR-丑闻关联度、CSR 信息披露渠道 3 个自变量进行正交设计。3 个变量均为 2 个水平，可采用标准正交表 $L_4(2^3)$ 的构造组合进行设计，即生成 4 个正交组合，在 4 个组合中，3 个变量单个水平出现次数相同，且任何 2 个变量下任一水平组合出现的次数也相等。最后，按照 2(丑闻责任：高/低)×4(CSR 行为特征的正交组合)方式进行组间设计，共 8 个实验组，同时添加 2 个无 CSR 行为参照组(表 8.1)。

表 8.1 丑闻后 CSR 行为特征的正交设计

CSR 行为特征的正交组合	CSR 行为持续性	CSR-丑闻关联度	CSR 信息披露渠道
组合 1	首次开展型	高关联	企业官方
组合 2	持续从事型	高关联	第三方媒体
组合 3	首次开展型	低关联	第三方媒体
组合 4	持续从事性	低关联	企业官方

8.4.3 刺激物设计

1.品类选择

电子数码产品是大学生较为熟悉且品牌丑闻研究较常采用的产品刺激物。另外，与第 5 章选用的食品行业相比，消费者对电子数码行业的整体信任水平更高，可排除行业固有特性的干扰。据《人人网：2014 年中国大学生入学情况调查报告》显示，笔记本电脑、智能手机已成为大学新生最倾向于购买的电子数码产品。考虑到手机的使用寿命要远低于笔记本电脑，智能手机的重购行为在大学期间更容易发生，手机更适合本章研究。同时，为了排除测试对象消费经验或手机品牌差异对实验的干扰，实验材料采用虚拟品牌 A 进行设计。

2.企业背景信息

方正等(2010)的研究表明，企业声誉会调节丑闻后企业响应行为对品牌资产的影响。因此，材料设计中需要对企业声誉进行操控。通过对 5 个手机企业背景材料的重新组合，剔除可能导致声誉好、坏判断的文字，尽可能将企业声誉稳定在一个中等水平。

3.品牌丑闻刺激物

以 2013 年 12 月 28 日网易新闻刊登的“苹果手机自燃”事件为原型，组合多家媒体报道，分别设计丑闻责任大、小两个实验材料。其中，在丑闻责任(大)事件中，声称“手机自燃系 A 企业采用了不达标的锂电池所致，而锂电池供应商是 A 企业的附属子公司，但截至目前，A 企业尚未就此事做出任何公开声明”；在丑闻责任(小)事件中，声称“手机自燃一般是由于锂电池遇热所致，但 A 公司的锂电池经权威机构检测均符合标准，事件发生后 A 公司已发表声明，并表示将配合相关部门彻查此事”。

4.企业社会责任行为刺激物

以现实中多家企业的相关 CSR 行为为素材，选择捐赠作为刺激物中的主要 CSR 行为方式，并通过对捐赠背景、捐赠对象、信息源的描述设计，实现对 CSR 行为持续性、CSR-丑闻关联度、CSR 信息披露渠道三个变量的操控，最终形成四个 CSR 行为刺激材料。其中，CSR 行为持续性突出本次捐赠是首次捐赠还是继续捐赠，在持续从事型 CSR 行为刺激材料中强调：本次捐赠前，企业已连续多年向该类对象进行捐赠，而在首次开展型 CSR 行为刺激材料中则强调首次捐赠；CSR-丑闻关联度则以捐赠对象是否与手机电池相关进行设计，高关联选择手机电池科研机构为捐赠对象，低关联选择“大学生”为捐赠对象；CSR 信息披露渠道则突出信息报道的来源是企业自身还是第三方媒体。根据前期对 CSR 行为特征的正交设计结果，设计相应的四组 CSR 行为刺激材料。

8.4.4　变量测量

对中介变量利他性归因的测量，基于 Becker-Olsen 等(2006)的量表，从利他性归因视角展开研究，共设计 3 个题项：①追求个体利益-追求社区利益；②关注公司本身-关注社会上的利益相关者；③以公司利润为动机-以改善社会为动机。丑闻责任测量参考王志良(2012)的研究，设计 3 个题项：①丑闻发生是 A 企业内部因素造成；②丑闻原因在 A 企业长期存在；③A 企业本可以控制丑闻的发生。对自变量、因变量的测量与第 7 章相同。同时，为了排除企业声誉对实验结果可能产生的潜在影响，参考方正等(2010)的研究，设计 1 个题项：您觉得 A 企业在消费者心中的声誉如何？以此，实验操控的有效性得到保障。

8.4.5　实验流程

实验在某高校商学院实验室进行，测试对象为大三学生。实验程序有以下四个阶段：①让测试对象阅读丑闻企业基本信息，并请测试对象对企业声誉进行评价(用于操控检验)；②请测试对象阅读品牌丑闻信息，并对丑闻责任进行评价(用于假设检验)；③请测试对象阅读 CSR 行为信息，并对 CSR 行为持续性、CSR-丑闻关联度和 CSR 信息披露渠道(用于操控检验)及利他性归因、品牌形象和购买意愿进行评价(用于假设检验)，另外，控制组测试对象不需要阅读 CSR 行为信息，在第二阶段完成后直接评价品牌形象和购买意愿；④请测试对象填写个人信息，告知测试对象材料中相关信息并非真实，仅是出于研究需要的虚拟设计，并阐述研究目的。

8.5 利他性归因的中介作用与丑闻责任的调节作用

8.5.1 样本概况

本次实验共由 8 个实验组、2 个参照组构成，每组设计 30 份问卷。实际发放 292 份问卷，剔除缺失项过多(缺失项大于 3)、随意填答问卷(连续 5 个题项打分相同)45 份，得到 247 份有效问卷。有效问卷和无效问卷的性别与年龄没有显著差异，不存在无回应偏差(non-response bias)。

8.5.2 操控检验

(1)企业声誉。方差分析结果显示，10 组测试对象对企业声誉的评价无显著性差异(均值为 3.94～4.68，F=0.537，p=0.806>0.05)，排除企业声誉可能给本章研究带来的影响。

(2)丑闻责任。对于接受丑闻责任大小刺激物的测试对象，他们对丑闻责任的判断存在显著差异($M_{小}$=4.78，$M_{大}$=6.39，F=167.207，p=0.000<0.05)。对于接受丑闻责任(大)刺激物的 5 个实验组，他们对丑闻责任的评价无显著差异(均值为 6.27～6.59，F=1.026，p=0.384>0.05)。对于丑闻责任(小)刺激物的 5 个实验组，他们对丑闻责任的评价也无显著差异(均值为 4.57～4.98，F=0.873，p=0.457>0.05)。以上分析表明，丑闻责任的组间差异性、组内同质性被成功操控。

8.5.3 信度效度检验

本章研究对相关变量的测量均基于成熟测量量表，并结合刺激物内容，经过专家讨论、预测试等对题项表述进行描述设计，因此具有较高的信度和效度，具体结果见表 8.2。

表 8.2　信度、效度检验

变量名称	题项数量	因子载荷	Cronbach's α 值	平均变异抽取量	组合信度
丑闻责任	3	0.961、0.938、0.945	0.943	0.899	0.963
利他性归因	3	0.942、0.923、0.940	0.928	0.874	0.954
品牌形象	5	0.950、0.940、0.938、0.934、0.951	0.968	0.889	0.976

结果显示：各测量变量的 Cronbach's α 值均在可接受水平。验证性因子分析显示，各个潜变量所包含题项的因子载荷系数、平均变异抽取量、组合信度等指标数据均在可接受水平之上，说明测量变量的信度和内在结构拟合情况(收敛效度)良好，测量题项作为潜变量的衡量指标合理，可以继续开展假设检验。

8.5.4　假设检验

在对假设进行正式验证分析前，需对 CSR 行为的品牌形象修复效用、不同 CSR 行为特征对因变量的作用关系进行检验。具体分析检验过程如下。

1.企业社会责任行为特征对丑闻品牌形象的修复效用

不考虑丑闻责任的差异，根据 CSR 行为刺激物差异，将上述 8 个实验组合并为 4 组，按照设计顺序分别命名为实验组 E1、E2、E3、E4，将 2 个参照组合并为 1 组，并将其命名为 E0。针对合并后的数据库，运用单因素方差分析不同组的测试对象对品牌形象、购买意愿的差异，结果见表 8.3。

表 8.3　CSR 行为特征对丑闻品牌的形象修复效果检验

因变量	参照组(I)	实验组(J)	均值差(I–J)	显著性
品牌形象	N=50；M=3.12	E1(N=47；M=3.34)	−0.22	0.787
		E2(N=51；M=4.23)	−1.11	0.000
		E3(N=46；M=4.19)	−1.07	0.000
		E4(N=51；M=4.36)	−1.24	0.000
购买意愿	N=50；M=2.64	E1(N=47；M=2.89)	−0.25	0.709
		E2(N=51；M=3.78)	−1.14	0.000
		E3(N=46；M=3.74)	−1.10	0.001
		E4(N=51；M=3.86)	−1.24	0.000

由表 8.3 可知，接受第一个 CSR 材料刺激的实验组(E1)与参照组(E0)的测试对象对品牌形象、购买意愿的评价无显著性差异；而接受其他 CSR 材料刺激的测试对象(E2、E3、E4)对品牌形象、购买意愿的评价均显著高于参照组(E0)。这一结果表明，CSR 行为特征影响了 CSR 行为对丑闻品牌形象的修复效果。

2.企业社会责任行为特征对品牌形象修复效果的影响

本章研究中的 CSR 行为持续性、CSR-丑闻关联度、CSR 信息披露渠道三个自变量均包含两个水平的类别变量，在后续的分析过程中，均需对其进行中心化处理，即通过赋值将类别变量转换为相应的虚拟变量，具体方法与第 7 章相同。剔除参照组数据，分别将 CSR 行为持续性、CSR-丑闻关联度、CSR 信息披露渠道作为自变量，将品牌形象、购买意愿作为因变量，进行单因素方差分析。结果显示：CSR 行为持续性不同、CSR-丑闻关联度不同、CSR 信息披露渠道不同，对焦点企业的品牌形象评价、购买意愿存在显著差异，具体见表 8.4。

表 8.4 单因素方差分析结果

因变量	自变量	均值	均值差(I-J)	*F* 值	显著性
品牌形象	CSR 行为持续性	首次开展型(I)：*N*=94，*M*=3.78 持续从事型(J)：*N*=101，*M*=4.28	−0.50	10.988	0.001
	CSR-丑闻关联度	高关联(I)：*N*=98，*M*=3.80 低关联(J)：*N*=97，*M*=4.28	−0.48	9.837	0.002
	CSR 信息披露渠道	企业(I)：*N*=98，*M*=3.87 第三方(J)：*N*=97，*M*=4.21	−0.44	4.797	0.030
购买意愿	CSR 行为持续性	首次开展型(I)：*N*=94，*M*=3.33 持续从事型(J)：*N*=101，*M*=3.81	−0.48	9.918	0.002
	CSR-丑闻关联度	高关联(I)：*N*=98，*M*=3.36 低关联(J)：*N*=97，*M*=3.80	−0.44	8.476	0.004
	CSR 信息披露渠道	企业(I)：*N*=98，*M*=3.40 第三方(J)：*N*=97，*M*=3.76	−0.36	5.568	0.019

进一步将三个自变量带入对因变量(品牌形象、购买意愿)的回归模型中，回归系数均显著，见表 8.5。

表 8.5　CSR 行为特征对丑闻品牌形象的回归结果

模型	品牌形象			购买意愿		
	β	t	Sig.	β	t	Sig.
常数		22.657	0.000		19.390	0.000
CSR 行为持续性	0.231	3.416	0.001	0.219	3.235	0.001
CSR-丑闻关联度	0.229	3.386	0.001	0.214	3.155	0.002
CSR 信息披露渠道	0.163	2.407	0.017	0.174	2.562	0.011

注：三个自变量对因变量的回归系数之所以全部为正值，与前文的赋值相关

由表 8.5 可知，在 CSR 行为修复丑闻品牌形象的过程中，修复效果受 CSR 行为持续性、CSR-丑闻关联度、CSR 信息披露渠道三个行为特征的影响：相对于首次开展型，持续从事型 CSR 行为对品牌形象、购买意愿的修复作用更强；CSR-丑闻关联度越低，CSR 行为对丑闻品牌形象的修复效果越高；相对于企业官方主动披露 CSR 行为信息，由第三方媒体公开报道的 CSR 行为信息对品牌形象修复效果更好。此外，本章研究进一步验证了品牌形象与购买意愿之间的关系，即品牌形象正向影响消费者的购买意愿(β=0.985，t=89.622，p=0.000<0.05)。综上可知，本章研究运用实验法得出了与第 5 章研究相似的结论，不仅验证了主效应的存在，而且表明上述结论具有良好的内部效度和外部效度。

3.利他性归因的中介作用

首先，以利他性归因为自变量，分别以品牌形象、购买意愿为因变量进行回归分析，结果显示：消费者对 CSR 行为的利他性归因正向影响其对品牌形象(β=0.941，t=38.461，p=0.000<0.05)、购买意愿(β=0.922，t=33.113，p=0.000<0.05)的评价，H8-1 得到验证。

依据 Wen 等(2005)对中介效应分析方法的阐释，检验利他性归因在 CSR 行为特征与品牌形象修复效果之间是否存在中介作用，需要建立三个回归方程。表 8.5 的分析结果已经说明，自变量与因变量之间存在显著相关关系，因此，只需要继续对自变量与中介变量，以及自变量、中介变量与因变量之间的相关关系进行回归分析。

由表 8.6 可以看出，反映 CSR 行为特征的三个变量对利他性归因的回归系数均显著，且在引入利他性归因变量之后，三个自变量对因变量的回归系数均不显著，说明利他性归因在 CSR 行为特征影响品牌形象修复效果的过程中，充当了完全中介变量。H8-2 得到验证。

表 8.6 利他性归因的中介作用检验

模型	利他性归因			品牌形象			购买意愿		
	β	t	Sig.	β	t	Sig.	β	t	Sig.
常数		30.213	0.000		−6.330	0.000		−8.252	0.000
CSR 行为持续性	0.227	3.337	0.001	0.021	0.817	0.415	0.013	0.453	0.651
CSR-丑闻关联度	0.213	3.131	0.002	0.032	1.256	0.211	0.020	0.711	0.478
CSR 信息披露渠道	0.150	2.206	0.029	−0.024	0.955	0.341	−0.037	1.321	0.188
利他性归因				0.926	35.566	0.000	0.910	30.633	0.000

4.丑闻责任的调节作用分析

检验丑闻责任的调节作用，首先需要分析丑闻责任与三个自变量的相关性关系。结果表明：CSR 行为持续性与丑闻责任(r=0.023<0.040，p=0.768>0.05)、CSR-丑闻关联度与丑闻责任(r=−0.033<0.040，p=0.677>0.05)、CSR 信息披露渠道与丑闻责任(r=0.016<0.040，p=0.843>0.05)的相关系数均未达到显著水平，符合调节变量的分析前提。此外，丑闻责任负向影响测试对象后续的品牌形象评价(β=−0.789，t=−16.189，p=0.000<0.05)和购买意愿(β=−0.771，t=−15.252，p=0.000<0.05)。此结论表明，在 CSR 行为修复品牌形象的过程中，丑闻责任确实产生了潜在影响。丑闻责任的调节作用分析结果见表 8.7。

表 8.7 丑闻责任的调节作用分析

调节变量	自变量	利他性归因			品牌形象(因变量)			购买意愿(因变量)		
		均值	F 值	Sig.	均值	F 值	Sig.	均值	F 值	Sig.
丑闻责任(小)	CSR 行为持续性 N_1=48；N_0=50	M_1=5.16 M_0=5.86	32.310	0.000	M_1=4.48 M_0=5.25	34.822	0.000	M_1=4.00 M_0=4.78	32.085	0.000
	CSR-丑闻关联度 N_1=48；N_0=50	M_1=5.22 M_0=5.79	19.713	0.000	M_1=4.54 M_0=5.20	22.942	0.000	M_1=4.10 M_0=4.68	15.179	0.000
	CSR 信息披露渠道 N_1=49；N_0=49	M_1=5.28 M_0=5.75	12.434	0.001	M_1=4.06 M_0=5.15	14.703	0.000	M_1=4.10 M_0=4.69	16.186	0.000
丑闻责任(大)	CSR 行为持续性 N_1=51；N_0=46	M_1=3.90 M_0=4.16	3.901	0.051	M_1=3.05 M_0=3.33	5.421	0.022	M_1=2.63 M_0=2.86	3.199	0.077
	CSR-丑闻关联度 N_1=50；N_0=47	M_1=3.96 M_0=4.13	1.644	0.203	M_1=3.10 M_0=3.30	2.874	0.093	M_1=2.64 M_0=2.87	3.206	0.077
	CSR 信息披露渠道 N_1=49；N_0=48	M_1=4.00 M_0=4.09	0.447	0.505	M_1=3.14 M_0=3.25	0.788	0.377	M_1=2.69 M_0=2.81	0.816	0.369

由表 8.7 可知，在 CSR 行为持续性直接影响利他性归因、间接影响品牌形象和购买意愿的过程中，丑闻责任具有调节作用。但当丑闻责任较大时，消费者对首次开展型和持续从事型 CSR 行为的认知反应无差异并不完全成立(如当因变量为品牌形象时，$p=0.022<0.05$)，即 H8-3 得到部分验证。而对于 CSR–丑闻关联度、CSR 信息披露渠道而言，在这两个自变量直接影响利他性归因、间接影响品牌形象和购买意愿的过程中，丑闻责任不仅具有调节作用，而且当丑闻责任较大时，消费者对 CSR–丑闻关联度、CSR 信息披露渠道两个变量的认知反应均无显著差异，因此，H8-4、H8-5 得到充分验证。

从表 8.7 也可看出，就单个自变量而言，因变量无论是品牌形象还是购买意愿，抑或是利他性归因，丑闻责任的调节作用方向是一致的。因此，为了更加直观地展现丑闻责任的调节作用，研究选择品牌形象为例，绘制出丑闻责任的调节作用示意图，如图 8.2～图 8.4 所示。

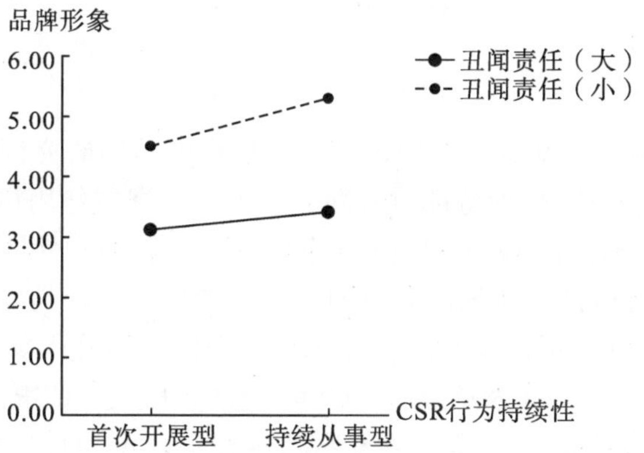

图 8.2　丑闻责任在 CSR 行为持续性影响丑闻品牌形象中的调节作用

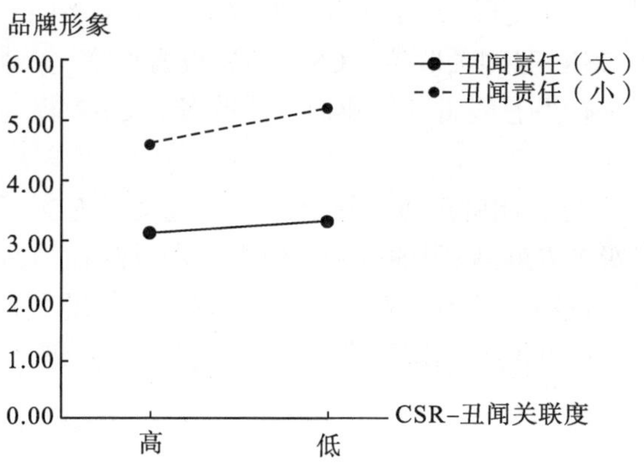

图 8.3　丑闻责任在 CSR–丑闻关联度影响丑闻品牌形象中的调节作用

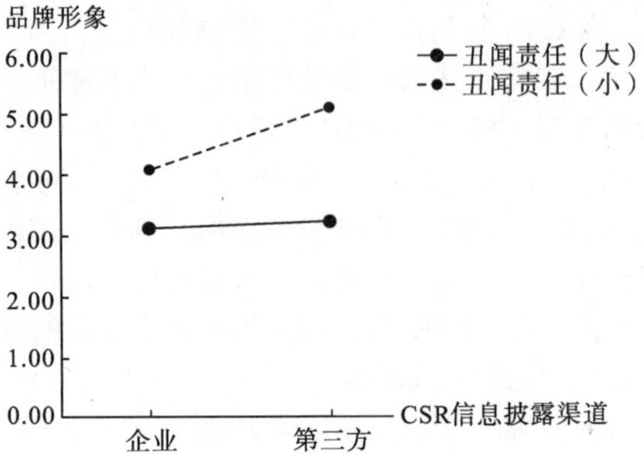

图 8.4 丑闻责任在 CSR 信息披露渠道影响丑闻品牌形象中的调节作用

8.6 研究结论

本章以归因理论为基础，在理论演绎的过程中提出研究假设，并通过实证检验，分析了丑闻后 CSR 行为特征对丑闻品牌形象的修复作用机理，即消费者的利他性归因是决定 CSR 行为修复品牌形象的关键，且影响利他性归因的因素不仅有 CSR 行为特征，还有消费者先前对丑闻事件的责任归因。具体结论如下。

(1) 丑闻发生后，利他性归因在 CSR 行为修复品牌形象的过程中起中介作用。研究发现，在 CSR 行为持续性、CSR-丑闻关联度、CSR 信息披露渠道影响消费者的品牌形象评价、产品购买意愿的过程中，利他性归因充当了完全中介变量。

(2) 在消费者对丑闻企业的 CSR 行为特征进行利他性归因的过程中，丑闻责任充当了调节变量。研究发现，当丑闻责任较大时，对于不同的 CSR 行为特征(如 CSR 行为持续性、CSR-丑闻关联度、CSR 信息披露渠道)，消费者的利他性归因并无显著差异；而只有当丑闻责任较小时，消费者对 CSR 行为特征的利他性归因差异才可以体现出来。

(3) 在 CSR 行为修复品牌形象的过程中，丑闻责任充当了调节变量。研究发现，丑闻责任对消费者 CSR 归因的影响，会进一步反映在消费者对企业的认知行为反应上，即丑闻责任不仅调节消费者对 CSR 行为特征的利他性归因，还调节消费者对 CSR 行为特征的响应(品牌形象评价、产品购买意愿)。

8.7　研究意义

8.7.1　理论意义

本章在理论上验证了丑闻后 CSR 行为持续性、CSR-丑闻关联度和 CSR 信息披露渠道对消费者的品牌形象和购买意愿的主效应，并对利他性归因的中介作用、丑闻责任的调节作用做了实证分析，其理论意义包含以下几个方面：

(1) 验证了利他性归因的中介作用，揭示了消费者 CSR 响应的内在机理，拓展了 CSR 品牌形象修复理论。

(2) 以往的研究中，虽然学者对消费者的丑闻归因过程进行了研究，但较少涉及丑闻责任在品牌修复中的作用。本章研究基于归因理论，将丑闻责任视为一个重要的外部情境线索，通过实验研究发现，消费者对丑闻事件的责任归因负向影响消费者对企业后续 CSR 行为的归因。这一发现不仅让归因理论更加具体化，同时也进一步明确阐释了企业在丑闻后的 CSR 行为更容易遭受消费者质疑的原因，丰富了归因理论和消费者 CSR 响应理论。

8.7.2　实践意义

企业在丑闻后的策略重点是重塑市场形象，改善消费者认知是其中的关键因素，系统、科学的策略体系是企业修复丑闻品牌形象的有力工具。因此，本章研究对于企业实践具有以下启示。

(1) 企业应积极引导消费者的利他性归因。研究表明，在丑闻情境下，CSR 行为能否修复品牌形象，仍然取决于消费者的 CSR 归因。利他性归因越多，CSR 行为对品牌形象的修复作用越明显。该发现与非丑闻情境下的相关研究结论一致(卢东等，2010)。

(2) 企业应科学有效地实施 CSR 沟通。大量研究表明，消费者对丑闻事件的责任归因是影响丑闻负面效应的主要因素，且归因结果会影响消费者对企业后续行为的认知判断和行为反应(王晓玉和晁钢令，2009)。本章进一步发现，消费者感知丑闻责任越大，CSR 行为对品牌形象的修复效价越小，且 CSR 行为的特征差异(如 CSR 行为持续性、CSR-丑闻关联度、CSR 信息披露渠道)对消费者的品牌形象和购买意愿的作用差异也越不显著。因此，丑闻情境下，丑闻责任是企业进行及时响应策略必须考虑的因素，企业应该科学、有效地与消费者进行沟通，降低和消除消费者的丑闻责任感知。

(3)企业应有效呈现CSR行为信息。本章研究在分析丑闻责任在CSR行为持续性影响品牌形象过程中的调节作用时发现，即便在丑闻责任较大时，消费者对不同CSR行为持续性的认知反应仍会表现出一定的差异。而这一现象在CSR-丑闻关联度、CSR信息披露渠道等变量中却不存在，据此可以得出，CSR行为持续性具有较强的“抗质疑”属性。现实观察发现，并非所有企业在丑闻前都曾积极开展过CSR活动，当没有这些历史案例信息作为参照时，企业也可将行业内其他企业的社会责任表现作为参照点，通过主动展示行业CSR基准信息，呈现企业在本次活动中的积极程度、努力程度或者独特之处，影响消费者对CSR行为的认知评价，提升CSR沟通效果，进而修复受损的品牌形象。

第9章　企业社会责任行为与质量改进行为的丑闻品牌形象修复整合研究

案例导读

2015年11月16日，国务院法制办公室就《快递条例(征求意见稿)》公开征求意见，拟对快递企业及其作业人员在处理快件时以抛扔、踩踏或其他危害快件安全的方法处以最高5万元的罚款[①]。然而两年过去了，快递暴力分拣仍然频繁见诸报端，中国消费者协会对10家快递公司的暗访显示，暴力分拣仍存在[②]。2017年“双11”期间，江苏盐城韵达快递“踢飞包裹”的视频在网络上流传，让广大消费者惊出一身冷汗[③]。韵达公司回应称，视频中的员工不满“双11”加班，自导自演，恶意拍摄视频发泄情绪，公司已经报警追责，当地邮政管理局已开始对涉事企业展开立案调查[④]。

韵达速递是我国知名的快递公司，于2017年1月在深交所挂牌上市，以“成为受人尊敬、值得信赖、服务更好的一流快递公司”为己任。暴力分拣丑闻被曝光之后，韵达官网虽然没有正式回应，但仍然通过形式多样的举措努力树立正面品牌形象：韵达总部派出各级员工前往一线网点，为客户提供揽派服务；召开2017年全国网络管理会议，提出了“抓建设、控品质、提服务、赢市场”的工作思路；在上海召开2017年“双11”总结、“双12”备战会议，要求进一步提高2017年旺季保障服务水平。其后，韵达还参与了新浪四川“暖冬行动”运输爱心物资、参与壹基金温暖包暖冬行动、开展“爱的魔法，融化冰花”冬衣定向捐活动等，用社会责任行动为品牌形象增光。对于丑闻企业而言，质量改进行为对修复品牌

① 中华人民共和国商务部.国务院法制办公室关于《快递条例(征求意见稿)》公开征求意见的通知[EB/OL]. [2016-1-8]. http://www.mofcom.gov.cn/article/b/g/201601/20160101230030.shtml.

② 中消协暗访10家快递公司 暴力分拣、野蛮拆卸仍存在[EB/OL]. [2017-6-8]. http://tech.qq.com/a/20170608/022571.htm.

③ 网曝盐城快递暴力分拣 调查：韵达员工自导自演[EB/OL]. [2017-11-13]. http://js.people.com.cn/n2/2017/1113/c360303-30913637.html.

④ 暴力分拣折射行业漏洞 快递需向精细化发展[EB/OL]. [2017-11-20]. http://www.sohu.com/a/205408138_393779.

形象是否有益？在修复过程中，质量改进行为和CSR行为之间存在什么样的相互关系？CSR 行为特征和消费者对 CSR 行为动机的归因又会产生什么样的影响？本章将继续探讨上述问题。

9.1 问题提出

捐赠、赞助和事业关联营销是三种典型的CSR行为，在第3章和第4章中也得到了现实证据的验证。第 7 章～第 8 章对丑闻品牌的 CSR 行为特征(CSR行为持续性、CSR-丑闻关联度、CSR 信息披露渠道)修复丑闻品牌形象的效应与机理进行了逻辑推演与假设检验，证实了丑闻后 CSR 行为有效性的作用边界、条件和机理。然而，丑闻发生后，CSR 行为并非企业唯一的响应策略，尤其是在产品性能型丑闻情境下，企业往往围绕产品质量改进做出应急管理措施，如改进产品缺陷、增强产品功能等质量改进行为(董亚妮等，2009)，这一论点也在第 4 章中得到验证。质量改进行为是企业“避免做坏事”的典型代表，可以有效提升消费者的感知质量。感知质量是消费者对产品或服务整体优良性的判断，也是影响消费者行为意向的重要决定因素(Parasuraman et al.，1988)。根据线索利用理论，消费者会利用线索作为判断产品质量的工具。丑闻后的缺陷改进和价值增强策略改变了产品的原有特性，并给消费者提供了积极的外部线索。Cleeren 等(2013)认为，发生产品丑闻后的最佳策略是建立一整套完善的商业程序和监督机制，以避免危机的重复发生；次优方案是当所有事前工作不起作用且产品危机危及顾客健康或福利时，选择合适的反应方式。因此，产品丑闻及其应对方式是一种信号机制，只有企业应对得当，并将应对策略通过合适的方式传递给消费者，才能从根本上消除消费者的风险感知，提升消费者对企业的形象感知(Dawar and Pillutla，2000)。CSR 行为对品牌形象的修复作用不仅受丑闻属性影响，还受丑闻后企业其他行为的影响。由此可推断，质量改进行为也会对品牌形象产生一定的修复作用。

本章将基于企业联想理论和双因素理论，将丑闻后企业的质量改进行为视为保健因素，将 CSR 行为视为激励因素，通过分析两种行为的交互作用，探讨 CSR 行为对丑闻品牌形象的修复作用。本章还将质量改进行为作为丑闻发生后“其他 CSR 行为”，检验其对丑闻品牌形象修复的效果，以及其对 CSR 行为特征与品牌形象之间修复关系的影响。

9.2 理论基础

9.2.1 企业联想理论

企业联想理论最早可追溯到学者对品牌形象属性构成的研究。Keller(1993)指出，品牌形象是消费者关于品牌感知的网络式记忆联想，从总体上看，这一联想结构主要包括产品相关属性(product-related attributes)和产品不相关属性(non-product-related attributes)。Aaker 和 Biel(1993)指出，品牌形象可以通过产品或服务提供者、使用者、产品/服务三个形象要素得以体现，每个形象要素都由“硬”属性和“软”属性两方面联想组成，前者强调消费者对品牌有形的或功能性属性的认知，后者强调消费者对品牌的情感利益。焦璇等(2004)认为，品牌形象包含了功能因素(产品功能、消费体验和价格性能比)和“意义”因素(象征意义、广告宣传、市场导向、品牌亲和力和品牌档次)。学者从消费者认知视角研究了品牌形象的属性构成，对把握消费者的企业联想结构提供了重要的理论指导。

随着学者对 CSR 行为与消费者响应关系的关注，Brown 和 Dacin(1997)指出，消费者对企业的整体认知、推断、情感、信念等，可用企业联想(corporate association)表示，其内容包含 CAA 和 CSRA，前者主要与企业提供优质产品(或服务)的能力相关，后者与企业响应其所感知到的社会义务相关。与此相对应，企业也总是基于这两种联想进行相应的战略定位选择，并开展管理活动。谢毅和彭泗清(2009)将企业公开信息分为两种：关于 CAA 的公开信息和关于 CSRA 的公开信息。关于 CAA 的公开信息向公众传递企业在产品质量、专业技术、研发能力、制造水平、管理能力、行业中领先性等方面的信息；而关于 CSRA 的公开信息则关注企业在保护和提高员工与客户利益、社会整体福利方面所采取的行动和努力，如企业在环保、救助弱势群体、保证员工利益等方面的信息。

学者还基于企业联想理论，深入研究了消费者的两种联想(或企业两种行为及行为信息)与消费者响应的关系。研究发现，企业能力和 CSR 都会引起消费者的响应，但两者的作用路径存在差异(Brown and Dacin，1997)。例如，Klein 和 Dawar(2004)认为，CSRA 对消费者品牌态度及购买意愿具有较强影响。田阳等(2009)研究发现，与企业能力不同，CSR 更多从情感角度影响消费者信任，企业能力偏重于影响消费者的可信性判断，而 CSR 偏重于影响消费者的善意感知。刘凤军和李辉(2014)研究发现，CAA 主要通过消费者认知信任和消费者计算承诺对消费者品牌态度产生影响；CSRA 主要通过消费者情感信任和消费者情感承诺对消费者品牌态度产生影响。余伟萍和谭娟(2010)发现，企业能力对品牌信任的可靠性维度作用更大，而CSR对品牌信任意向性的作用更大，更侧重于消费者情感、心理上的认同，层次更高。Xie和Peng(2009)从企业可信性评价的三个维度(能力、正直、善意)做了更具体的研究，结果表明，消费者的CAA主要通过影响消费者的企业能力可信性评价，进而影响消费者信任；而消费者的CSRA则主要通过影响消费者的企业善意可信性评价，进而影响消费者信任。Liu和Li(2011)聚焦服务行业，得出了类似结论，即企业的CSR行为信息主要通过影响消费者的品牌认同，进而影响其品牌忠诚；而企业的服务质量信息则主要通过影响消费者满意度，进而影响其品牌忠诚度。

9.2.2 双因素理论

双因素理论(two factor theory)也被称为“激励-保健因素理论”(hygiene-motivational factors)，是由美国行为科学家Frederick Herzberg于1959年提出的(Herzberg et al.，1959)。他以《圣经》故事为引例，将人类在工作中的需求归纳为“作为动物避开和免除痛苦的需求”和“作为人类在精神上不断发展、成长的需求”。为了验证此假说，Herzberg与其同伴在当时号称“世界钢都”的工业城市匹兹堡做了深入调查，整个调查涉及多个行业的200多名工程师、会计师等。Herzberg通过分析调查数据发现，导致员工对工作满意和不满意的因素往往不是同一因素。例如，工作成就(achievement)、工作认可和赞赏(recognition)、工作本身魅力(work itself)、工作责任感(responsibility)、因工作取得的进步(personal growth)等因素的改善能够提高员工的满意度，但缺少这些因素也不会导致员工产生不满意感；而管理制度(company policies)、上司监督(supervisors)、工资待遇(pay and security)、人际关系(interpersonal relationships)、工作条件(working conditions)等因素的改善，并不能真正地提高员工的满意度，但如果不改善则会导致员工产生不满情绪。

Herzberg基于以上发现提出了双因素理论，该理论认为，在个人对事物的评价中，满意(satisfied)和不满意(dissatisfied)不是一个渐变维度的两极，而是两个不同的维度；满意的对立面是“没有满意”，不满意的对立面是“没有不满意”。影响个体满意结果评价的因素被统称为激励因素(motivation factors)，而影响个体不满意结果评价的因素则可被称为保健因素(hygiene factors)。两类因素的交互作用体现了层级式的信息处理过程，如果保健因素没有达到期望标准，无论激励因素水平如何，人都会做出负面评价；而只有当保健因素达到期望水平时，激励因素才能对评价结果起到促进作用。

Herzberg的双因素理论看似是对员工工作满意问题的解释，其本质却是行为管理方法论，可被应用于管理领域。在营销实践中，学者常运用该理论分析解释企业营销与消费者响应问题，如产品属性对消费者满意度的影响(Maddox，1981)、新产品广告信息重复披露对消费者态度的影响(Rethans et al.，1986)等。在企业的CSR行为与消费者响应领域，王颖(2013)将双因素理论引入CSR概念框架中，区分了积极、消极的企业社会责任行为。王建明(2015)在双因素理论启发下，研究了消费者的环境情感与消费者碳减排行为之间的关系。

9.3 研究假设

基于企业联想理论和双因素理论，本章研究将反映企业能力的行为(或公开信息)称为保健因素，将反映企业捐赠等的CSR行为(或公开信息)称为激励因素。市场经济中的消费者之所以关注企业，是因为该企业有能力提供满足消费者某方面需求的产品或服务，这是消费者与企业关系存在的基础，与企业为员工提供合理薪酬的保健因素一样；而企业实施CSR行为，并不能给消费者带来直接的经济利益，而是增加了消费者对企业的好感和尊敬，正如企业为员工提供薪酬之外的成长空间和意义感等激励因素一样。

产品质量反映企业经济交换的能力和消费者购买与使用某品牌的功能性收益。已有研究中，学者主要探讨了产品质量和CSR对消费者的影响。例如，Campbell(2006)指出，CSR的最低标准是不伤害利益相关者。Sen和Bhattacharya(2001)发现，CSR对消费者态度和行为的影响受产品感知质量的调节，虽然CSR可以提高顾客的积极响应，但是创新能力低的企业实施CSR行为会显著降低顾客的满意水平，因为他们能传递出产品感知质量低的消极信号，使其CSR行为的合理性受损。Luo和Bhattacharya(2006)指出，革新能力较低的企业积极实施CSR行为，会降低消费者满意度，进而损害企业的市场价值。这些研究表明，以产品质量为核心的企业能力行为与CSR行为在影响消费者响应方面具有交互作用，且两类因素之间的交互作用体现了层级式的信息处理过程，即如果产品质量(保健因素)未达到期望标准，无论CSR投入水平(激励因素)如何，消费者都会做出负面评价。品牌质量丑闻严重破坏消费者对保健因素的期望，因此企业丑闻后的CSR行为在多大程度上能修复品牌形象，在某种程度上还取决于企业丑闻后的质量改进行为。据此，本章研究提出如下假设。

H9-1：丑闻发生后，质量改进行为对丑闻品牌形象具有显著的修复效果。

当企业未采取质量改进行为时，消费者产品感知质量较低，面对CSR行为信息会更容易忽略对CSR行为特征差异的分析，进而做出不利于企业的认知行为反应。但当企业采取质量改进行为后，随着产品感知质量的提高，消费者认知偏见会削弱，更多依靠 CSR 行为特征信息做出有利于品牌形象修复的反应。据此，本章研究提出如下假设。

H9-2：丑闻发生后，与采取质量改进行为相比，当企业未采取质量改进行为时，CSR 行为持续性对利他性归因(H9-2a)、品牌形象(H9-2b)、购买意愿(H9-2c)的影响差异不显著。

H9-3：丑闻发生后，与采取质量改进行为相比，当企业未采取质量改进行为时，CSR-丑闻关联度对利他性归因(H9-3a)、品牌形象(H9-3b)、购买意愿(H9-3c)的影响差异不显著。

H9-4：丑闻发生后，与采取产品质量改进行为相比，当企业未采取产品质量改进行为时，CSR 信息披露渠道对利他性归因(H9-4a)、品牌形象(H9-4b)、产品购买意愿(H9-4c)的影响差异不显著。

基于以上假设，本章研究提出 CSR 行为与质量改进行为对丑闻品牌形象修复机理的整合模型(图 9.1)。

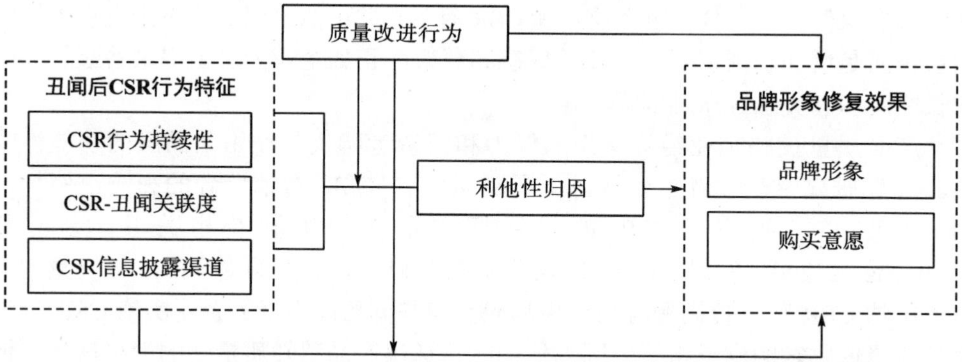

图 9.1 CSR 行为与质量改进行为对丑闻品牌形象修复机理的整合模型

9.4 企业社会责任行为与质量改进行为的品牌形象修复实验

本章研究采用实验法，实验设计与第 8 章方法相同，采用 2(质量改进行为：有/无)×4(根据对 CSR 行为特征的正交设计结果)共 8 个实验组，添加 2 个无 CSR 行为的参照组。

9.4.1 刺激物设计

考虑到本章研究是第 5 章～第 8 章研究的延续与补充，实验材料仍以第 5 章实验材料为原型。其中，企业基本信息、CSR 行为刺激物沿用第 8 章的研究，而品牌丑闻刺激物在沿用“手机爆炸”的基础上，根据对质量改进行为的操控需要进行相应的调整。

(1) 设计丑闻后企业的产品策略信息。本章研究将在采用同一品牌、同一丑闻的基础上，通过是否呈现丑闻后企业的产品功能增强措施来操控产品策略信息。产品功能增强信息的设计，参考 2015 年 12 月 26 日搜狐发布的《防止锂离子电池着火或爆炸的措施》一文，强调：A 公司透露目前正在研究一种 PTC 聚合物开关(防爆安全阀)，如果研制成功并将其安装在电池安全帽内，即便电池短路也不会发生爆炸。董亚妮等(2009)的研究表明，企业在产品性能型丑闻发生后实施产品功能增强策略，可以显著提高消费者的产品感知质量。为了检验操控效果，本章研究设计了产品感知质量这一变量来进行操控检验。

(2) 选择合适的丑闻责任刺激信息。根据第 5 章对丑闻责任的研究，本实验必须对丑闻责任进行有效操控。董亚妮等(2009)指出，企业在品牌质量丑闻后的产品策略会影响消费者的丑闻责任归因。本章旨在分析质量改进行为、CSR 行为对丑闻品牌形象的作用，在操控质量改进行为之前，如果丑闻责任不明确，即便采用同一丑闻，接受不同产品策略信息刺激的测试对象同样也会表现出不同的丑闻责任归因。如果企业丑闻责任较明确，无论测试对象是否接收到企业的产品功能增强信息，在客观事实面前，测试对象对丑闻责任的归因都不会出现差异。因此，本章研究将第 6 章中“丑闻责任(大)”作为丑闻事件刺激物。

9.4.2 变量测量

在刺激物设计过程中，本章研究设置了两个不同的产品策略刺激物(质量改进行为：有/无)，但考虑到最终影响消费者认知反应变化的仍是消费者对产品质量的主观感知，需要测量被试的产品感知质量以进行操控检验。感知质量是指消费者按自己对产品的使用目的和需求状况，综合分析市场上各种经由正式或非正式途径获得的相关信息，对产品或服务所做的抽象的、主观的评价(张广玲等，2010)。参考 Dawar 和 Pilluta(2000)的量表，围绕品牌整体质量和产品质量两方面评价设计两个题项：①该品牌公司的产品质量很高；②该款手机的质量很高。其他变量的测量与第 8 章相同。

9.4.3 实验流程

实验设在某高校商学院的实验室，测试对象为大三学生。实验程序分为如下四个阶段：①让测试对象阅读丑闻企业基本信息，并请测试对象评价企业声誉(用于操控检验)；②请测试对象阅读品牌丑闻信息，并对丑闻责任和产品感知质量(用于操控检验)进行评价；③请测试对象阅读CSR行为信息，并对利他性归因、品牌形象和购买意愿进行评价(用于假设检验)，控制组测试对象则不需要阅读CSR行为信息，在第二阶段完成后直接对丑闻责任、产品感知质量、品牌形象和购买意愿进行评价；④请测试对象填写个人信息，阐述研究目的，并告知测试对象材料中的相关信息仅是出于研究需要进行的虚拟设计。

9.5 利他性归因的中介作用与质量改进行为的调节作用

9.5.1 样本概况

由于本实验中的“无质量改进行为”实验材料与第5章“丑闻责任(大)”的实验材料相同(丑闻责任明确、丑闻后企业无质量改进行为、CSR刺激材料一样)，所以在前期数据搜集的基础上，本次实验主要基于“有质量改进行为”的实验材料搜集数据。本次补充发放问卷150份(4个实验组、1个参照组，每组各30份)，实际发放148份，剔除缺失项过多(缺失项大于3项)、随意填答问卷(连续5个题项的打分相同)19份，得到129份有效问卷。有效问卷和无效问卷的性别和年龄没有显著差异，不存在无回应偏差。

9.5.2 操控检验

(1)企业声誉。方差分析结果显示，5组测试对象对企业声誉的评价无显著性差异(均值为3.94～4.56，F=0.726，p=0.618>0.05)，排除企业声誉可能给本章研究带来的影响。

(2)丑闻责任。方差分析结果显示，5组测试对象对丑闻责任的评价无显著性差异(均值为5.86～6.59，F=1.252，p=0.361>0.05)，排除丑闻责任可能给本章研究带来的影响。

(3)产品感知质量。接受丑闻后企业有/无质量改进行为的测试对象对产品感知质量的判断存在显著差异($M_{低}$=2.72，$M_{高}$=3.89，F=163.210，p=0.000＜0.05)。接受产品改进行为刺激物的 5 个实验组对产品质量的评价无显著差异(均值为 3.63～4.23，F=1.117，p=0.354＞0.05)。接受无产品改进行为刺激物的 5 个实验组的产品质量评价也无显著差异(均值为 2.35～3.14，F=0.865，p=0.471＞0.05)。以上方差分析表明，质量改进行为的组间差异性、组内同质性被成功操控。

9.5.3　信度效度检验

本章研究采用国内外学者常用量表测量相关变量，且所测变量的信度、效度较可靠。增加的产品感知质量变量的 Cronbach's α 值为 0.903，内含 2 个题项的因子载荷系数均为 0.956，平均变异抽取量为 0.913，组合信度为 0.955，均在可接受水平之上，测量量表信度和内在结构拟合情况(收敛效度)良好，测量题项作为潜变量衡量指标合理。

9.5.4　假设检验

与第 5 章的分析思路相似，在正式验证假设之前，需要对 CSR 行为的品牌形象修复效用、不同 CSR 行为特征对因变量的作用关系进行检验。

1.质量改进行为对丑闻品牌形象的修复效应

两个参照组均没有 CSR 行为刺激，但是有质量改进行为差异，因此可以通过两个参照组做质量改进行为对丑闻品牌形象的修复效用分析(表 9.1)。

表 9.1　丑闻后企业质量改进行为对丑闻品牌形象的修复效应检验结果

因变量	无质量改进行为	有质量改进行为	均值差	显著性
品牌形象	N=26；M=2.31	N=27；M=3.19	−0.88	0.000
购买意愿	N=26；M=2.78	N=27；M=3.67	−0.89	0.000

由表 9.1 可知，质量改进行为对丑闻后品牌形象具有显著的修复作用，H9-1 得到验证。

2.企业社会责任行为特征对丑闻品牌形象的修复效应

不考虑质量改进行为差异，根据 CSR 行为刺激物的不同，将 8 个实验组合并为 4 组，分别命名为 E1～E4，将 2 个参照组合并为 1 组并命名为 E0。针对合并后的数据库，运用单因素方差分析不同组间被试对丑闻品牌形象、购买意愿的认知差异(表 9.2)。

表 9.2　丑闻后 CSR 行为对品牌形象的修复效应检验结果

因变量	参照组	实验组	均值差	显著性
品牌形象	N=53；M=3.23	E1 (N=50；M=3.58)	−0.35	0.380
		E2 (N=50；M=4.29)	−1.06	0.000
		E3 (N=47；M=4.08)	−0.85	0.000
		E4 (N=52；M=4.15)	−0.92	0.000
购买意愿	N=53；M=2.75	E1 (N=50；M=3.10)	−0.25	0.364
		E2 (N=50；M=3.80)	−1.14	0.000
		E3 (N=47；M=3.64)	−1.10	0.001
		E4 (N=52；M=3.67)	−1.24	0.000

由表 9.2 可知，接受第一个 CSR 材料刺激的实验组(E1)与参照组(E0)的测试对象对品牌形象、购买意愿的评价无显著性差异；而接受其他 CSR 材料刺激的实验组(E2～E4)的测试对象对品牌形象、购买意愿的评价均显著高于参照组(E0)。结果表明，CSR 行为特征影响了丑闻品牌形象的修复效应。

3.CSR 行为特征对品牌形象修复效应的影响

沿用第 7 章、第 8 章的方法对三个自变量进行中心化处理。剔除参照组数据，分别将 CSR 行为持续性、CSR-丑闻关联度、CSR 信息披露渠道作为自变量，将利他性归因、品牌形象、购买意愿作为因变量进行单因素方差分析，结果见表 9.3。

表 9.3　单因素方差分析结果

因变量	自变量	均值	均值差(I−J)	F 值	显著性
利他性归因	CSR 行为持续性	首次开展型(I)：N=97，M=3.34 持续从事型(J)：N=102，M=3.84	−0.50	14.336	0.000

续表

因变量	自变量	均值	均值差(I-J)	F值	显著性
利他性归因	CSR-丑闻关联度	高关联(I)：N=100，M=4.53 低关联(J)：N=99，M=4.65	−0.12	0.687	0.408
	CSR 信息披露渠道	企业(I)：N=102，M=4.39 第三方(J)：N=97，M=4.81	−0.42	9.516	0.002
品牌形象	CSR 行为持续性	首次开展型(I)：N=97，M=3.82 持续从事型(J)：N=102，M=4.22	−0.40	7.716	0.006
	CSR-丑闻关联度	高关联(I)：N=100，M=3.93 低关联(J)：N=99，M=4.12	−0.19	1.547	0.215
	CSR 信息披露渠道	企业(I)：N=102，M=3.87 第三方(J)：N=97，M=4.19	−0.32	4.705	0.031
购买意愿	CSR 行为持续性	首次开展型(I)：N=97，M=3.33 持续从事型(J)：N=102，M=3.36	−0.33	6.660	0.011
	CSR-丑闻关联度	高关联(I)：N=100，M=3.45 低关联(J)：N=99，M=3.66	−0.21	1.981	0.161
	CSR 信息披露渠道	企业(I)：N=102，M=3.39 第三方(J)：N=97，M=3.72	−0.33	5.117	0.025

由表 9.3 可知，CSR 行为持续性和 CSR 信息披露渠道不同，消费者的丑闻品牌形象评价和购买意愿存在显著差异；然而，CSR-丑闻关联度不同，消费者对企业的品牌形象评价和购买意愿并无显著性差异。为了保证结论的稳定性，将三个自变量带入对利他性归因、品牌形象、购买意愿的回归模型中，也得出了相同的结论(表 9.4)，即在本实验中，CSR-丑闻关联度对利他性归因、品牌形象、购买意愿的影响均不显著。因此，H9-3 未得到验证。

表 9.4　CSR 行为特征对丑闻品牌形象的回归结果

模型	利他性归因			品牌形象			购买意愿		
	β	t	Sig.	β	t	Sig.	β	t	Sig.
常数		31.684	0.000		24.993	0.000		21.710	0.000
CSR 行为持续性	0.258	3.829	0.000	0.191	2.763	0.006	0.177	2.565	0.011
CSR-丑闻关联度	0.058	0.859	0.391	0.087	1.263	0.208	0.099	1.436	0.153
CSR 信息披露渠道	0.215	3.188	0.002	0.154	2.225	0.027	0.161	2.322	0.021

注：三个自变量对因变量的回归系数之所以全部为正值，与前文的赋值相关

CSR-丑闻关联度不仅表现为 CSR 行为与企业经营业务的关联程度，还表现为与该企业给社会造成不良影响的关联程度。由于本章刺激物选择了“手机爆炸”事件，而质量改进行为是与此事件密切相关的行为，虽然实验对 CSR-丑闻关联度进行了操控，但质量改进行为在一定程度上淡化了操控效果，所以本章研究 CSR-丑闻关联度的主效应不显著。

4.利他性归因的中介作用

基于第 8 章对利他性归因分析过程的阐述，本章研究在表 9.4 的基础上，进一步对自变量对中介变量的影响、自变量和中介变量对因变量的影响进行回归分析(表 9.5)。

表 9.5 利他性归因的中介作用检验

模型	利他性归因			品牌形象			购买意愿		
	β	t	Sig.	β	t	Sig.	β	t	Sig.
常数		37.065	0.000		−0.565	0.573		−2.497	0.013
CSR 行为持续性	0.259	3.854	0.000	−0.206	−0.626	0.532	−0.036	−0.851	0.396
CSR 信息披露渠道	0.213	3.170	0.002	−0.208	−0.701	0.484	−0.020	−0.467	0.641
利他性归因				0.845	20.072	0.000	0.833	19.184	0.000

由表 9.5 可知，CSR 行为持续性和 CSR 信息披露渠道对中介变量(利他性归因)的回归系数显著；而当把中介变量引入自变量对因变量的回归模型时，中介变量的回归系数显著($p=0.000<0.05$)。因此，在 CSR 行为持续性和 CSR 信息披露渠道影响品牌形象与购买意愿的过程中，利他性归因具有中介作用。

5.质量改进行为的调节作用

检验质量改进行为的调节作用，首先分析调节变量与自变量的相关性。结果表明，CSR 行为持续性与质量改进行为(r=0.026<0.040，p=0.718>0.05)、CSR 信息披露渠道与质量改进行为(r=0.014<0.040，p=0.839>0.05)的相关系数均不显著，符合调节变量的分析要求。采用 Wen 等(2005)的分析方法检验质量改进行为的调节作用。为了在后续研究分析解释 CSR-丑闻关联度为什么对利他性归因、品牌形象、购买意愿的影响不显著，本章研究也将 CSR-丑闻关联度与质量改进行为的交互关系纳入方差分析中(表 9.6)。

表 9.6　质量改进行为的调节作用分析

调节变量	自变量	利他性归因			品牌形象(因变量)			购买意愿(因变量)		
		均值	*F* 值	Sig.	均值	*F* 值	Sig.	均值	*F* 值	Sig.
质量改进行为(有)	CSR 行为持续性 N_1=51；N_0=51	M_1=4.73 M_0=5.50	22.954	0.000	M_1=4.51 M_0=5.10	23.134	0.000	M_1=4.02 M_0=4.61	20.455	0.000
	CSR-丑闻关联度 N_1=50；N_0=52	M_1=5.11 M_0=5.12	0.000	0.989	M_1=4.77 M_0=4.85	0.323	0.571	M_1=4.26 M_0=4.37	0.548	0.461
	CSR 信息披露渠道 N_1=53；N_0=49	M_1=4.76 M_0=5.50	20.857	0.001	M_1=4.54 M_0=5.10	19.727	0.000	M_1=4.04 M_0=4.61	19.293	0.000
质量改进行为(无)	CSR 行为持续性 N_1=51；N_0=46	M_1=3.90 M_0=4.16	3.901	0.051	M_1=3.05 M_0=3.33	5.421	0.022	M_1=2.63 M_0=2.86	3.199	0.077
	CSR-丑闻关联度 N_1=50；N_0=47	M_1=3.96 M_0=4.13	1.644	0.203	M_1=3.10 M_0=3.30	2.874	0.093	M_1=2.64 M_0=2.87	3.206	0.077
	CSR 信息披露渠道 N_1=49；N_0=48	M_1=4.00 M_0=4.09	0.447	0.505	M_1=3.14 M_0=3.25	0.788	0.377	M_1=2.69 M_0=2.81	0.816	0.369

由表 9.6 可知，在 CSR 行为持续性直接影响利他性归因和间接影响品牌形象、购买意愿的过程中，质量改进行为具有调节作用。当企业无质量改进行为时，消费者对首次开展型和持续从事型 CSR 行为的认知反应无差异并不完全成立(如当因变量为品牌形象时，$p=0.022<0.05$)，H9-2 得到部分验证。而在 CSR-丑闻关联度、CSR 信息披露渠道直接影响利他性归因和间接影响品牌形象、购买意愿的过程中，质量改进行为具有调节作用。当企业无质量改进行为时，消费者对企业主动报道和第三方媒体报道两种 CSR 信息源的认知反应无差异，同时，CSR-丑闻关联度对丑闻品牌形象修复效果差异性不显著。因此，H9-3、H9-4 得到充分验证。图 9.2 和图 9.3 以因变量(品牌形象)为例，清晰呈现了质量改进行为的调节作用。

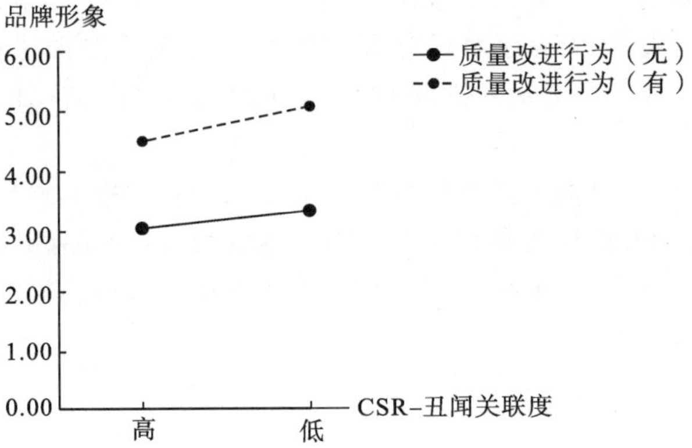

图 9.2　质量改进行为在 CSR-丑闻关联度影响丑闻品牌形象修复中的调节作用

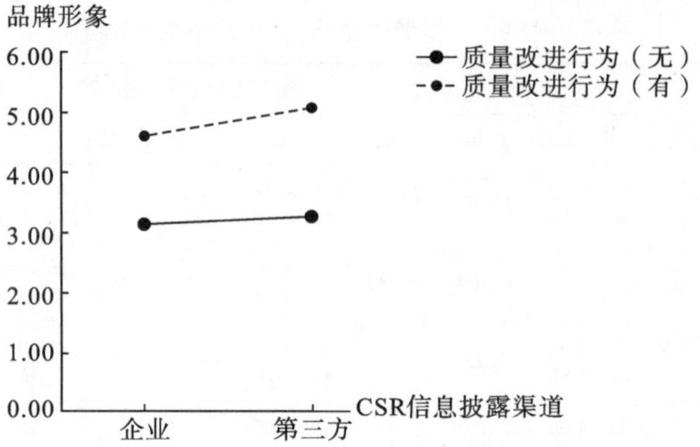

图 9.3 质量改进行为在 CSR 信息披露渠道影响丑闻品牌形象修复中的调节作用

9.6 研究结论

本章研究在第 8 章研究的基础上，基于双因素理论探讨了质量改进行为在 CSR 行为修复品牌形象过程中的调节作用。研究发现，与丑闻责任类似，质量改进行为也是影响 CSR 行为对品牌形象修复效应的一个重要因素。具体结论如下：

(1) 丑闻情境下，企业的质量改进行为对丑闻品牌形象具有一定的修复作用，且会影响 CSR 行为对品牌形象的修复效果。这一发现与已有的相关研究结论基本吻合，同时也符合双因素理论的基本观点，即当企业无质量改进行为时，即便企业积极开展 CSR 行为，消费者也会为其行为的合理性提出质疑(利他性归因降低)，进而淡化 CSR 行为对丑闻品牌的形象修复效果。

(2) 在 CSR 行为持续性直接影响利他性归因和间接影响品牌形象、购买意愿的过程中，质量改进行为具有调节作用。与无质量改进行为相比，在有质量改进行为前提下，消费者对不同持续性的 CSR 行为认知反应差异会越来越显著。

(3) 在 CSR 信息披露渠道直接影响利他性归因和间接影响品牌形象、购买意愿的过程中，质量改进行为具有调节作用。随着消费者产品感知质量的提高，消费者对企业官方、第三方媒体机构两种类型的 CSR 信息披露渠道认知反应差异也将越来越显著。

9.7 研究意义

9.7.1 理论意义

本章对质量改进行为的主效应和调节效应进行了探讨，理论意义包括以下两个方面：

(1) 在以往的研究中，学者对 CSR 行为(捐赠、赞助和事业关联营销)影响丑闻品牌形象的效果研究较多，而对质量改进行为的关注不够。实际上，在丑闻发生后，企业会根据自身资源和能力及市场情况采用不同的策略，主要包括以下三点：①产品维持策略，即不对原有产品进行改进，继续进行销售；②缺陷改进策略，即对已发现的可能引起产品丑闻的缺陷进行改进，防止丑闻再一次发生；③价值增强策略，即对原有产品进行更新、增值，提升产品的核心性能或者附加值，最终提升消费者的购买价值。因此，CSR 行为并不是企业在品牌丑闻发生后的唯一响应行为，尤其是在品牌质量丑闻情境下，企业往往围绕产品质量问题采取一系列应急管理措施。本章对质量改进行为影响丑闻品牌形象修复作用的探讨，扩展了 CSR 修复品牌形象的理论内涵。

(2) 以往研究中还未有学者从双因素视角(CSR 行为、质量改进行为)出发对丑闻品牌修复的效果进行研究。本章研究将反映企业能力的行为(质量改进行为)划分为保健因素，将反映企业社会责任的行为(捐赠、赞助和事业关联营销)划分为激励因素，而且两类因素的交互作用体现了层级式的信息处理过程，即如果产品质量(保健因素)没达到期望标准，无论 CSR 行为水平(激励因素)如何，消费者都会做出负面评价；只有当保健因素达到期望水平时，激励因素才能对评价结果起到促进作用。本章研究提出了丑闻品牌修复的双因素理论，并对其进行实证分析，丰富了丑闻品牌修复理论。

9.7.2 实践意义

丑闻后的 CSR 行为并非企业唯一的响应行为，企业往往围绕产品质量问题采取一系列应急管理措施，丑闻后的缺陷改进和功能增强策略改变了产品特性，并给消费者提供了积极的信息，必然会对其品牌形象产生一定的修复作用。本章研究对企业实践具有以下启示：

(1) 企业应积极采取质量改进行为。企业在丑闻发生后针对产品质量问题采取的对应性管理措施往往会直接影响消费者的产品感知质量，如承认过错/否认、产品召回/提供证据进行辩解、改进产品缺陷/增强产品功能等；而 CSR 行为(捐赠、赞助和事业关联营销)并不直接影响消费者的产品感知质量，其对品牌形象的提升作用主要源于消费者对企业善意的情感共鸣，而非对企业产品的功能认同。由于品牌形象修复过程是一个动态持续过程，产品性能型品牌丑闻发生后，企业不仅需要采取对应性的管理措施来控制消费者对企业产品的不信任感，同时还要通过采取多样化的管理措施来证明企业的正直、善意程度(Gillespie and Dietz，2009)。所以，在品牌形象修复过程中，CSR 行为更多的是作为辅助修复手段(鄢丙胜，2014)。

(2)企业要善于协同运用保健因素和激励因素对丑闻品牌形象进行修复。在丑闻责任较为明确的前提下，如果企业积极推出产品功能增强措施，消费者将会对 CSR-丑闻关联度特征进行淡化处理。这一发现表明，如果企业在丑闻后能围绕产品问题积极承担“避害”责任，那么与此相关的“行善责任”也不容易被“歧视”。

第10章　基于企业社会责任视角的丑闻品牌形象修复策略体系研究

案例导读

2011年的“瘦肉精”猪肉风波早已平息，但其对中国食品安全的影响仍然让人心有余悸。作为中国最大的肉类加工基地、农业产业化国家重点龙头企业，曾经居于“瘦肉精”漩涡中心的双汇集团，用六年的时间向社会交出了一份成绩单。以2017年为例，双汇集团获得了“2016中国上市公司口碑榜最具成长价值奖”“2016中国品牌食材企业”，并在中国食品安全年会上获得“安全管理十强企业”，还以品牌价值606.41亿元入选第十一届中国品牌价值500强①。

2011年“瘦肉精”事件发生后，双汇集团先后采取了危机沟通、停产整顿、利益相关者沟通、完善质量管理体系和开展体验营销等措施加以应对。随后，双汇集团还开展了冠名世界女排大奖赛、为职工子女发放助学金、赞助文化体育活动及向弱势群体捐赠等社会责任活动。这些丑闻响应与品牌形象修复策略对企业而言是否有效？品牌形象的修复效果是否仅与响应策略有关？社会责任行为是只发挥工具性作用，还是兼具战略性功能？企业愿景使命和战略、丑闻防范与预警、丑闻责任、消费者对CSR行为动机的归因及CSR行为的类型与特征，这些因素如何影响CSR行为对品牌形象的修复效果？企业又该如何将理论规律运用到管理实践之中？本章将采用文献研究和多案例研究的方法解答上述问题。

---

① 河南双汇投资发展股份有限公司. 双汇发展：2017年度社会责任报告[EB/OL]. [2018-3-27]. http://vip.stock.finance.sina.com.cn/corp/view/vCB_AllBulletinDetail.php?id=4151174.

10.1 问题提出

自 21 世纪以来，学者经常将 CSR 与战略研究相结合，涌现了新的研究线索和见解(Porter and Kramer，2011)。企业将 CSR 纳入战略中以满足利益相关者，在市场上获得正面形象。随着 CSR 概念逐步纳入经济之外的责任，企业构建并维持伦理认同(ethical identity)成为必要。随着消费者意识增强，这种伦理责任与其他社会、法律和环境义务一起，拓宽并丰富了企业实现其伦理角色的范围，使得企业成为 CSR 层面的积极主动参与者。品牌丑闻的影响长久而深远，企业需要面对漫长的市场恢复道路(Vassilikopoulou et al.，2009)。Haigh 和 Brubaker(2010)认为，提升企业的社会责任是遭受形象危机的公司进行形象修复的重要方式。企业在丑闻后开展 CSR 活动以求减少负面信息的影响、保护组织形象，这种工具性或技术性的(Mattingly and Berman，2006)CSR 行为往往又被消费者认为是为犯错进行的“遮羞”(高勇强等，2012)或讨好公众的“伪善”与自救的行为。因此，企业只有遵循深思熟虑后的道德规则，树立透明、可靠、负责任和诚实的公司治理价值观(Rossouw，2005)，选择道德的利他行为，不断地在“利他”的前提下实现自身利益，从而内生出“追求最大限度地增进社会福利”而履行社会责任的价值动力，才能从根本上解决“市场失灵”的问题(肖红军等，2015)，实现企业可持续发展，并获得成功、创新及盈利的源泉(Baumgartner，2014)。

本书第 3 章～第 9 章证实了丑闻后 CSR 行为对丑闻品牌形象的修复效应和作用机理。但是，当 CSR 行为作为抵御危机负面影响的工具时，其有效性的知识是稀缺的(Vanhamme and Grobben，2009)。由于缺乏系统的理论指导，企业在实践中，尤其是在丑闻情境下，在 CSR 决策上呈现出盲目和粗放的特点。所以，与 CSR 行为修复丑闻品牌形象有关的研究，除了论证“为什么”之外，还应寻觅“怎么办”的答案。本章在前述各章研究成果的基础上，构建基于 CSR 视角的丑闻品牌形象修复策略体系，指导企业降低丑闻导致的经营损失风险，维护品牌形象，实现“防患未然、临危不乱、有效修复”的品牌形象管理目标。

本章共分为三部分：①结合前述各项研究成果，建构基于 CSR 视角的丑闻品牌形象修复决策模型；②结合现实案例，从树立 CSR 战略观、完善丑闻防范与预警体系、控制丑闻责任、引导利他性归因、建立 CSR 行为类型决策机制及健全 CSR 行为特征选择机制六个维度，分别阐述基于 CSR 视角的丑闻品牌形象修复策略；③整合 CSR 行为对丑闻品牌形象修复的策略，构建基于 CSR 视角的丑闻品牌形象修复的“六个维度十六条策略”体系(图 10.1)。

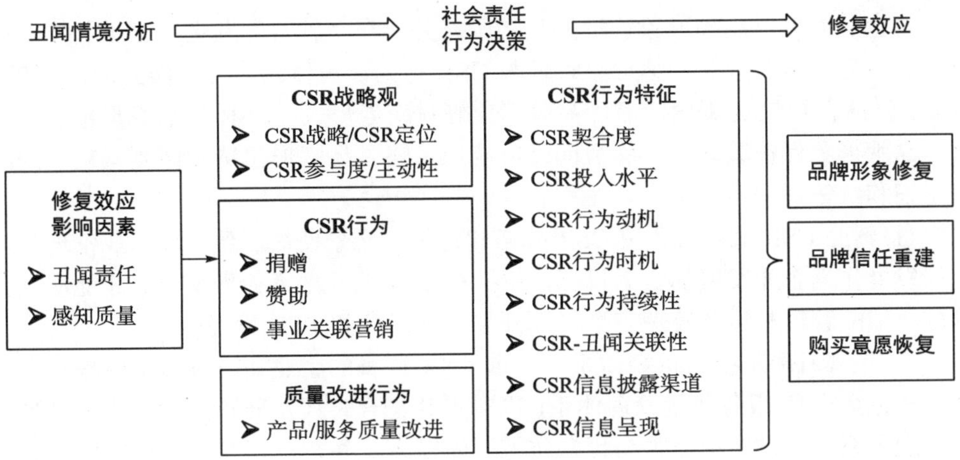

图 10.1　研究逻辑框架图

10.2　基于企业社会责任视角的丑闻品牌形象修复决策模型

为了帮助企业将理论规律运用于管理实践中，本章进一步为 CSR 行为的类型与特征决策提出具有实操价值的决策模型，作为指导企业基于 CSR 视角进行丑闻品牌形象修复的决策和实施指南。具体如图 10.2 所示。

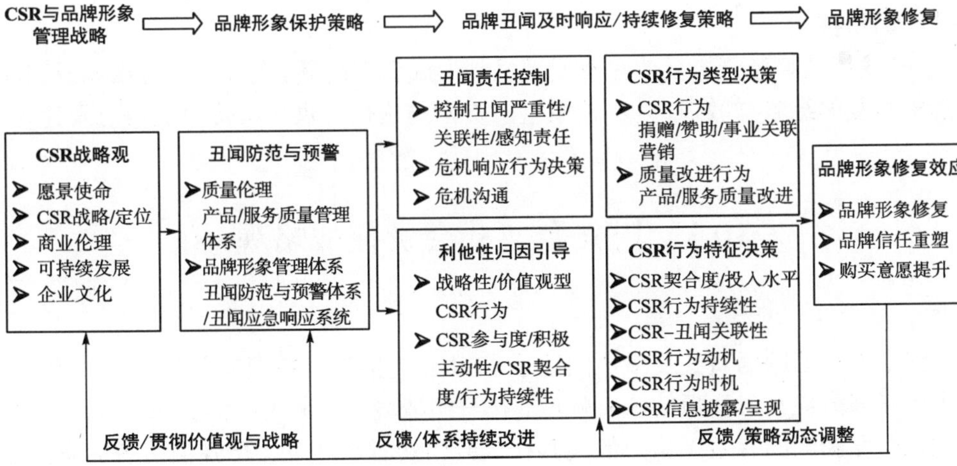

图 10.2　基于 CSR 视角的丑闻品牌形象修复决策模型

对企业而言，品牌形象管理的最优策略并非在品牌丑闻发生后亡羊补牢，而是建立一套科学有效的品牌形象管理与 CSR 行为决策体系，方可做到未雨绸缪。因此，企业基于 CSR 视角的丑闻品牌形象修复应当形成“CSR 与品牌形象管理战略、品牌形象保护策略、品牌丑闻及时响应策略、品牌形象持续修复策略”的战略意识和决策管理体系。

(1) 树立 CSR 战略观。使 CSR 战略和定位与愿景使命一致，以商业伦理和可持续发展作为企业发展的长远目标，并将 CSR 战略观融入企业文化，才能从规范管理、战略管理和运营管理三个层面开展品牌形象和 CSR 管理。

(2) 完善丑闻防范与预警体系。注重 CSR 声誉的企业要秉承质量伦理观念，建立和健全产品/服务质量管理体系，同时设计符合时代发展和技术要求的品牌形象管理体系，通过舆情监督与预警防范丑闻发生，并在丑闻发生后启动应急预案系统妥善应对。

(3) 控制丑闻责任。良好的 CSR 声誉能发挥保险效应，危机响应行为决策能指导企业有效应对危机，控制丑闻责任，通过质量改进行为消除丑闻根源，同时与消费者等利益相关者积极沟通，避免丑闻责任过大或响应不当对品牌形象造成无法挽回的损失或者次生伤害。

(4) 引导利他性归因。引导消费者的利他性归因应当凭借丑闻前后企业的 CSR 参与度和积极主动性打下基础，影响消费者对 CSR 行为持续性的认知，开展捐赠、赞助、事业关联营销等 CSR 行为，与更为广泛的利益相关者进行沟通。

(5) 建立 CSR 行为的类型与特征决策机制。CSR 行为类型涵盖 CSR 行为(捐赠、赞助和事业关联营销)和质量改进行为(产品/服务质量改进)，两类 CSR 行为的组合运用与适用情境也非常重要。CSR 行为特征则重点关注 CSR 行为持续性、CSR-丑闻关联度、CSR 行为时机、CSR 行为信息披露渠道、CSR 行为信息呈现等特征的抉择。

(6) 发挥品牌形象修复效应及反馈机制形成管理闭环。企业应当总结和反馈品牌形象修复的经验与教训，为决策模型的贯彻与优化提供极具价值的信息及建议。

10.3 树立企业社会责任战略观

第 2 章所回顾的研究文献中阐述了 CSR 行为能够发挥丑闻前的规避效应、丑闻中的稀释效应及丑闻后的修复效应。在丑闻情境下，企业可将 CSR 行为作为降低危机负面影响的有效工具，但是其在提升消费者忠诚度、增强消费者对企业的正面态度、减少消费者对企业社会责任动机的怀疑等方面的效果不尽人意(Pirsch et al.，2007)。只有当企业将 CSR 内化为价值观时，CSR 行为才能既被作为及时响应策略，又被作为持续修复策略，重建品牌形象，重拾消费意愿。

10.3.1 贯彻与使命愿景相一致的企业社会责任战略理念

Porter 和 Kramer(2002)运用竞争优势理论，将 CSR 的战略性定义为：CSR 的战略应用，即企业要从战略角度来决定将已有资源投入到哪些 CSR 行为，同时依照外部环境来综合选择承担哪些责任来增强自身竞争优势。而 CSR 战略通常被认为是利用 CSR 带来机会，用以谋求竞争优势的战略(Husted and Allen，2006)。CSR 存在不同的战略定位，如企业慈善(Porter and Kramer，2002)、整合利益相关者观点(O' Riordan and Fairbrass，2008)、环境可持续性等。将 CSR 战略与核心业务战略整合在一起，比仅开展 CSR 活动的品牌更有可能在消费者领域获得系列 CSR 特有的益处(Du et al.，2007)。Wang(2015)和 Mellahi 等(2016)论述了 CSR 的驱动因素、发展历程、研究视角、作用机理及与 CSR 战略的关系(图 10.3)。

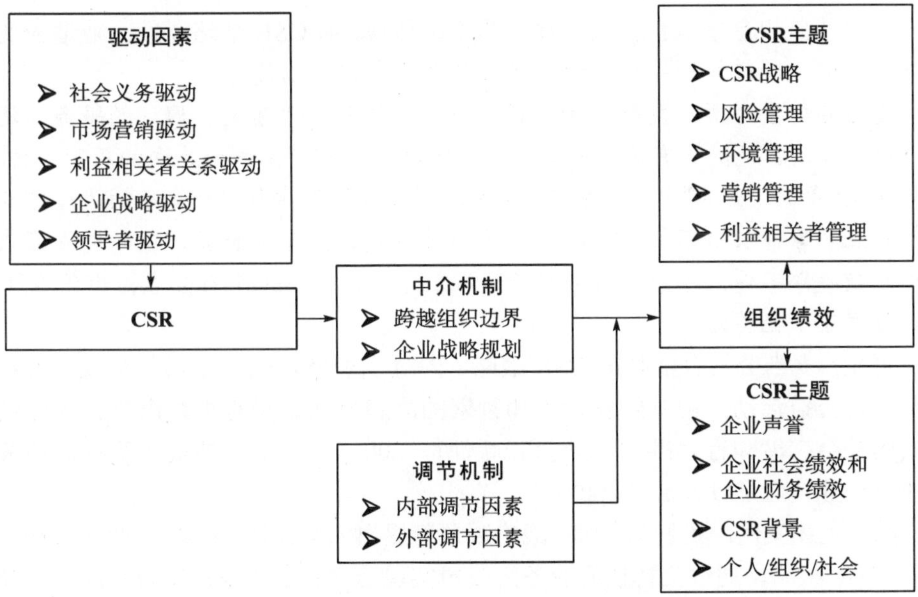

图 10.3 CSR 与企业战略研究框架

资料来源：Wang(2015)、Mellahi 等(2016)

Wang(2015)将 CSR 驱动因素归纳为社会义务、营销、利益相关者、企业战略及领导者驱动。Bowen(1953)将社会义务定义为“推行政策、做出决定和采取行动时，遵循社会目标和价值观念”。市场营销驱动的 CSR 更关注其营销功能，如事业关联营销、捐赠及消费者对 CSR 行为的回应(Brown and Dacin，1997)等；利益相关者驱动的 CSR 为企业对利益相关者责任的综合反映，重点关注与利益相关者沟通(Basu and Palazzo，2008)、利益相关者关系对企业可持续发展的影响(Choi and Wang，2009)；企业战略驱动的 CSR 更注重从整体战略重视 CSR 问题的审查；领导者驱动的 CSR 探讨了领导者与组织社会责任价值观和社会责任绩效之间的关系。

Mellahi 等(2016)构建了 CSR 驱动因素、CSR 行为及驱动的中介机制和调节因素的框架。实施 CSR 行为能达成四类战略目标：①风险管理，如针对次要利益相关者和社会的 CSR 投资可使企业免于潜在风险的影响(Godfrey et al.，2009)；②环境管理，如绿色管理(Starkey and Crane，2003)；③营销管理，如企业如何通过 CSR 行为打造品牌支配地位等(Biehal and Sheinin，2007)；④利益相关者关系管理，如利益相关者环境决定了 CSR 行为影响范围。综上所述，只有企业将 CSR 内化成自觉的价值观，从规范管理、战略管理和运营管理三个层面将其集成到管理过程中，形成“价值观-战略-工具”的 CSR 战略观，才能实现企业的社会责任目标与持续发展(Baumgartner，2014)。

企业使命和愿景是企业战略理念的集中体现，而 CSR 战略能使企业适应变化的外部环境，通过与利益相关者的多赢共存实现愿景与使命。

麦当劳愿景为“控制全球食品服务业”，使命是“质量、周到的服务、清洁的环境、为顾客提供更有价值的食品”，体现了以顾客需求为导向的原则。然而，诸如 2012 年的“速成鸡”事件、2013 年的“毒鸡门”事件、2014 年的“过期肉”事件等丑闻事件层出不穷。2017 年，麦当劳更是发生了让世界震惊的“发霉机器制作冰激凌”事件，导致麦当劳股价大幅跳水，急跌 1.3 个百分点，市值在 1 小时内蒸发了 1 亿美元①。

可见，麦当劳具有清晰的 CSR 战略，同时还积极开展“麦当劳叔叔之家慈善基金”等公益活动，但其经营行为和频繁的品牌丑闻却没有表达出符合企业使命愿景的社会态度和行为准则(陈明和刘跃所，2006)，也未在消费者等利益相关者中建立企业信念(Du et al.，2007)。

结合上述案例，我们从 CSR 战略观角度提出如下建议：①将企业愿景和使命融入 CSR 战略，通过支持核心业务为公司实现愿景做出贡献；②将企业愿景和使命及 CSR 战略贯彻到日常经营管理中，比 CSR 战略理念本身更重要。将 CSR 与企业战略紧密相连，推进企业创新，赢取长期利益，培育顾客忠诚，以及构建战略伙伴关系(吴毅洲，2011)，最终实现经济、环境和社会绩效的统一(宋雪莲，2013)。

---

① 麦当劳冰淇淋机严重发霉？真相仍在调查[EB/OL]. [2017-7-28]. http://news.ifeng.com/a/20170728/51520855_0.shtml.

10.3.2　明确企业社会责任战略定位获取竞争优势

CSR 战略观对丑闻品牌形象修复的影响还体现在企业的 CSR 定位与主动性(initiative)方面。Aguilera 等(2007)认为，企业社会行为是由工具、关系和道德动机驱动的。CSR 不仅被视为道德或社会责任，更多被当作提高企业财务绩效、声誉、品牌和消费者关系的战略性资源(Schuler and Cording，2006)。Burke 和 Logsdon(1996)的战略 CSR 模型指出，企业为谋求战略竞争优势、获取财务绩效增长，在进行 CSR 定位和规划时应遵循五方面要求(图 10.4)。

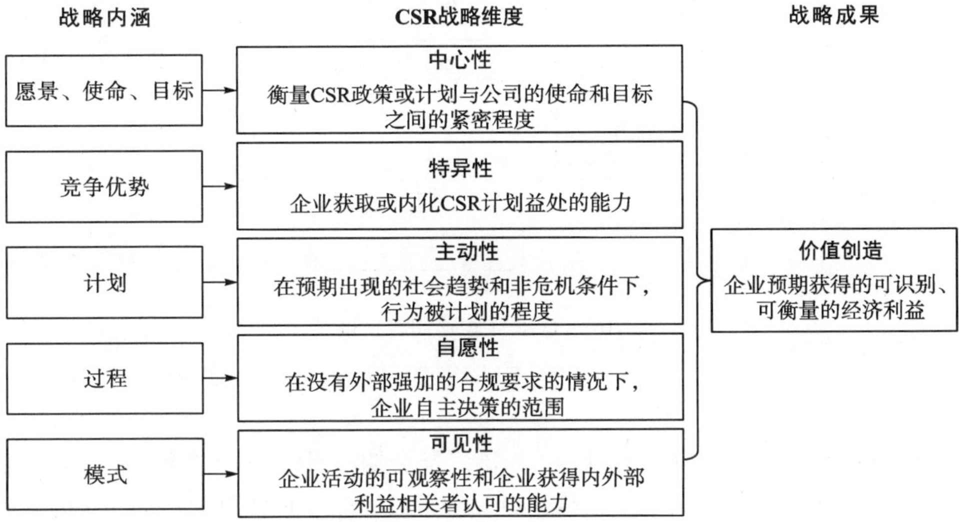

图 10.4　企业战略内涵、维度与 CSR 关系图

资料来源：Burke 和 Logsdon(1996)

图 10.4 呈现的 CSR 战略五维度分别如下：①中心性(centrality)：衡量 CSR 政策或计划与公司的使命和目标之间的紧密程度。CSR 与公司使命和愿景的紧密程度越高，其中心性越强，越有利于 CSR 政策或计划实现提升品牌形象的效果。②特异性(specificity)：企业获取或内化 CSR 计划益处的能力。CSR 如果能为公司带来特定益处，更有利于获取战略竞争优势。③主动性(initiative)：在预期出现的社会趋势和非危机条件下，行为被计划的程度。CSR 计划应充分预测新兴的市场机会与威胁，指导企业长期和短期计划的制定与执行。④自愿性(voluntarism)：在没有外部强加且符合要求的情况下，企业自主决策的范围。企业在能力范围内履行 CSR 行为，而不是被迫参与，将会获得战略和社会责任

方面的补偿。⑤可见性(visibility)：企业活动的可观察性和企业获得内外部利益相关者认可的能力。CSR 的可见性在丑闻和非丑闻情境下都以正面为主，前提是表现出了预期的响应能力。最后，在价值观引导下，企业确定 CSR 战略定位，实现公司声誉保障、品牌形象提升等内部目标及环境和社会收益等外部目标。

Du 等(2007)探索了 CSR 定位的作用机理模型(图 10.5)，研究表明，CSR 的竞争定位与 CSR 行为相结合能提升消费者响应，消费者对企业持有积极的 CSR 知晓度和信念不仅与更大的购买可能性有关，而且与长期的认同、忠诚和拥护行为也有关系。

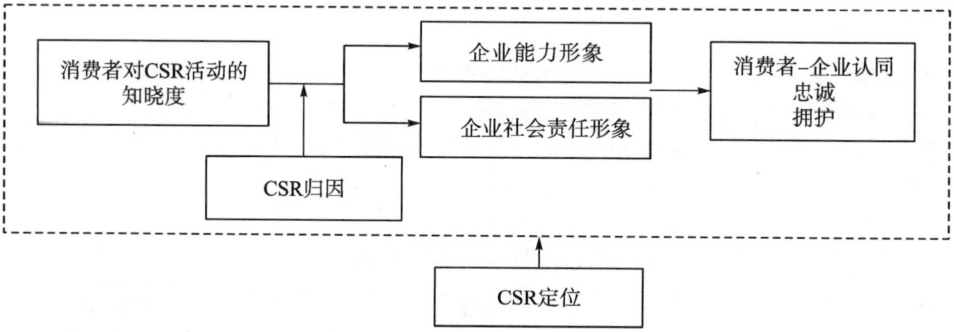

图 10.5 CSR 定位作用机理模型

资料来源：Du 等(2007)

CSR 战略观要求企业从被动地、为满足社会期望而实施 CSR 行为，转向积极主动地参与社会责任活动中。Becker-Olsen 等(2006)以企业丑闻行为发生时点为界面，将 CSR 行为分为主动型和响应型，主动型是指企业在丑闻前积极主动履行，并支持常规性的能被消费者感知的 CSR 行为，目的是塑造企业的 CSR 形象；响应型是指企业丑闻被曝光后，为了保护组织形象而从事的 CSR 行为，往往是被意外事件而唤起的举动(Groza et al.，2011)。在第 4 章案例中，双汇集团“瘦肉精”事件前后的 CSR 实践具有较强的代表性。

双汇集团在 2011 年 3 月“瘦肉精”事件发生的前一年，参与为灾区捐款、冠名赞助排球赛事、为弱势群体捐款、赞助文艺活动等多种形式的 CSR 活动共 11 次。丑闻后的一年里，双汇集团除了延续丑闻前的 CSR 活动之外，新增了针对员工福利和环境保护议题的 CSR 行为。丑闻后的双汇集团能及时采取恰当措施与利益相关者沟通，迅速恢复并使产品上架，与 CSR 行为的声誉保险机制具有一定的相关性。

双汇集团案例表明，丑闻前 CSR 行为能产生“晕轮效应”，为企业积累的道德资本能减缓丑闻后利益相关者对企业的制裁强度(Godfrey et al.，2009)。因此，从 CSR 参与度和主动性视角建议如下：①企业提升 CSR 参与度，建立良好的 CSR 声誉，形成品牌形象的保险机制。对于积极主动性的 CSR 行为，消费者因对企业价值驱动的利他性归因产生积极反应，而对于被动性的 CSR 行为，因策略性动机认知反倒产生消极反应（Wagner et al.，2009）。②企业将 CSR 的积极主动性用于扫描快速变化的环境、预测影响公司变化的机会，采取主动监测新兴的社会趋势和环境等监管措施的公司会比竞争对手获得更长期的竞争优势，从社会影响方面获取企业的战略竞争优势（Porter and Kramer，2011）。

10.4　完善丑闻防范与预警体系

注重 CSR 声誉的企业首要就是秉承质量伦理观念，建立和健全产品/服务质量管理体系，同时设计与运行符合时代发展和技术要求的品牌形象管理体系，通过舆情监督与预警防范丑闻的发生，并在丑闻发生后启动应急预案系统以妥善应对。

10.4.1　质量伦理引领产品/服务质量管理体系

商业伦理是企业在与利益相关者互动的过程中所形成的一套有关如何使行为更好地与道德规范相匹配的标准与规则（莫申江和王重鸣，2009），而质量是伦理的“基因”，质量与伦理之间必然具有生态关系。质量信息不对称和 CSR 缺失使得传统的质量管理显得十分乏力。因此，仅强调质量管理是不够的，还需在 CSR 与伦理基础上提出企业质量伦理战略，强调 CSR 表现（余吉安等，2015）（图 10.6）。

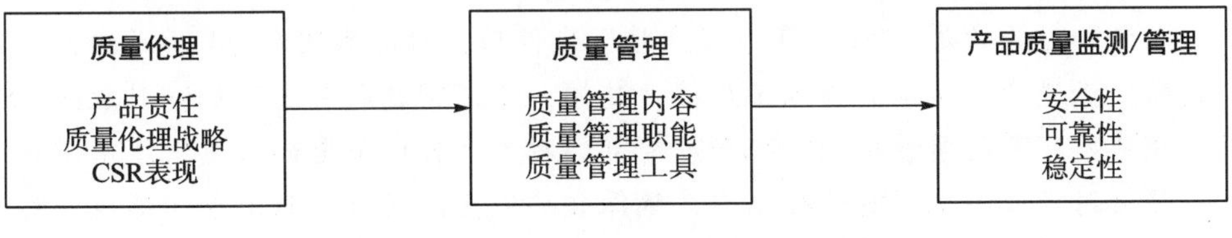

图 10.6　质量伦理、质量管理与产品质量监测

产品质量反映企业经济交换的能力和消费者购买与使用某品牌的功能性收益，而感知质量是指消费者按自己对产品的使用目的和需求状况，综合分析市场上各种经由正式或非正式途径获得的相关信息，对一种产品或服务所做的抽象、

主观的评价。因此通过产品/服务质量管理体系提升消费者感知质量才是品牌形象管理的核心。王志良(2012)将产品的“安全性、可靠性和稳定性”作为品牌形象中与产品相关的关键因素，因此，对产品感知质量的监测同样需要关注产品的安全性、可靠性和稳定性。质量管理体系是回答质量管理“管理什么”和“怎么管理”的问题，企业发展过程中形成了质量螺旋曲线、全面质量管理“过程要素”模型、PDCA 循环、ISO 质量管理等质量管理体系与工具。国际标准 ISO 9000—2015 质量管理体系将产品定义为：在组织和顾客之间未发生任何交易的情况下，组织产生的输出，其中包含硬件、软件、流程性材料和服务。服务通常包含为确定顾客的要求，为顾客提供接洽的活动及服务，并建立持续的关系。

2016 年央视 3•15 晚会曝光饿了么订餐平台存在引导商家虚构实体店地址、上传虚假实体照片、默认无照经营的黑作坊入驻、餐馆无证经营、餐馆地点与实际不符等问题[①]，虽然该丑闻并不涉及具体的产品品质问题，但服务失败同样会给企业造成经济收入损失和品牌形象损害，也应当纳入产品质量丑闻范畴。

因此，在探讨质量改进修复丑闻品牌形象时，应将产品质量内涵扩大至产品/服务质量。

第 6 章研究发现，丑闻后消费者的产品感知质量正向调节企业捐赠行为对消费者品牌态度的影响，感知质量越高，消费者的品牌态度越好，该结论强调了产品质量在品牌认知中的核心地位。如果消费者对产品感知质量高，且企业采取高契合度的捐赠行为，将大大降低丑闻对品牌形象污损的风险。第 8 章结论表明，丑闻情境下企业的质量改进行为对丑闻品牌形象也具有一定的修复作用，且会影响其他 CSR 行为对品牌形象的修复效果。企业在丑闻事件发生后的 CSR 行为通常较活跃，但是否采取质量改进行为，这会给品牌形象修复效果带来较大差异。

2016 年 1 月，南方黑芝麻糊被曝“大肠杆菌超标”，事后企业一方面对消费者是“既不召回也不致歉”，另一方面却热心从事社区公益事业，向武汉等暴雨灾区地捐赠价值 2500 万元的赈灾物资。企业对消费者的食品安全诉求淡然处之，直接后果是同年 10 月再次被曝“大肠杆菌超标”丑闻。

与之相对照的是，2011 年“瘦肉精”事件后，双汇集团在 24 小时内发布声明致歉，迅速责令涉事的济源工厂停产整顿，要求下属所有工厂加强对采购、生产、销售各环节的质量控制，配合政府部门对生产各环节全面检查，还承诺将进一步强化对产业链上下游的控制力，确保食品安全。同时，双汇集团通过为河南省敬老助老总会捐赠、赞助女排大奖赛、资助考上大学的职工子女等形式，持续开展 CSR 行为，有助于积极的品牌形象修复效果和市场回报。2012 年双汇销售收入同比增长 5.56%，2013 年企业的营业收入增长率创下历史新高。

Campell(2006)提出，社会责任的最低标准是不伤害利益相关者，且当丑闻发

① 毕诗成. “饿了么”警示监管升级[N]. 人民日报，2016-3-17(5).

生后能迅速纠正。理论研究和案例观察均发现，在丑闻情境下，企业在未能消除引发丑闻的“产品/服务质量”问题、实施质量改进行为时，意图通过 CSR 行为修复品牌形象，这种尝试不一定会“善有善报”。生产安全、可信赖及高质量的产品是企业对消费者最根本的责任，而我国社会现实中，仍有企业一边慷慨捐助，一边却在暗地里坑害消费者，其 CSR 行为的“两面性”使得公众质疑企业诚意，特别对于发生过丑闻的企业，人们认为，其 CSR 行为是为其不当行为进行“遮羞”，或是转移、分散公众对其社会责任缺失的关注。对企业而言，产品质量是对外塑造形象的关键和核心(黄静和刘秋玲，2014)。

庄爱玲和余伟萍(2011)的研究指出，企业在丑闻后的干预手段多达 17 种，而产品质量管理就是典型的战术性行为。丑闻后针对产品质量问题采取“对应性”管理措施，如承认过错/否认、产品召回/提供证据进行辩解、改进产品缺陷/增强产品功能等，会直接影响消费者的产品感知质量，进而影响其行为意向。从 CSR 管理视角来看，丑闻后的产品质量改进虽然是行之有效的响应策略，但性能型丑闻信息的曝光会使消费者产生不安全感，从而提高消费者对品牌安全和公司伦理行为的关切(Curlo，1999)，如果企业员工缺乏对道德价值的坚守、对消费者及其他利益相关者的真诚和忠诚，就不可能真正地实现全面质量管理(Fisscher and Nijhof，2005)。

综上分析，本节从产品/服务质量管理和质量伦理视角提出以下建议：①将产品/服务质量管理的重要性从战术上升至战略和伦理层面，把质量伦理和文化融入企业价值观和战略思维，从企业全局视角调动资源投入质量伦理建设，将“产品”责任纳入 CSR 范畴，推动企业实现从质量检验、质量管理到质量伦理的跃迁；②以行业与企业特征、产品/服务质量管理资源、模式构建和工具选择等因素为决策依据建设产品/服务质量管理体系，选择适用性强的质量管理措施与工具，从原材料控制、生产管理、流程优化发展到全产业链式的全面质量管理，辅以移动互联时代的物联网和质量溯源等技术，促进产品/服务质量管理模式的系统化升级；③丑闻发生后，积极采取产品/服务的质量改进行为，增强消费者对企业能力的信念，才有可能通过影响品牌信任，进而达到修复品牌形象、提升购买意愿的效果。

10.4.2　丑闻防范、预警与应对构建品牌形象管理体系

品牌丑闻会引发消费者对品牌的负面联想，破坏企业声誉，并损害品牌形象，严重时还会从丑闻演化为危机。从危机管理视角来看，品牌形象管理应当涵盖危机防范、应对和恢复的全过程。国内外危机管理领域广泛应用的 PPRR 模式(卢文刚，2010)，将危机管理分为危机前预防(prevention)、危机前准备(preparation)、危机爆发期响应(response)及危机结束期恢复(recovery)四阶段。

危机爆发前，多表现为一种隐性状态，通过积极预防和监测，能够降低隐性冲突向现实冲突演化的频率(宋林飞，1999)。因此，企业品牌形象保护策略中也应当构建具备“防范、预警与应对”功能的品牌形象管理体系(图 10.7)。

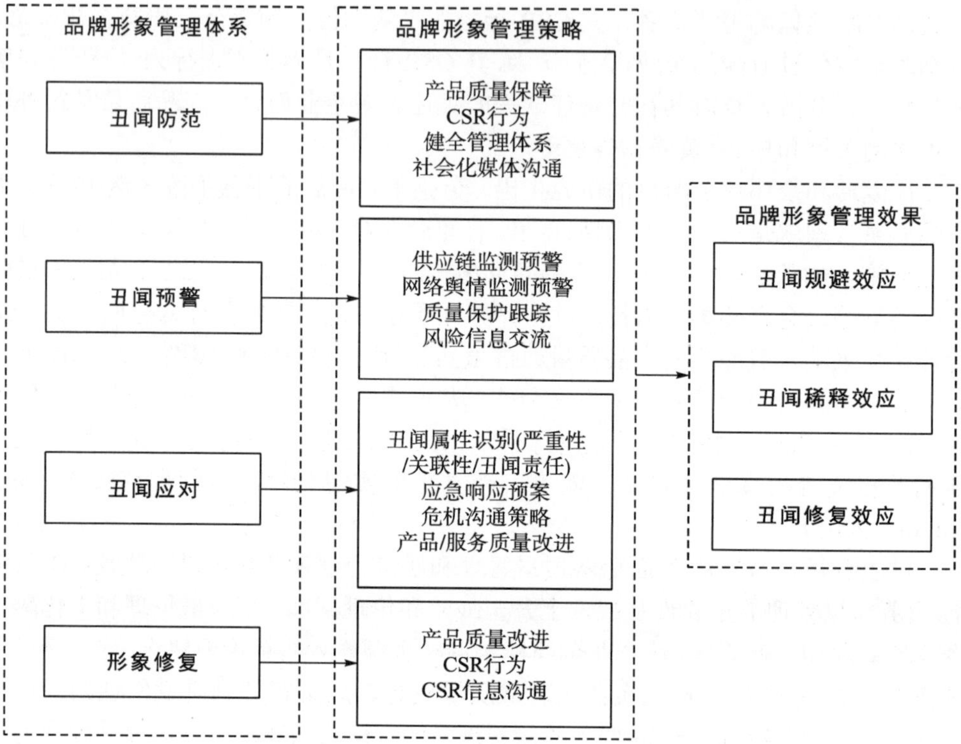

图 10.7 品牌形象管理体系

资料来源：卢文刚(2010)和第 2 章文献回顾

如图 10.7 所示，品牌丑闻的防范、预警与应对策略主要包括企业内部视角的 CSR 行为、社会化媒体沟通(Rutsaert et al.，2014)、健全标准制度(杨建顺，2014)、改善生产条件和提升企业内部管理水平(张红霞等，2013)等，以及企业外部视角的供应链监测与预警(徐和清，2012)、网络舆情监测与预警(杨于峰等，2013)、质量保护跟踪和企业成员间风险信息交流等。丑闻发生后，企业的及时响应与防范预警同样重要。丑闻响应的第一步是判断丑闻属性，丑闻的严重性、关联性等属性会使消费者产生强烈的情感反应和负面形象感知(阎俊和佘秋玲，2009)。因此，对丑闻严重性、关联性和丑闻责任的准确判断是响应行为发挥积极作用的基础。形象修复理论提出否认、逃避责任、减少攻势、改正和抑制等代表性策略；情境危机传播理论认为，结合具体危机情境展开行为应对才能达到预测效果，并且危机事件的责任归因是危机情境中的重要因素(Coombs，1995)；市场修复理论聚焦于危机后如何恢复消费者信任，而恢复消费者信任主要取决于企业采取的信息性、情感性和功能性修复策略是否能够分别修复企业的能力形象与善意形象。董亚妮(2010)则重点研究了维持、缺陷改进和功能增强三类产品质量改进策略。

本章从防范与预警视角提出以下建议：①品牌形象保护策略能起到丑闻防范与预警的作用，应当遵从“化非常态的应急管理为常态化的风险管理、化事后补救为事前预防、化模糊管理为标准管理”的基本思想(雷晓康等，2013)；②企业应建立风险监测、评价与预警的连续统一过程管理，包括信息收集子系统、信息分析评估子系统、危机预测子系统、危机警报子系统及危机应对子系统(刘彧彧，2007)；③品牌形象管理体系应充分发挥技术优势，在移动互联背景下借助大数据、物联网、人工智能等技术，为品牌形象提供迅捷又可靠的保护。

10.5　控制丑闻责任

积极的 CSR 声誉在品牌丑闻发生时能够发挥保险效应，而指导企业有效应对危机的响应决策机制、消除丑闻根源的质量改进行为及与消费者等主要利益相关者之间的危机沟通，都是为了避免丑闻责任过大或响应不当对品牌形象造成无法挽回的损失或次生伤害。

10.5.1　降低和控制重大丑闻责任感知风险

消费者的丑闻责任感知是导致品牌形象受损的关键(Coombs and Holladay，2002)，降低和控制重大丑闻责任感知的风险尤为重要。第 5 章研究发现，三类 CSR 行为与丑闻责任的交互作用对丑闻品牌形象的修复效果有显著影响。在三类 CSR 行为对品牌形象的修复过程中，丑闻责任起到负向调节作用。丑闻责任较小时，捐赠、赞助和事业关联营销的修复效应差异更显著；而丑闻责任较大时，三类行为修复作用均较弱。第 8 章研究指出，丑闻发生后，消费者利他性归因在 CSR 行为修复品牌形象过程中起完全中介作用，且丑闻责任在消费者利他性归因的过程中充当调节变量。上述结论表明，丑闻责任和利他性归因对 CSR 行为修复丑闻品牌形象有重要影响。

第 5 章研究证实了卢东等(2010)的发现，即在丑闻情境下，消费者会对企业在丑闻中承担的责任和 CSR 行为特质和动机进行评价，只有在消费者怀疑较少时，才可能更多地对 CSR 的内部特质进行归因。根据情境危机沟通理论，丑闻责任越大，CSR 行为对丑闻品牌形象的修复作用越弱。第 6 章研究结论同样显示，消费者感知到的丑闻责任越大，CSR 行为对品牌形象的修复效价越小，且 CSR 行为特征差异对消费者的品牌形象评价、产品购买意愿的作用差异也越不显著。因此，丑闻发生后，丑闻责任是企业及时响应且必须考虑的关键问题，企业不仅应当及时响应品牌丑闻，通过质量改进行为消除丑闻根源，将丑闻责任控制在可控范围之内，而且应该科学、有效地跟消费者进行危机沟通，降低消费者的丑闻责任感知。

在重大丑闻责任的负面影响方面，英国能源巨头 BP 公司的“墨西哥湾漏油”事件[①]极具代表性。

2010 年 4 月 20 日，BP 公司租赁的“深水地平线”海上钻井平台在墨西哥湾水域发生爆炸和泄漏，11 名工作人员死亡，大约 300 万桶原油持续泄漏 87 天，近 1500 公里海岸线受到污染，成为美国“史上危害最严重的海上漏油事故”[②]。丑闻使得 BP 公司的形象与其着力打造的全新绿色产业形象背道而驰。由于丑闻事件对环境和当地人口的严重影响、事故带来的经济赔偿损失与公司形象的长期损害等，BP 公司被剔除出世界知名的道琼斯可持续发展指数榜单[③]。2015 年，BP 公司最终以 187 亿美元的代价终结了漏油事故引发的多年诉讼。英国《金融时报》专栏作家斯卡平克评论道：“我们可以从中得出诸多教训，但归根结底，最好还是从源头预防危机的发生。”

从 BP 公司案例可知，当丑闻责任较大时，企业的经济损失和形象损害难以估量，无论是通过质量管理手段，还是 CSR 行为，修复过程漫长而艰难。在丑闻情境下，消费者处于信息不对称之中，其对危机、企业响应与修复策略的反应受到危机强度、丑闻严重性、丑闻责任等因素的影响，消费者对丑闻责任和企业响应的感知对企业后续行为的应用效果所发挥的作用更大(朱翊敏，2013)。

综上分析，本节从控制丑闻责任视角提出以下建议：①通过建立产品/服务质量管理体系与品牌形象管理体系等，形成品牌形象保护策略，从源头上防范和预警丑闻的发生，降低重大丑闻的发生概率；②认知企业真实的丑闻责任与消费者感知的丑闻责任之间的差异，通过及时和恰当的响应行为与危机沟通保护消费者知情权，避免宣传误导、说明不到位及未进行后续信息披露等，有效控制可能导致消费者等利益相关者形成重大丑闻责任感知的风险。

---

① 英国能源巨头 BP 公司将为墨西哥湾漏油事件负责[EB/OL]. [2010-5-4]. http://news.sohu.com/20100504/n271898831.shtml.

② BP 公司 187 亿美元和解漏油事故创污染赔偿记录[EB/OL]. [2015-7-4]. http://finance.sina.com.cn/world/ozjj/20150704/072122590148.shtml.

③ 海外社会责任基金如何应对 BP 漏油事故[EB/OL]. [2011-6-3]. http://www.xqfunds.com/info.Dohscontentid=42829.htm.

10.5.2 避免丑闻响应不当再次挫伤品牌形象

品牌丑闻的及时响应策略是企业对重建制度和行动的正当性努力。从伦理道德角度来讲，丑闻发生后，企业的首要任务是通过提供指引性信息(instructing information)和适应性信息(adapting information)，以保护利益相关者不受到生理和心理伤害(Sturges，1994)。此外，还需采取应对策略以修复企业声誉，减少负面影响，以及防止负面行为意向的产生。

国内外众多学者围绕品牌丑闻发生后的响应策略开展了研究。余伟萍等(2014)从基于形象修复理论、基于情境危机传播理论和基于市场修复视角三个角度整合研究了丑闻后的响应行为。基于形象修复理论，Benoit(1997)将企业对品牌丑闻的响应行为与丑闻责任相关联，认为公众对企业在丑闻事件中责任的知觉是影响企业形象的关键因素。Kabak 和 Siomkos(1991)提出，品牌丑闻发生后，企业响应行为按努力水平从低到高分为否认、非自愿地响应、自愿地响应、非常努力地响应。Bradford 和 Garrett(1995)通过研究提出，企业通常采用不响应、否认、辩解、承认丑闻的发生并宣称丑闻事件不像报道所说的那样严重、认同事件的严重性并承担责任的五种响应行为。Coombs(1998)将攻击、否认、借口、合理化四种响应行为归纳为出于保护企业目的的反抗取向，而迎合、修正、完全道歉是出于受害者角度考量的顺应取向。Benoit(1997)归纳的否认、逃避责任、减少攻势、改正行为、抑制行为五类形象修复策略则是已有文献中最完备、被引用最多的研究架构。基于情境危机传播理论，Coombs(1995)指出，丑闻情境的界定需要考虑客观存在的事实构成，又受到社会公众主观认知的影响。Coombs(2007)构建了情境危机传播理论，以归因理论和关系管理为核心解释了危机情境。基于市场修复视角，Xie 和 Peng(2008)指出，可通过信息性修复、功能性修复和情感性修复三种策略恢复消费者信任。

除了丑闻责任外，丑闻发生后，企业响应不当也有可能影响消费者的丑闻责任感知，从而进一步挫伤品牌形象。

从 2013 年 4 月起，媒体连续报道农夫山泉“标准不如自来水”，而农夫山泉也连续四次回应《京华时报》，自称执行国家标准，甚至严于国家标准，并举出诸多的检测指标，从 21 世纪网到《京华时报》，权威的财经网站和北京影响力巨大的都市报先后成为农夫山泉的主要对手[①]。《京华时报》在 27 天里，以连续 67 个版面、76 篇报道追踪农夫山泉“标准”问题，引发了社会公众对饮用水问题的强烈担忧。农夫山泉以“坚称产品合格”“经检测证明水质没问题”等强硬态度消极回

① 纪新宇. 从质量门到标准门 谈农夫山泉危机公关的得失[EB/OL]. [2013-5-16]. http://yuqing.people.com.cn/n/2013/0516/c210117-21503696.html.

应，与媒体鏖战，错失修复媒体关系的良机，导致了严重的二次舆情灾害，农夫山泉的品牌声誉直线下滑，竟有超过九成的网民表示了对农夫山泉品质的不信任。

农夫山泉案例表明，丑闻后企业形象形成的关键在于公众的认知，而非真实情况，一旦公众认为企业应对事件负责，企业形象就已受波及，不管真实情况如何，都必须尽快进行形象修复(Benoit，1997)。基于此，本节从避免响应不当视角提出以下建议：①企业从品牌形象管理的目标出发，应预先建立丑闻应急响应预案，做到防患于未然，并将预案的目标、流程与要求作为企业日常经营管理和员工培训的内容加以实施；②参考危机公关领域得到理论与实践检验的管理工具，在丑闻响应过程中遵循“承担责任、真诚沟通、速度第一、系统运行和权威证实”五项原则，避免因响应不当造成新的舆情灾害，再次挫伤品牌形象；③在社会化媒体时代，网络成为大众参与社会事务的重要渠道，并导致网络舆情高发。丑闻发生后，企业应积极与利益相关者进行沟通，回答大众关切的问题，降低外界责难。获得最佳沟通效果的关键在于沟通策略和危机情境的适配，企业属于无责任的受害者时，可采用否认性策略；属于中等责任的意外型时，可采用借口、合理化等消除性策略；属于高度责任的不当行为危机情境时，组织不应逃避，应主动承担责任，并采用修正、道歉等沟通策略(赖胜强和唐雪梅，2017)。

10.6 引导利他性归因

消费者对丑闻发生后的 CSR 行为的利他性归因直接影响了丑闻品牌形象的修复效果。为了引导消费者的利他性归因，企业应当凭借丑闻前后的 CSR 参与度和积极主动性打下基础，影响消费者对 CSR 行为持续性的认知，通过捐赠、赞助等恰当的形式开展 CSR 活动，与更广泛的利益相关者进行沟通。

10.6.1 突出战略性利己和价值观驱动型利他动机

第 5 章研究发现，捐赠、赞助和事业关联营销三类 CSR 行为与丑闻责任的交互作用对丑闻品牌形象的修复效果有显著影响，利他性归因在此过程中存在部分中介作用。利他性归因包含对丑闻情境的责任归因和对 CSR 行为的特质归因，而消费者的利他性归因有利于丑闻品牌的形象修复。第 6 章证实了消费者对企业捐赠行为的利他性归因在契合度对品牌形象修复的效应中充当中介作用。第 8 章则发现，丑闻后利他性归因在 CSR 行为连续性、CSR-丑闻关联度、CSR 信息披露渠道影响消费者品牌形象评价和购买意愿的过程中充当了完全中介变量。可见，丑闻发生后，及时响应的另一个重点是引导利益相关者进行利他性归因。

在探讨消费者对 CSR 行为动机归因方面，Drumwright (1996) 发现，管理者相信消费者对 CSR 活动的判断过于简单化，并认为这些活动要么服务于经济目的，要么反映出真诚的社会关注。然而，当人们对企业的期望被否定时，便会思考“为什么”的问题，导致更复杂的归因。由于消费者对企业缺乏信心，企业想要表现为“好公民”的 CSR 努力就可能会引起这种关注。与传统的认为消费者沿着“从服务自我到服务社会”和“从服务公司到服务公众”的连续集衡量动机(Forehand and Grier，2003)的观点不同，Ellen 等(2006)将消费者对 CSR 行为的归因分为四类(图 10.8)。

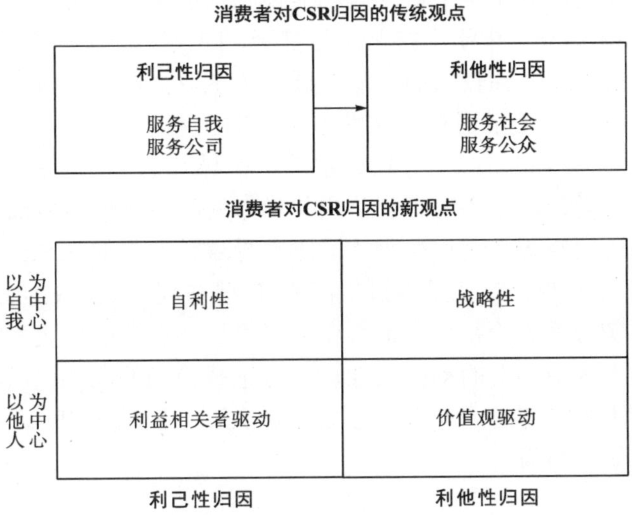

图 10.8 消费者对 CSR 归因的观点演变

资料来源：Ellen 等(2006)

Ellen 等(2006)将消费者对 CSR 动机的归因分为四类：战略性的以自我为中心的动机、自利性的以自我为中心的动机、价值观驱动的以他人为中心的动机、利益相关者驱动的以他人为中心的动机。消费者对价值观驱动和战略性 CSR 努力做出了最积极的反应，而对被视为利益相关者驱动或自利性的 CSR 努力做出了消极回应。

第 4 章曾分析过的江淮汽车“同悦锈蚀门”事件，在引导消费者对 CSR 行为的利他性归因方面具有较高代表性。

2013 年央视 3·15 晚会曝光了江淮同悦轿车车身生锈事件，该事件带来的影响不是短期的，将会长期影响公司的品牌形象[①]。中国社会科学院于同年 11

① 锈蚀门后遗症：江淮业绩品牌双受损[EB/OL]. [2013-3-26]. http://auto.huanqiu.com/news/2013-03/3766858 _2.html.

月14日发布的《企业社会责任蓝皮书》指出，汽车制造业社会责任发展指数平均得分为21.2分，而江淮汽车因得分6.5被划归为社会责任旁观者①。为了修复品牌形象，自丑闻发生后的一年里，江淮汽车分别实施了“爱在乡村”大型公益活动、向雅安地震灾区捐赠救援车辆、赞助安徽省“十佳”环保人士颁奖典礼、关注和救助留守儿童及越野拉力赛等10次社会责任活动。持续的CSR活动逐渐实现了品牌形象的修复效应，2014年年度营业收入336.2亿元，同比增长15.47%的业绩显示了消费者购买意愿的恢复，后续两年江淮汽车分别获得的“2015年度中国社会责任杰出企业奖”“2016年度企业社会责任奖”等荣誉，也体现了品牌形象修复的积极效果。

江淮汽车案例印证了本书研究对利他性归因的探索发现。江淮汽车在丑闻发生后实施的CSR活动集中于支持艺术与健康、向灾区慷慨捐赠、环境保护等与企业核心业务及丑闻相关性较低的领域，展示了企业真诚的一面，通过推动消费者社会责任特质归因改变了消费者品牌态度，即由利他性归因充当了CSR行为修复品牌形象的中介变量。综上分析，本节从引导利他性归因视角提出以下建议：①重视企业产品责任，以不伤害利益相关者作为社会责任的最低标准，并在丑闻事件发生后能迅速纠正；②避免因沟通不畅导致消费者对CSR行为形成片面的“利己-利他”动机判断，而是通过提高CSR参与度与积极主动性、延长CSR历史、提高CSR契合度等途径引导消费者形成“战略性的以自我为中心”和“价值观驱动的以他人为中心”的动机认知，同时选择恰当的CSR行为类型，避免将CSR行为与销售收入或企业广告产生过高的关联，降低CSR-丑闻关联度，引导消费者形成利他性归因。

10.6.2 区分利益相关者属性和强化沟通效果

丑闻发生后，企业通过CSR行为修复品牌形象，与利益相关者沟通是必不可少的途径。Clarkson（1995）将利益相关者简要划分为主要利益相关者和次要利益相关者。Freeman（1979）将主要利益相关者界定为对商业运营必不可少的人，而次要利益相关者能够影响主要利益相关者。Mattingly和Berman（2006）根据利益相关者理论，将针对主要利益相关者的CSR活动称为技术性CSR，将针对次要利益相关者的CSR活动称为制度性CSR。田虹和王汉瑛（2014）指出，以捐赠为主要形式的制度性CSR主要针对社会公众等次要利益相关者，而技术性CSR主要针对股东、雇员、客户、供应商等主要利益相关者。技术性CSR更多通过声誉机制起作用；而制度性CSR则更多通过企业内部管理起作用。Godfrey等

① 2013汽车企业社会责任蓝皮书：总体处起步阶段[EB/OL]. [2013-11-14]. http://finance.ifeng.com/a/20131114/11079373_0.shtml.

(2009) 发现，企业参与针对企业的次要利益相关者或社会的制度性 CSR 活动能够为公司提供“保险式”利益，而针对公司贸易伙伴的技术性 CSR 活动却没有这样的好处。本节将利益相关者沟通、企业 CSR 动机和消费者对 CSR 归因的关系整理为图 10.9。

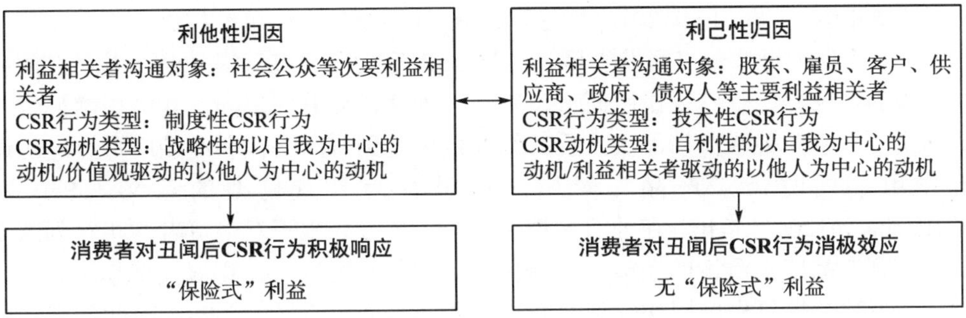

图 10.9　利益相关者沟通、CSR 动机和消费者归因关系

资料来源：Clarkson (1995)，mattingly 和 Barman (2006)，Ellen 等 (2006)，Godfrey 等 (2009)

图 10.9 将引导消费者利他性归因的主要因素归纳为以社会公众为代表的次要利益相关者为对象，CSR 行为属于制度性且出于战略性的以自我为中心的动机和价值观驱动的以他人为中心的动机。针对股东、雇员、客户、供应商、政府、债权人等主要利益相关者的 CSR 行为可能被认为完全符合公司的盈利利益，被视为自我服务而不是服务于他人的行为 (Godfrey et al.，2009)。企业从事 CSR 的类型和时机会影响消费者对 CSR 行为动机的判断，只有当消费者相信 CSR 行为是真正出于服务社会的利他动机时，消费者才会对企业产生更积极的评价，才会因为善意而缓和他们对公司的负面评价和制裁。

丑闻曝光后，消费者会怀疑企业能力，进而对品牌形象产生负面评价，此时企业采取 CSR 行为修复品牌形象，最重要的是塑造企业“取之于民，用之于民”的善意形象，引导消费者相信企业捐赠是为了回馈社会。否则，消费者会将 CSR 行为视为丑闻的“遮羞布”或营销手段，怀疑企业的道德水平，并做出与 CSR 行为相反的评价 (卢东等，2010)。本节从利益相关者管理视角提出以下建议：①将企业的行为、规范与主要利益相关者的需求相结合，在产品安全与质量、雇员支持等领域以对社会负责任的方式行事；②了解次要利益相关者的需求与偏好，在社区支持、环境保护、多样性等领域赢得次要利益相关者的支持，引导消费者对企业产生战略性的以自我为中心及价值观驱动的以他人为中心的动机认知，获取“保险式”利益。

10.7 建立企业社会责任行为类型决策机制

正如 Mishra 和 Modi(2016)所说，CSR 行为不是一个单维构念，不可一概而论。第 5 章研究证实，丑闻发生后，三类 CSR 行为均会显著提升消费者对丑闻品牌形象的评价。但就修复作用而言，三类行为存在显著性差异，其中捐赠最优，赞助次之，事业关联营销最次，且其修复效果受到丑闻责任和产品质量改进的调节作用。同时，“产品”对质量改进行为具有重要的意义。Sen 和 Bhattacharya(2001)指出，在非丑闻情境下，CSR 投入水平对消费者购买行为的影响还受到产品感知质量的调节；而余伟萍等(2014)则证实，在丑闻情境下，CSR 对品牌形象的修复程度同样受到丑闻责任和产品感知质量的影响。因此，应当探索 CSR 行为与质量改进行为的决策与应用。

10.7.1 实施高契合度捐赠赢得企业社会责任行为积极响应

在 CSR 理论的演进过程中，Carroll 的金字塔模型和 Elkington 的三重底线模型得到了广泛的认可与应用(图 10.10)。两种模型的观点均认为，企业慈善责任或者狭义社会责任处于 CSR 的最高层面。

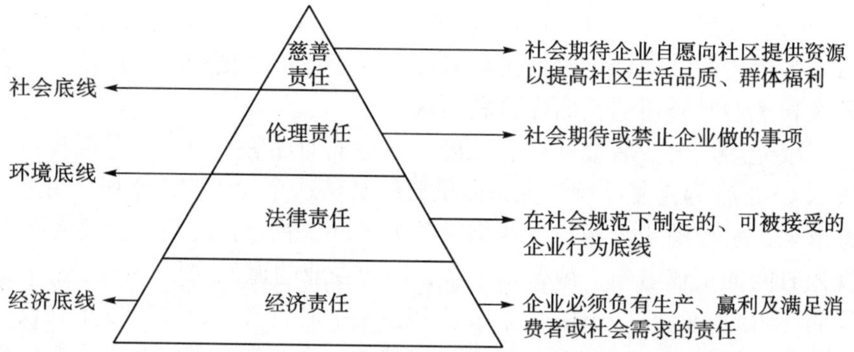

图 10.10 Carroll 金字塔模型和 Elkington 三重底线模型对照

资料来源：Carroll(1979)，Elkington(1998)

从企业实践来看，Kotler(2016)在 *Marketing Management* 一书中指出，品牌要想像朋友一样影响消费者，就需要具备六种人格特质，其一就是道德感。有强烈道德感的品牌在做重要商业决定时会加入道德考量。全球第三大服装连锁品牌优衣库的创始人柳井正则将“为善，行善”作为四项品牌原则之一，希望通过“打造一个热衷于回馈本地社区的全球零售帝国，让慈善变成时尚”①。由此可知，CSR 行为在 CSR 领域中具有至关重要的地位，本节首先将探讨 CSR 行为在 CSR 行为类型决策中的作用。

第 3 章研究发现，产品性能型丑闻后 CSR 行为频次最高，而丑闻发生后，较大比例的企业都会实施 CSR 行为，且 CSR 投入水平较高。第 5 章探讨了 CSR 行为对丑闻品牌形象的修复效应和影响因素，研究结果显示，在三类 CSR 行为中，捐赠的品牌形象修复效果最优。同时，无论丑闻责任大或小，捐赠的品牌形象修复效果始终最好。第 6 章确认了丑闻后企业捐赠行为修复消费者购买意愿的积极作用，而此过程中，品牌态度的中介作用和消费者产品感知质量的调节作用同样得到验证。这些理论发现与社会经济生活中的企业实践相吻合。

2011 年双汇集团“瘦肉精”事件发生后一年内，企业共有 10 次 CSR 行为，其中捐赠 5 次，商业赞助 5 次；2011 年锦湖轮胎“返炼胶”事件发生后一年内，企业共有 4 次 CSR 行为，其中捐赠 3 次，商业赞助 1 次；2012 年修正药业“毒胶囊”事件发生后一年内，企业共有 3 次 CSR 行为，全部为捐赠；2013 年农夫山泉“标准门”事件发生后一年内企业共有 3 次 CSR 行为，全部为捐赠。

理论研究与案例观察表明，当今企业面临的不再是简单的商品价格和市场份额竞争，而是一场社会责任和道德的多元化竞争。丑闻情境下，以捐赠为代表的 CSR 行为可以被看作带有保险性质的防御策略，降低或减少企业出现不当行为或负面消息时对企业造成的负面影响；或者将捐赠作为事后的“救火”策略，分散公众对企业负面事件的关注，挽回企业形象与声誉(Koehn and Ueng，2010)。正如 Porter 和 Kramer(2002)指出的：大多数研究默认企业捐赠都是短期导向，或者是企业经营的点缀，而未考虑到企业通过跨期捐赠最终达成预期目标的可能。

以修复品牌形象为预期目标的捐赠，关键在于通过高契合度的行为强化消费者的利他动机认知。首先，第 6 章结论表明，丑闻后企业捐赠契合度对消费者购买意愿产生正向影响，捐赠契合度越高，对购买意愿的修复效果越好。在捐赠契合度影响购买意愿的过程中，企业丑闻责任存在负向调节作用，捐赠契合度与丑闻责任的交互作用对购买意愿的影响显著。在捐赠契合度影响品牌形象修复效果的过程中，利他性归因发挥中介作用，而产品感知质量发挥正向调节作用。高契合度的 CSR 行为能够满足消费者的预期期望，增强其所理解的企业市场地位，弱化对企业和产品的不确定性认知，进而提高购买意愿。当消费者认为 CSR 契合度高时，其对企业或品牌的态度将有所改善，已有的认知结构会更容易接受 CSR 行

① 优衣库成为全球品牌，全靠这四大秘技[EB/OL]. [2017-10-27]. https://www.xiancai8.com/dianying/171027164608974.html.

为(Fiske and Taylor，2013)。由此推导出“捐赠契合度高+企业丑闻责任低”的情境组合最适合运用捐赠修复购买意愿，而“产品感知质量高+捐赠契合度高”的情境组合最适合运用捐赠修复品牌形象。其次，捐赠内容以社区支持为主，受益者为非特定的次要利益相关者，最能体现企业良知和“德行”，加之中国传统文化“人之初，性本善”的主流传统观念与社会主义核心价值观倡导利他主义与奉献精神，使捐赠成为CSR行为的重要形式。最后，正因捐赠没有商业目的，是企业牺牲自身利益的赠予行为，能减少消费者对企业目的的怀疑，从而成为消费者评价企业形象的重要指标和转变消费者品牌态度的重要途径，形成利他性归因。

综上分析，本节针对捐赠及其契合度提出以下建议：①丑闻发生后的捐赠是行之有效的品牌形象修复策略，尽管可能因消费者质疑捐赠存在利己动机而削弱其修复效应，但与不捐赠相比，捐赠的积极作用仍然存在；②企业应延续过去在CSR领域的投入，一如既往地支持环境保护、教育科研与培训、医疗卫生和社区发展、帮助受灾地区和弱势群体等，通过单纯利他的CSR行为对消费者品牌态度产生潜移默化的影响，以“润物细无声”的方式修复品牌形象；③丑闻情境下，捐赠应与企业核心业务相关，捐赠对象要和企业产品与服务的目标市场相吻合，捐赠行为要和企业形象相契合，避免由于捐赠方式不当在消费者中形成“伪善”印象。

10.7.2 谨慎运用赞助和事业关联营销发挥辅助作用

第5章结论指出，丑闻发生后，企业进行捐赠、赞助和事业关联营销均会显著提升消费者对品牌形象的评价。而就品牌形象修复效果而言，三类行为之间存在显著性差异，捐赠最优，赞助次之，而事业关联营销最差。

美国运通公司在丑闻后积极实施事业关联营销(cause-related marketing，CRM)活动：消费者每使用信用卡交易一次，企业都将从中提取一定资金捐献给爱丁堡公爵奖(varadarajan and menon，1988)。该行为是其能够平息先前遭遇的丑闻事件的主要原因。然而，对于遭遇“牛肉丸不含牛肉”[①]“自主品牌水果肴肉菌落超标14倍”等丑闻的家乐福(中国)控股有限公司而言，将销售总额的1%用于助学扶贫的事业关联营销活动却并未获得消费者的积极回应，甚至还出现了家乐福(中国)控股有限公司退出中国市场的传闻(汪旭晖等，2015)。

除了丑闻发生的年代、诱因和文化背景等导致修复效果差异之外，学术界对于丑闻发生后是否能采取赞助和事业关联营销进行品牌形象修复也存在争议。

反对采用赞助和事业关联营销的学者认为，赞助由于存在直接的补偿性交易，

① 家乐福50岁生日很难过：假牛肉丸现质量危机[EB/OL]. [2013-7-11]. http://business.sohu.com/20130711/n381261884.shtml.

其利他动机会受到质疑，而事业关联营销的商业特征更为明确，其动机也最容易受到质疑(Lii and Lee，2012)。与捐赠相比，事业关联营销同时存在利己和利他两种动机，消费者更有可能认为企业动机是出于商业目的。汪旭晖等(2015)研究指出，产品性能型丑闻发生后，如果企业实施事业关联营销，消费者会认为企业在用有质量问题的产品做慈善而无法接受；而赞助作为营销工具，无法减少消费者对企业产品质量的不满意，反而会引起反感，两种方式都可能雪上加霜。

赞成赞助和事业关联营销的学者认为，不同情境下影响印象形成的因素有所不同，如果消费者在丑闻后接触到更多 CSR 行为等正面信息，则更容易对品牌形成正面态度。McWilliams 和 Siegel(2001)认为，消费者对其信任的公司产品感知质量更高，而事业关联营销能帮助企业树立值得信任的形象。Garrison(1990)认为，事业关联营销能提高企业声誉和形象，影响消费者品牌态度。Cornwell 等(2001)认为，赞助会对品牌知名度、企业形象、品牌个性等品牌权益产生影响。Speed 和 Thompson(2000)则证明，赞助与企业形象的转移是可实现的。

两种观点的分歧体现在赞助和事业关联营销的应用情境上。在非丑闻情境下能够提升品牌形象的赞助和事业关联营销，在丑闻情境下可能由于消费者对企业动机的认知而出现“弄巧成拙”的情景。第 4 章所观察的 10 个案例中，采用赞助和事业关联营销进行品牌形象修复的企业包括双汇集团、锦湖轮胎、酒鬼酒、江淮汽车和路虎中国，足以体现这两类 CSR 行为在企业丑闻管理实践中仍然占有一席之地。基于上述探讨，本节针对赞助和事业关联营销提出以下建议：①通过质量改进为 CSR 行为打好基础。由于产品/服务质量丑闻的“晕轮效应”，消费者的关注点在于产品的质量问题，对于企业赞助或是事业关联营销，消费者都不买账。只有在产品质量改进体现企业消除丑闻根源的决心后，才有可能通过 CSR 行为修复品牌形象。②谨慎使用赞助和事业关联营销进行品牌形象修复，避免消费者产生利己性归因。汪旭晖等(2015)的研究表明，消费者对企业的赞助和事业关联营销产生的利己性归因，不仅不会对品牌权益起到修复作用，还能产生显著的负向影响。因而，借助第三方媒体的力量加强与利益相关者沟通，引导消费者认知、理解并相信 CSR 行为的善意至关重要。③以高契合度的赞助和事业关联营销作为辅助，获取利益相关者的支持。

2011 年双汇集团被曝光“瘦肉精”事件后，延续往年的 CSR 行为继续赞助中国男排和女排赛事[①]，这种选择与双汇消费者关注的“健康与活力”直接相关；而双汇冠名赞助社区文艺活动[②]，也与其“德行天下”的企业文化有关。同样，2013 年江淮汽车发生“锈蚀门”丑闻后，选择赞助中国越野拉力赛[③]和全国漠河冰雪越

① “双汇杯”2011 世界女排大奖赛(漯河站)闭幕[EB/OL]. [2011-8-8]. http://www.shuanghui.net/html/2815.html.
② 首届双汇周末文化广场激情上演[EB/OL]. [2011-9-20]. http://www.shuanghui.net/html/2763.html.
③ 江淮汽车瑞风 S5 将征战中国“达喀尔”[EB/OL]. [2013-9-12]. http://auto.cnr.cn/ywzx/201309/t20130912_513582274.shtml.

野赛，此活动虽然是典型的商业赞助，但赛事定位与江淮汽车消费者所关注的车辆品质和越野能力有高相关性，可能带来关于产品品质的积极联想。

可见，赞助和事业关联营销的妥善使用仍能积极修复丑闻品牌形象，关键在于在丑闻责任较小的情境下找准利益相关者，提高 CSR 行为的契合度。

10.7.3 构建企业社会责任行为双因素模型

第 9 章研究发现，丑闻情境下企业的质量改进行为对丑闻品牌形象具有一定的修复作用，且会影响 CSR 行为对品牌形象的修复效果。根据双因素理论的观点，当企业无质量改进行为时，即便企业积极开展 CSR 行为，消费者也会为其行为的合理性提出质疑，进而淡化 CSR 行为对丑闻品牌形象的修复效果。同时，在 CSR 信息披露渠道直接影响利他性归因、间接影响品牌形象和购买意愿的过程中，质量改进行为具有调节作用。随着消费者产品感知质量的提高，消费者对企业官方、第三方媒体两类 CSR 信息披露渠道认知反应差异也将越来越显著。由此可见，在修复丑闻品牌形象的过程中，质量改进行为和 CSR 行为之间存在密切关系，且会发生相互作用。此发现与已有研究结论吻合，同时也符合双因素理论观点。以往学者还未有从双因素视角出发对丑闻品牌修复效果进行研究的，本节提出了丑闻品牌形象修复的双因素理论，将反映企业能力形象的质量改进行为(产品质量改进)纳入保健因素，将反映企业形象的 CSR 行为(捐赠、赞助和事业关联营销)纳入激励因素，建立基于 CSR 视角的品牌形象修复双因素模型(图 10.11)。

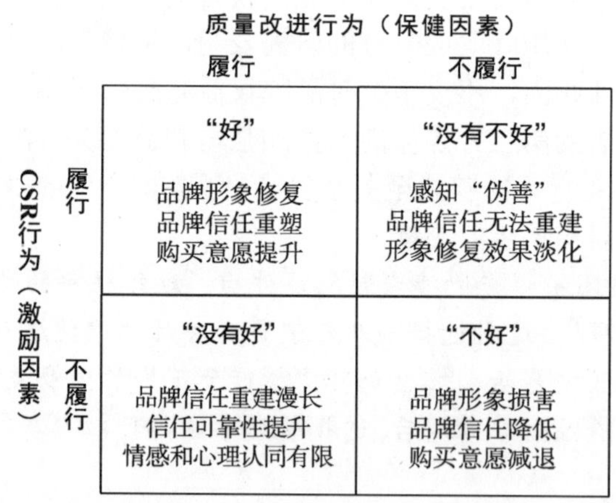

图 10.11 基于 CSR 视角的品牌形象修复双因素模型

资料来源：Herzberg 等(1959)，以及第 9 章的研究结论

图 10.11 整合了作为保健因素的质量改进行为和作为激励因素的 CSR 行为在丑闻品牌形象修复方面的效果差异。在丑闻发生后，假如企业既不进行产品质量改进，也不开展社会责任活动，丑闻对企业的负面影响，如破坏企业形象、减少消费信任、降低消费者购买意愿等将会因为消费者认为企业“不好”而延续下去。在丑闻根源尚未消除、保健因素水平较低的情况下，如果企业从事 CSR 行为可能会令消费者感知到“伪善”。第 9 章研究也证实，如果质量改进行为(保健因素)没有达到期望的标准，无论 CSR 行为(激励因素)水平如何，消费者都会做出负面评价。丑闻发生后，缺乏产品质量改进基础的捐赠、赞助、事业关联营销等活动，其行为的合理性可能由于消费者利他性归因降低而被质疑，CSR 行为对丑闻品牌形象的修复效果也会淡化。如果企业在丑闻发生后实施了质量改进行为，保健因素就会达到较高的水平。假如企业仅停留在质量改进行为本身，可能会使消费者形成“没有好”的认知。第 9 章结论指出，企业在丑闻后采取改进产品缺陷、增强产品功能等改进措施会直接影响消费者对产品质量的感知；而 CSR 行为对品牌形象的提升作用主要源于消费者对企业善意的情感共鸣，而非对企业产品的功能认同。当消费者认为社会责任是品牌的组成部分时，对品牌的感知质量和价值都会产生很大程度的正面影响(Du et al.，2007)。

2008 年，内蒙古蒙牛乳业(集团)股份有限公司在“三聚氰胺”事件后积极启动了多种形式的 CSR 活动，如“寻找最美乡村教师”大型公益活动、捐款 100 万元设立“蒙牛助学圆梦基金”、赞助全国高校“校长杯”乒乓球比赛等，同时蒙牛主动邀请媒体、意见领袖、消费者等参与“蒙牛工厂开放”活动[①]，见证蒙牛的科技生产技术与管理水平，并向消费者承诺夯实牛奶品质根基，不断创新，生产出更多优质乳品。以此，蒙牛持续的公益行为逐渐获得了消费者的重新接纳。

蒙牛案例印证了基于 CSR 视角的品牌形象修复双因素模型的观点。本节基于双因素模型提出以下建议：①品牌形象修复是动态持续的过程，企业不仅需要采取对应性的产品质量改进措施来降低消费者的不信任感，同时还要通过采取多样化的捐赠、赞助或事业关联营销等活动来证明企业的正直和善意。②丑闻发生后，企业要善于运用保健因素和激励因素相结合的方式修复品牌形象。作为保健因素的质量改进行为是“雪中送炭”，在丑闻责任较明确的前提下，如果企业积极采取质量改进措施，消费者将会对 CSR-丑闻关联特征进行淡化处理。而作为激励因素的 CSR 行为是“锦上添花”，能够通过对 CSR 的定位揭示品牌的基本价值或特征，与消费者渴望的更深层、更长期的关系联系在一起。

---

① 蒙牛工厂开放活动简介[EB/OL]. [2016-1-15]. http://news.hexun.com/2016-01-15/181827604.html.

10.8 健全企业社会责任行为特征选择机制

CSR 行为特征也是丑闻品牌形象修复策略体系不可忽视的决策因素。第 3 章和第 4 章分别探索了丑闻品牌的 CSR 行为的三大规律和六项特征。本节将从 CSR 行为特征角度探索丑闻品牌形象修复的利他性归因引导和策略决策机制。

10.8.1 提高企业社会责任的契合度和投入水平

丑闻发生后，企业期望通过“做好事”修复受损的品牌形象，但期待成为现实的关键是消费者对 CSR 行为动机的感知(樊帅等，2017)。弥合企业实际 CSR 行为和消费者感知之间差距的方法就是提高 CSR 契合度和投入水平。第 6 章通过实验法验证了丑闻发生后捐赠契合度对购买意愿的正向干预效果，且丑闻责任负向调节这个过程，即丑闻责任越大，丑闻发生后捐赠契合度对购买意愿的修复效应越小。研究还证实了捐赠契合度对品牌形象的修复作用。产品感知质量正向调节捐赠契合度对品牌形象的修复作用。除了本书研究的理论发现外，大量研究证明，CSR 契合度和投入水平高对丑闻品牌形象修复有积极作用，本节将其整理为图 10.12。

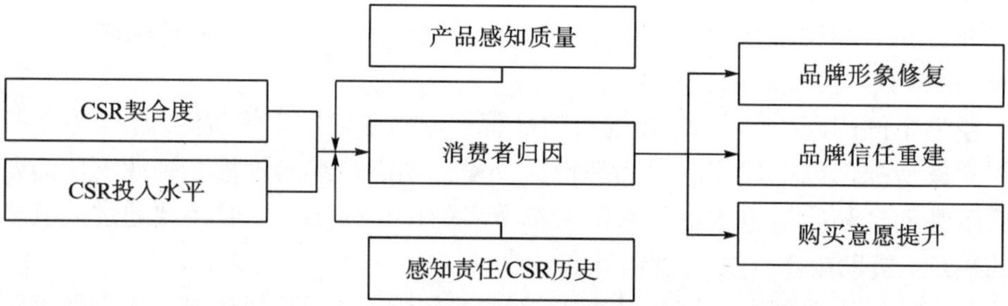

图 10.12 CSR 契合度与投入水平对丑闻品牌形象的修复策略

资料来源：Gupta 和 Pirsch(2006)，朱翊敏等(2012)，王春娅等(2014)，Ting 和 Chen(2015)

CSR 契合度是指企业的捐赠等 CSR 活动和企业能力、产品/业务范围、品牌形象、企业定位、目标市场等之间的一致性，CSR 行为应与企业生产线、品牌形象或者定位、目标市场等相匹配。Gupta 和 Pirsch(2006)指出，企业-公益事件契合度高时，消费者态度和购买意愿也随之变好。朱翊敏等(2012)研究发现，捐赠契合度对消费者响应(评价、购买意向和顾客忠诚行为)存在主效应；周延风(2011)证实，公益事项与企业品牌契合度会影响消费者态度和购买决策；王春娅等(2014)研究发现丑闻发生后，捐赠及其契合度对品牌形象具有修复作用。当 CSR 契合度越高时，消费者利他性归因越明显，越有利于企业在利益相关主体中获得正面的行为归因，提高企业声誉。

CSR 契合度对消费者归因的影响包括消费者认同、消费者认知和消费者信任(樊帅等，2017)。当消费者认为 CSR 契合度高时，其对企业或品牌的态度将有所改善，已有的认知结构会更容易接受 CSR 行为。高契合度 CSR 行为能满足消费者的预期期望，增强其所理解的企业市场地位，弱化对企业和产品的不确定性认知，进而提高购买意愿。反之，当 CSR 契合度较低时，消费者感知效果较差(Forehand and Grier，2003)，甚至怀疑企业行为动机，进而产生负向行为。第 6 章研究还表明，CSR 契合度对品牌形象和购买意愿的修复同样要在控制丑闻责任的前提下发挥作用。

CSR 投入水平也是丑闻品牌形象修复效果的影响因素。长期持续参与 CSR 活动的企业，其投入水平也能被消费者感知。Ting 和 Chen(2015)指出，CSR 历史是企业实现社会合法性和更高声誉的重要线索，被定义为企业参与 CSR 时间的长短。丑闻后消费者会根据 CSR 历史评价和当前的修复行为对企业进行评价，长期参与 CSR 活动的企业更容易获得消费者的谅解。

由此可知，企业在非丑闻情境下的 CSR 契合度和 CSR 投入水平对丑闻后消费者归因产生影响，只有高契合度的 CSR 行为和长期持续的 CSR 投入水平才能够在丑闻后发挥“声誉保险机制”。因此，本节从 CSR 契合度和 CSR 投入水平角度提出以下建议：①将 CSR 战略化，作为企业与社会和谐共生的价值追求与企业行为实践准则，提高非丑闻情境下的 CSR 契合度和 CSR 投入水平，建立 CSR 声誉保险机制。②丑闻后 CSR 行为也要提高契合度和投入水平，使 CSR 对象和企业产品/服务目标市场相吻合，使 CSR 活动与企业形象相契合。企业还应注重产品质量，并以对消费者负责的理念求生存和发展，尽可能减少或杜绝品牌丑闻。③丑闻发生后，CSR 行为特征选择不要盲目。丑闻情境下的 CSR 行为更容易引起消费者质疑，反而给消费者留下“伪善”印象。因此，突出 CSR 历史，提高消费者产品感知质量，控制丑闻责任，CSR 行为的类型和特征都是企业必须考虑的因素。

10.8.2　发挥企业社会责任行为持续性“抗质疑”属性

第 4 章将 CSR 行为进一步划分为持续从事型和首次开展型。与首次开展型 CSR 行为的工具性特征相比，持续从事型 CSR 行为的战略性特征体现为时间连贯性和社会事业领域一致性，其 CSR 行为特征则体现为 CSR 行为持续性。

从工具性的角度来看，第 7 章研究结论表明，丑闻发生后的 CSR 行为持续性影响消费者的品牌形象评价及产品购买意愿。相对于首次开展型，持续从事型 CSR 行为会引发消费者更高的品牌形象评价和产品购买意愿。同时，CSR 行为持续性与 10.7 节探讨的丑闻情境和 CSR 行为类型间存在密切关系。第 8 章研究发现，当丑闻责任较大时，CSR 行为持续性对消费者的利他性归因、品牌形象评价和产品购买意愿的作用差异并不显著，但消费者对不同水平 CSR 行为持续性的认知反应仍有一定的差异。第 9 章研究发现，CSR 行为持续性直接影响利他性归因、间接影响品牌形象和购买意愿的过程中，质量改进行为具有调节作用。在有质量改进行为的前提下，消费者对持续性不同的 CSR 行为认知反应差异会越来越显著。

从战略性的角度来看，CSR 行为持续性与企业价值观、CSR 战略、CSR 定位、CSR 参与度和积极主动性之间也存在较高的相关性。CSR 战略观认为，CSR 战略是一种利用 CSR 所带来的机会谋求竞争优势的战略，是企业对社会责任的深层认识，是长远视角下满足社会群体利益的同时强化企业战略的价值链活动，因而会贯穿在企业采购、研发、生产、销售、市场服务等价值链的各个环节，塑造具有亲社会和感召力的企业文化和品牌形象(陈明和刘跃所，2006)。企业在追逐经济利益的同时，自觉履行对各方利益相关者的承诺并持续坚守，除了可以塑造良好的企业公民形象，还能降低社会风险。在与企业愿景使命、价值观相关的 CSR 战略得以延续的前提下，CSR 行为持续性就是必然的选择和结果。

无论是从工具性还是战略性的视角，企业在丑闻前后的 CSR 行为持续性都具有较强的“抗质疑”属性。

第 4 章的 10 个案例中，仅有美国福喜集团选择了首次开展型 CSR 行为，且 CSR-丑闻关联度较高。

2014 年 7 月，上海福喜食品公司“过期肉”丑闻被曝光后，其母公司——美国福喜集团承诺在未来 3 年内出资 1000 万元用作“资助食品安全教育的行动”①，从而帮助整个社会提升食品安全认知程度。企业本意想通过公益挽回消费者的心，却事与愿违，各种消极评论纷至沓来：“一家公司自己出了食品安全问题，却还说要在中国投资 1000 万元用于食品安全教育活动，他们究竟想教育谁？”②“谁更需要食品安全教育？”“这简直是一种‘秀逗’！”网友被上海福喜的资助激怒，认为这很伤自尊，甚至在网络上有人组织呼吁抵制上海福喜的签名活动。

“过期肉”案例中，消费者对 CSR 行为动机的质疑是主要原因。丑闻发生前，美国福喜集团在中国的 CSR 行为领域一片空白，丑闻发生后首次实施 CSR

① 美国福喜集团主席道歉将在中国组建全新管理团队[EB/OL]. [2014-7-29]. http://news.163.com/14/0729/09/A2AERRU400014SEH.html.

② 福喜你想教育谁：未来 3 年出资 1000 万资助食品安全[EB/OL]. [2014-7-29]. http://finance.sina.com.cn/chanjing/gsnews/20140729/025919844043.shtml.

行为，却决策失误，选择了与丑闻高关联度的社会事业领域。基于此，本节从 CSR 行为持续性的角度提出以下建议：①企业应从价值观与战略高度将 CSR 定位为达成愿景使命和实现战略目标必不可少的路径，在规范水平和战略管理水平上保证 CSR 行为持续性；②企业应从健全管理体系和科学决策的层面将 CSR 作为长期目标和实施规范，在运营管理水平上提升 CSR 行为连续性；③企业在丑闻情境下应提高资源配置效率，尽可能延续丑闻前 CSR 行为的时间和社会事业选择，化解消费者对 CSR 动机的消极判断，综合运用质量改进行为达到稀释丑闻负面影响的作用。

10.8.3　降低企业社会责任-丑闻关联度与利己性归因

美国福喜集团在中国失败的 CSR 案例中，除了 CSR 行为持续性不足之外，还有一方面的原因就是，其所选择的社会事业领域与丑闻之间具有较高的关联性。第 4 章研究发现，企业在丑闻后的 CSR 行为领域与丑闻事件之间关联性的决策上存在较大差异。第 7 章研究结论表明，CSR-丑闻关联度会影响消费者的品牌形象评价及产品购买意愿，CSR-丑闻关联度越低，消费者对品牌形象的评价越高，对产品的购买意愿越强。基于一贯性归因原则可知，丑闻发生后，如果企业从事的 CSR 行为与丑闻事件存在较低的关联度，消费者更容易做出“该 CSR 行为并非是企业在丑闻情境下的专属行为”这一推断，进而对 CSR 行为做出更多的利他性归因。赵曙明(2009)和姜俊(2010)在非丑闻情境下建议，CSR 行为应考虑与目标消费者的关联度，增强消费者对 CSR 价值的认知。第 4 章的研究发现与两位学者的结论不同，原因在于，丑闻情境下，无论是 CSR 行为方式创新，还是 CSR-丑闻关联度过高，都有可能增强消费者对企业动机的质疑。因此，企业应更多考虑降低消费者对 CSR 行为的利己性归因水平。

第 4 章研究案例中，2011 年锦湖轮胎“质量门”事件的 CSR-丑闻关联度具有较高的水平。

央视 3•15 晚会曝光锦湖轮胎为降低生产成本，将生产标准抛在一边，在生产过程中过量使用废掉的半成品返炼胶①。曝光后，锦湖轮胎第一时间对生产环节进行了彻查，并配合质监部门的产品抽检工作。为了挽回用户信心和受损声誉，锦湖轮胎在过去一年中推出各类措施补救，为“品质控制不遗余力”。同时，公司积极开展 CSR 活动，除了慰问武警和资助贫困小学之外，在丑闻后三个月就投入了较多的资源用于赞助万宇车队参加中国汽车拉力锦标赛和亚太汽车越野拉力

---

① 大量使用返炼胶 锦湖轮胎被央视 3 •15 晚会曝光[EB/OL]. [2011-3-15]. http://news.sina.com.cn/o/2011-03-15/213022120699.shtml.

赛。公司赞助赛车赛事的出发点是“更接近中国消费者，树立亲近形象”①，且对轮胎质量有信心。然而，从“质量门”开始，社会上有关锦湖轮胎质量问题的质疑声音就没断过，让其口碑遭遇了毁灭性的打击：消费者集体维权声讨、抵制有锦湖轮胎配套的车辆、自掏腰包更换在用的锦湖轮胎……在丑闻发生后一年里，锦湖轮胎受损的元气还远未得到恢复②。

锦湖轮胎案例中，消费者对丑闻责任的感知较为严重，在企业已经采取质量改进行为的情况下，采用 CSR 行为进行丑闻品牌形象修复的效果不尽人意。同时，由于锦湖轮胎“质量门”的根源在于产品质量，而公司在丑闻发生仅三个月之后就选择赞助从未涉足过的汽车拉力赛赛事，不仅没有保持公司过去助残敬老、捐资助学的 CSR 行为持续性，而且触及了消费者对公司质疑最集中的轮胎质量，其急于证实产品质量的用心，反而让消费者对企业能力形象和社会责任形象形成了更加严重的负面印象。因此，本节从 CSR-丑闻关联度的角度提出以下建议：①控制 CSR-丑闻关联度，降低消费者对 CSR 利己性归因。由于 CSR-丑闻关联是一种负向关联，且消费者对企业能力与企业社会责任的认知存在明显区分，所以产品性能型丑闻情境下，CSR-丑闻关联度越高，越容易给消费者造成企业“砌墙遮羞”的印象，导致消费者的消极响应。②注重 CSR 行为持续性、CSR-丑闻关联度、CSR 信息披露渠道等因素的交互影响，妥善选择恰当的组合配置。第 7 章实证数据表明，丑闻后“连续从事型+CSR-丑闻低关联+第三方媒体报道”的 CSR 行为信息组合对品牌形象的修复效果最佳，“首次开展型+CSR-丑闻高关联+企业官方报道”的 CSR 行为信息组合最差。如果组合配置不当，CSR 行为不仅不会修复品牌形象，还可能适得其反。

10.8.4 强调及时响应与持续修复的企业社会责任行为时机

第 4 章研究发现，丑闻后的 CSR 行为时机也是影响丑闻品牌形象修复效果的行为特征之一。研究显示，丑闻发生后，企业往往能够及时响应危机，而持续修复则贯穿于丑闻后较长的一段时期，企业倾向于在丑闻发生 3 个月后实施 CSR 行为。因此，丑闻后 CSR 行为对品牌形象的修复时机应当涵盖“及时响应”和“持续修复”两个阶段。除了基于特定的时间段划分之外，第 6 章还发现，当消费者的产品感知质量较高时，企业实施捐赠的效果会更好，可见以消费者感知和响应为依据的相对时机也很重要。丑闻发生后，及时响应可以影响消费者的认知与态度为目标。危机管理领域对丑闻后响应时机的研究较为丰富，本节将其整理为图 10.13。

---

① 韩锦湖轮胎与中国赛车队签署赞助合同盼树立亲近形象[EB/OL]. [2011-6-27]. http://world.huanqiu.com/roll/2011-06/1783804.html.

② 锦湖轮胎：频推措施力挽失地[EB/OL]. [2012-3-15]. http://money.163.com/12/0315/00/7SJKL4IS00253B0H.html.

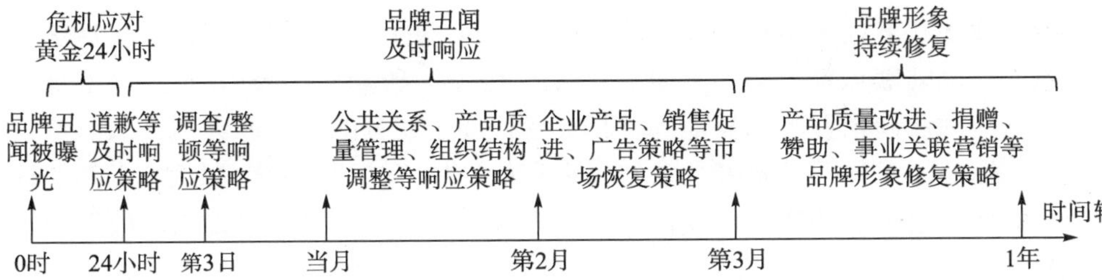

图 10.13　丑闻后企业及时响应与持续修复时间轴

资料来源：人民网舆情监测室报道[①]，Vassilikopoulou 等(2009)，Zhao 等(2011)，Ma 等(2010)

在企业危机公关实践中，历来强调突发事件舆情处置的“黄金 24 小时”原则[①]，在新媒体冲击下甚至缩短为“黄金 4 小时”，即事件发生 4 小时内可能被大量转发，24 小时内就能成为舆论焦点[②]。因此，在丑闻责任较确定的情况下，丑闻企业应当快速响应，以满足消费者的知情权，其后企业开展调查和整顿等行动有助于树立负责任的品牌形象。在丑闻曝光当月和第 2 个月，企业采用最多的是公共关系、产品质量管理和组织结构调整行为，同时采取企业产品、销售促进、广告等策略能够达到逐渐恢复市场的效果。Vassilikopoulou 等(2009)认为，品牌丑闻发生后的不同时点(如 3 日后、3 月后和 1 年后)，消费者的感知风险和响应策略也必然不同，尤其是在丑闻严重性较高的情境下，响应时间是对于消费者购买意愿的最重要影响因素。Zhao 等(2011)则将从丑闻被曝光开始的 21 周时间视为危机期。Ma 等(2010)指出，品牌丑闻打破了市场结构的稳定性，事件被曝光 4 个月后市场整体仍不能恢复平稳。

3 月 15 日“瘦肉精”事件经央视曝光后，企业丑闻迅速发酵为严重性高、波及范围广的行业性丑闻。为了降低丑闻带来的负面影响，双汇集团响应非常迅速：丑闻发生后第 1 天，发出第一封公开声明致歉，并实施全面产品质量检查[③]；丑闻发生后第 2 天，双汇再发声明召回产品、停产整顿，并提高产品检验要求；丑闻发生后第 2 周，召开全国管理层、客户与供应商视频会，强调与承诺产品安全；丑闻发生后第 3 周，主动邀请媒体和消费者参观工厂，市场重启[④]；丑闻发生后第 4 周，召开职工大会，实施生猪全检，并引入第三方检测机构；丑闻发生后第 6 周，设立“双汇食品安全日”，完善质量管理体系，并开展体验营销活动[⑤]。

① 人民网舆情监测室，纪新宇. “黄金 24 小时”也要保证质量[EB/OL]. [2013-11-7]. http://yuqing.people.com.cn/n/2013/1107/c210117-23468370.html.

② 舆情处理要把握“黄金时间”[EB/OL]. [2016-8-26]. http://news.163.com/16/0826/11/BVD39A7400014SEH.html.

③ 河南省漯河市双汇实业集团有限责任公司. 双汇集团声明[EB/OL]. [2011-3-16]. http://www.shuanghui.net/html/4999.html.

④ 河南省漯河市双汇实业集团有限责任公司. 直击双汇危机十五天(上)[EB/OL]. [2011-3-29]. http://www.shuanghui.net/html/2913.html.

⑤ 河南省漯河市双汇实业集团有限责任公司. 直击双汇危机十五天(下)[EB/OL]. [2011-3-29]. http://www.shuanghui.net/html/2917.html.

双汇集团在丑闻发生后的及时响应取得了良好的预期效果，丑闻发生后第 8 周，双汇产品陆续重新上架；丑闻发生后第 12 周，涉事工厂整改复工①。双汇集团在第一时间就向消费者和其他利益相关者传递了充分的丑闻原因与产品质量改进信息，满足了丑闻后消费者的认知需求和信息加工需要，道歉和承担责任的行为更是影响了消费者的态度，安抚了消费者情绪，塑造了企业“知错就改”的正面形象。

丑闻发生后的第 3～第 4 个月，消费者慢慢倾向于忘记产品伤害危机，尤其是当企业采取了富有社会责任感的召回措施时。Gillespie 和 Dietz(2009)认为，在丑闻后期持续修复阶段应注重干预手段的多样性。田志龙等(2007)则认为，企业的策略可以包含新产品推出、广告促销、慈善捐赠等市场和非市场行为。Saffitz(2010)进一步研究证实，危机后企业运用社会责任策略可以缓和长期的品牌受损情况或者重建品牌声誉，修复和利益相关者的关系。在使用 CSR 策略矫正受损声誉的时候，CSR 行为时机会影响消费者对 CSR 行为动机的判断，而只有当消费者相信 CSR 行为是真正出于服务社会的利他动机时，才会对企业产生更积极的评价。因此，丑闻后的持续修复阶段可以选择 CSR 行为和质量改进行为的组合运用，达到修复品牌形象、重塑品牌信任和提升购买意愿的目的。

丑闻发生后第 10 周，双汇集团通过央视新闻宣传，举行肉类产业研讨并亮相肉类博览会；丑闻发生后第 12 周，涉事工厂整改复工，举办行业技能竞赛；丑闻发生后第 4～第 6 个月，冠名赞助世界女排大奖赛②、为职工子女发放助学金、冠名赞助河南中秋戏曲晚会、漯河市“周末文化广场”等活动；丑闻发生后的第 6～第 12 个月，推出“绿色环保”展厅、冠名赞助河南省红歌联谊会和漯河市春节联欢晚会③，向南昌市慈善总会、漯河市慈善总会、河南省敬老助老总会捐赠等。

双汇集团丑闻后的持续修复策略同样有效地修复了品牌形象，2012 年双汇集团的销售收入同比增长 5.56%，2013 年企业的营业收入增长率创下历史新高。后续多年持续参与形式多样的社会活动，也让双汇集团获得了“2016 年中国食品企业社会责任百强企业”“第十一届人民企业社会责任奖年度海外贡献奖”等荣誉称号。因此，本节从 CSR 行为时机的角度提出以下建议：①丑闻发生后，企业应抓住危机沟通和舆情控制的“黄金时期”做出及时响应，以传递充分信息满足消费者知情权和树立企业端正态度为目标，且迅速采取产品/服务质量管理措施，有利于降低丑闻的负面影响；②丑闻发生的第 3 月到 1 年的时间里，适合组合并运用 CSR 行为和质量改进行为修复品牌形象；③丑闻后的及时响应和持续修复都需

① 河南省漯河市双汇实业集团有限责任公司．严格整改后 济源双汇复工[EB/OL]．[2011-6-3].http://www.shuanghui.net/html/2849.html.

② 河南双汇投资发展股份有限公司．“双汇杯”2011 世界女排大奖赛(漯河站)闭幕[EB/OL]．[2011-8-8]．http://www.shuanghui.net/html/2815.html.

③ 河南双汇投资发展股份有限公司．金秋双汇“相约漯河 唱响中原”红歌联谊会隆重举行[EB/OL]．[2011-10-17]．http://www.shuanghui.net/html/2743.html.

要将 CSR 行为持续性、CSR-丑闻关联度、CSR 行为时机、CSR 信息披露渠道、CSR 信息呈现等特征进行组合，选择最恰当的策略包，以达到最佳的品牌形象修复效果。

10.8.5 善用信息披露渠道加强企业社会责任沟通与宣传

第 4 章将 CSR 行为划分为持续从事型和首次开展型两类，但由于企业处于一个被感知的环境中，企业所从事的 CSR 行为如何被消费者感知则与 CSR 信息披露和 CSR 信息呈现有密切的关系。第 4 章研究发现，丑闻后 CSR 行为的信息披露渠道和信息呈现会因 CSR 行为类型的不同而不同。持续从事型 CSR 行为的相关信息往往得到企业的主动披露，且信息呈现以该行为的历史背景信息为主，强调 CSR 行为连续性；而首次开展型 CSR 行为的相关信息则为了避免消费者的“伪善”感知，有选择地通过第三方媒体报道，信息呈现以报道活动相关信息为主。除了 CSR 信息呈现方式之外，第 7 章还证实了 CSR 行为信息披露渠道同样对丑闻品牌形象和购买意愿产生显著影响，由第三方媒体披露的 CSR 行为信息能引发消费者更为积极的品牌形象评价及产品购买意愿。第 9 章研究发现，在 CSR 信息披露渠道直接影响利他性归因、间接影响品牌形象和购买意愿的过程中，质量改进行为具有调节作用。随着消费者产品感知质量的提高，消费者对企业官方、第三方媒体两类 CSR 信息披露渠道认知反应差异也将越来越显著。本节将与 CSR 信息沟通相关的观点整理如图 10.14 所示。

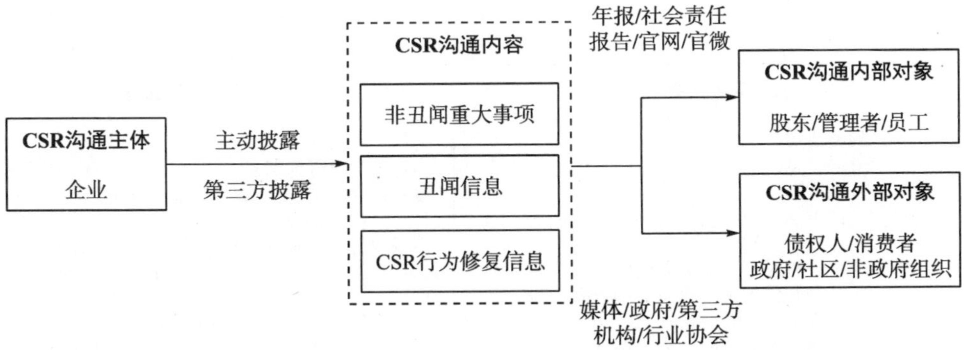

图 10.14 CSR 沟通模式

资料来源：Becchetti 等(2008)，刘学青(2013)，Adebisi 等(2014)，Janney 和 Gove(2011)及第 4 章～第 9 章研究结论

在非丑闻情境下，企业除了长期贯彻 CSR 战略观外，还需要及时、全面和主动地披露 CSR 信息，选择正确的方式与消费者等利益相关者沟通企业在 CSR 方

面的努力。企业不但要知道“做什么”，还要了解向外界“说什么”和“怎么说”。Becchetti 等(2008)的研究证明了 CSR 信息披露质量与企业经营业绩存在同向变动关系。刘学青(2013)认为，企业披露 CSR 信息的动力包括内部和外部因素，外部因素来自利益相关者追求自身利益过程中对企业履行社会责任、披露 CSR 信息的监督。Adebisi 等(2014)认为，治理体系越完善、治理模式越规范的企业，越愿意向公众披露社会责任信息，而企业披露社会责任信息的行为又将提高企业的社会信誉度，如此将形成良性循环。CSR 信息披露可以向机构、媒体或行业发布企业社会责任报告或企业可持续发展报告，在企业官网建立 CSR 专栏及通过企业微博、微信等即时持续发布 CSR 信息。

在丑闻情境下，Janney 和 Gove(2011)探讨了丑闻情境下信息披露决策与时机对市场反应的影响，管理者有法律义务及时披露对公司有重大影响的事项，而自愿信息披露是战略决策，管理者须权衡成本和收益从而制定最优的披露政策。自愿披露可改善对利益相关者的负面影响，减少信息不对称，为公司建立缓冲效果。而在通过 CSR 行为修复丑闻品牌形象过程中，消费者更容易将 CSR 行为视为对丑闻的响应，如果企业呈现了 CSR 行为的背景信息，一方面有利于化解消费者对 CSR 动机的消极判断，另一方面能发挥稀释丑闻的作用。丑闻发生后，在 CSR 信息披露渠道方面，企业多采取持续开展型 CSR 行为，并全面披露相关信息，其信息披露的选择性倾向于不主动报道。如果消费者发现企业主动报道丑闻发生后的 CSR 行为，更容易对企业做出“刻意掩饰或消除丑闻负面影响”的利己性归因。第三方媒体披露也仅涉及该活动的相关信息，避免丑闻企业不恰当的 CSR 信息给消费者留下“伪善”印象。结合丑闻情境下 CSR 信息披露的差异，本节整合了丑闻信息披露决策与效果模型(图 10.15)。

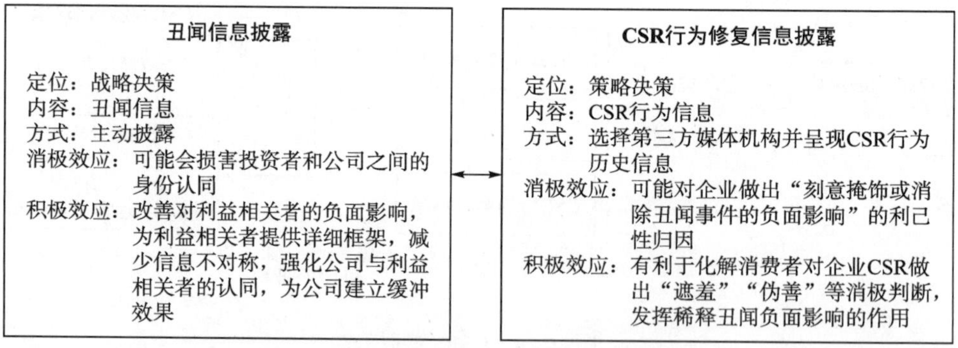

图 10.15 丑闻信息与 CSR 行为修复信息披露对比

图 10.15 显示在丑闻情境下，丑闻信息和 CSR 行为信息披露上的区别与效果差异。如不及时披露丑闻信息，可能会导致公司给外界留下企图隐瞒坏消息的印

象，损害身份认同，而修复这一损害的成本是巨大的。但对于 CSR 行为修复品牌形象的信息披露而言，自愿披露却不是最优选择。选择第三方媒体，并呈现 CSR 行为历史信息才能够发挥积极的修复作用。

为了在竞争激烈的市场中获得良好声誉，追求可持续发展，越来越多的公司进行了 CSR 信息披露，并公布企业社会责任报告。

在 2011 年双汇集团被曝光“瘦肉精”事件之前，媒体报道双汇 2008～2010 年的社会责任报告“除了事件和数字有所变化外，其他表述三年来均未作任何调整，全部套用照搬”①。双汇在报告中写道：公司把“产品质量无小事、食品安全大如天”作为产品质量管理理念，而公众之所以觉得啼笑皆非，就是因为“瘦肉精”事件正是发生在这样一家自称“在原料采购环节设立关键控制点，为消费者提供安全产品”的厂商身上。2011 年 4 月 29 日，双汇发布的《2010 年度社会责任报告》则对公众和舆论最为关注的“瘦肉精”事件却只字未提。

与之相对照，饿了么服务质量丑闻被 2016 年央视 3•15 曝光后，公司于 2017 年 4 月发布了外卖行业首份《企业社会责任报告》，传递饿了么通过产品和服务创造社会价值的理念，并系统披露了相关实践，全面展示饿了么的食品安全体系，被媒体评价为“引领行业标准，践行社会责任，推动外卖行业的可持续发展”。

由此可见，丑闻发生后，企业除了需要在 CSR 信息披露渠道和 CSR 信息呈现内容方面做出科学决策之外，CSR 报告也是与利益相关者开展 CSR 沟通的纽带。因此，本节从 CSR 信息披露渠道和 CSR 信息呈现的角度提出以下建议：①企业应加强对 CSR 信息披露意义与价值的认识，不仅将其作为宣传丑闻后 CSR 行为的工具，而且将其打造成与多元利益相关者 CSR 沟通的宝贵平台；②企业应提高 CSR 信息披露的专业水平，根据理论规律制定科学的决策流程，主动报道和宣传企业持续从事型的 CSR 行为及其历史背景信息，在丑闻发生后，则借助第三方媒体力量，选择恰当时机报道 CSR 活动；③企业应综合运用 CSR 行为和质量改进行为，考虑 CSR 行为类型、CSR-丑闻关联度、CSR 行为信息披露渠道和 CSR 信息呈现内容等的交互作用，选取能够产生积极的品牌形象修复效果的 CSR 行为信息组合。

本章 10.3～10.8 的六个小节分别探讨了企业树立 CSR 战略观、完善丑闻防范与预警体系、控制丑闻责任并引导利他性归因、建立 CSR 行为类型决策机制及健全 CSR 行为特征选择机制在基于 CSR 视角的丑闻品牌形象修复策略体系中的意义、策略与建议，在此整合如图 10.16 所示。

① 双汇社会责任报告为何仍敢克隆往年[EB/OL]. [2011-5-4]. http://finance.sina.com.cn/review/jcgc/20110504/03549787768.shtml.

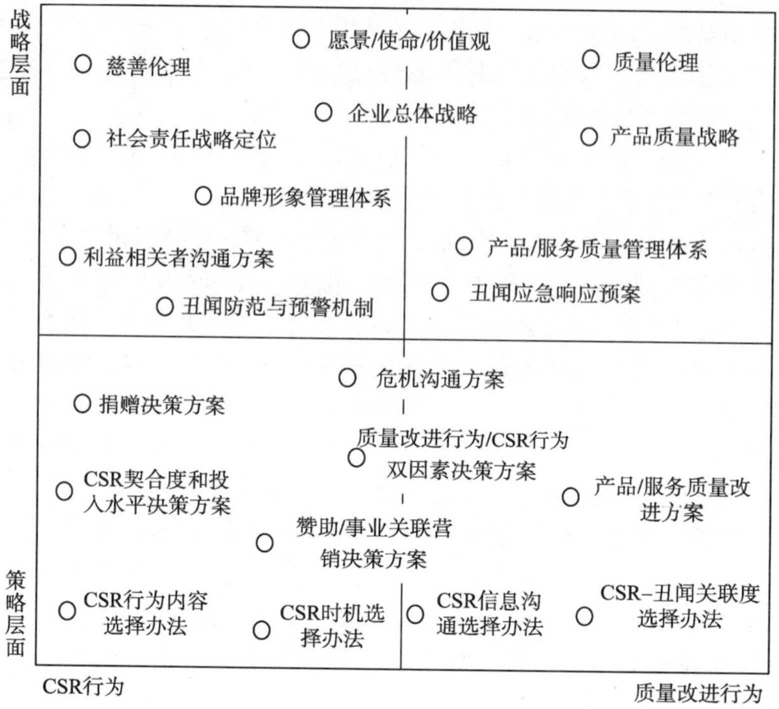

图 10.16 基于 CSR 视角的丑闻品牌形象修复策略体系分类结构图

图 10.16 以战略层面/策略层面和 CSR 行为/质量改进行为两个维度，构建了基于 CSR 视角的丑闻品牌形象修复策略体系分类矩阵，将本章 10.3～10.8 的六个小节分别从树立 CSR 战略观、完善丑闻防范与预警体系、控制丑闻责任、引导利他性归因、建立 CSR 行为类型决策机制及健全 CSR 行为特征选择机制的角度探讨的丑闻品牌形象修复策略全部纳入图中，便于了解策略体系全貌。该策略体系综合运用 CSR 行为和质量改进行为，从企业的价值观、战略与工具层面做出恰当决策，才能使 CSR 行为在丑闻品牌形象修复过程中发挥最大的价值。

10.9 研究结论

本章通过梳理现有成果、整合各章理论发现，并结合现实案例，从树立 CSR 战略观、完善丑闻防范与预警体系、控制丑闻责任、引导利他性归因、建立 CSR 行为类型决策及健全 CSR 行为特征选择机制六维度，将品牌形象修复策略汇总为“六个维度十六条策略”（表 10.1）。

表 10.1　基于 CSR 视角的丑闻品牌形象修复策略体系

决策维度	策略内容
树立 CSR 战略观	1. 贯彻与使命愿景相一致的 CSR 战略理念 2. 明确 CSR 战略定位获取战略竞争优势
完善丑闻防范与预警体系	3. 质量伦理引领产品/服务质量管理体系 4. 丑闻防范、预警与应对构建品牌形象管理体系
控制丑闻责任	5. 降低和控制重大丑闻责任感知风险 6. 避免丑闻响应不当再次挫伤品牌形象
引导利他性归因	7. 突出战略性利己和价值观驱动型利他动机 8. 区分利益相关者属性和强化沟通效果
建立 CSR 行为类型决策机制	9. 实施高契合度捐赠赢得 CSR 行为积极响应 10. 谨慎运用赞助和事业关联营销发挥辅助作用 11. 构建 CSR 行为双因素模型
健全 CSR 行为特征选择机制	12. 提高 CSR 契合度和 CSR 投入水平 13. 发挥 CSR 行为持续性“抗质疑”属性 14. 降低 CSR-丑闻关联度与利己性归因 15. 强调及时响应与持续修复的 CSR 行为时机 16. 善用信息披露途径和方法，加强 CSR 沟通与宣传

10.10　研究意义

10.10.1　理论意义

本章基于品牌形象理论、社会责任理论、已有研究和各章理论发现，探索基于 CSR 视角的丑闻品牌形象修复策略体系研究具有如下理论意义：

(1) 基于国内外学者现有研究和前述各章的理论发现，构建了基于 CSR 视角的丑闻品牌形象修复决策模型，弥补了过往研究单一维度和视角的不足，从树立 CSR 战略观、完善丑闻防范与预警体系、控制丑闻责任、引导利他性归因、建立 CSR 行为类型决策机制及健全 CSR 行为特征选择机制六个维度为丑闻品牌形象修复策略体系提供了系统性的理论支撑。

(2) 丰富了品牌形象管理理论和 CSR 理论的研究成果，阐述了 CSR 战略观、商业伦理、品牌形象管理、质量管理、丑闻响应、利益相关者沟通、CSR 双因素（保健因素、激励因素）、CSR 行为特征等对基于 CSR 视角的丑闻品牌形象修复策略体系的影响，以及与修复品牌形象、重塑品牌信任和提高消费者购买意愿之间的关系。

(3) 探索了危机管理、品牌形象管理和 CSR 管理的交叉领域，将危机管理和品牌形象修复理论的探索视角从 CSR 策略和工具的层面拓展到企业价值观和

CSR 战略层面，强调了企业价值观和商业伦理、CSR 战略定位、品牌形象保护、品牌丑闻及时响应与品牌形象持续修复的理论意义，为企业提供了基于 CSR 进行品牌形象管理的新视角。

10.10.2 实践意义

本章不仅对品牌形象管理和 CSR 管理领域的理论研究做出了贡献，同时对 CSR 实践，尤其是在发生品牌丑闻的特殊情境下提供了行之有效的现实参考，其实践意义如下。

(1)将现有成果和研究发现的理论规律整合成为基于 CSR 视角的丑闻品牌形象修复决策模型，指导企业降低丑闻导致的经营损失风险、维护品牌形象，实现“防患未然、临危不乱、有效修复”的品牌形象管理目标。

(2)从价值观与战略、运营管理和工具措施三个层面，为企业设计具有系统性和可操作性的基于 CSR 视角的丑闻品牌形象修复“六个维度十六条策略”体系，帮助企业降低 CSR 行为决策的盲目性和粗放性。

(3)帮助企业加深对社会责任内涵与意义的理解和认识，充分发挥 CSR 行为的战略性和工具性价值，倡导企业树立正确价值观与 CSR 战略，关注商业伦理尤其是质量伦理，完善产品/服务质量管理体系和品牌形象管理体系，建立科学的 CSR 行为类型与 CSR 行为特征决策机制，并掌握恰当的工具方法，助力企业塑造有道德、有能力、公平正直的责任品牌形象，获取竞争优势，实现可持续发展。

第 11 章　研究结论与展望

11.1　研究结论

本书基于管理学、心理学和伦理学的交叉学科视角，以 CSR 理论、品牌形象管理理论、S-O-R 理论、归因理论等为理论基础，将品牌丑闻情境下 CSR 行为对丑闻品牌形象的修复效应嵌入 S-O-R 理论框架中进行分析。首先，采用多案例研究和内容分析法比较分析丑闻前后 CSR 行为的类型与特征；其次，探析捐赠、赞助、事业关联营销三类 CSR 行为对丑闻品牌形象的修复效应与作用机理，重点分析企业捐赠行为及契合度对丑闻品牌形象与购买意愿的影响机制；再次，揭示 CSR 行为特征对丑闻品牌形象和购买意愿的修复效应与作用机理，探讨质量改进行为与 CSR 行为的交互作用，形成 CSR 行为与质量改进行为对丑闻品牌形象修复机理的整合模型；最后，构建基于 CSR 视角的丑闻品牌形象修复“六个维度十六条策略”体系。此外，本书进一步归纳与整合研究结论，并对未来的研究进行展望。本书的主要结论如下。

11.1.1　探明品牌丑闻情境下企业社会责任行为三大规律

本书第 3 章运用内容分析法，采用“分析—选择—实施”的 CSR 行为决策分析框架，对不同类型品牌丑闻下的 CSR 行为进行对比分析，重点归纳了丑闻发生后的 CSR 行为频次、CSR 投入水平、CSR 行为类型和 CSR 契合度三大规律，得出了如下结论。

(1) 丑闻发生后的 CSR 行为频次因丑闻类型不同而有所不同。其中，产品性能型丑闻因企业能力缺失所导致，其 CSR 行为并不容易引发“言行分离”联想而运用频次最高；公司在道德型丑闻发生后实施 CSR 行为可能会给大众带来“言行不一”的印象；道德-性能复合型丑闻造成的伤害最大，CSR 行为的修复效果存在局限，所以运用频次最低。

(2) 丑闻发生后，大多数的企业会采用 CSR 行为且 CSR 投入水平较高。

结合文献研究和案例观察推导出企业CSR行为能够有效修复丑闻品牌形象的结论。

(3)丑闻发生后，企业倾向于采用CSR契合度较低的捐赠行为修复品牌形象。此项发现与非丑闻情境下的研究观点存在差异，推测其原因可能是企业为了引导消费者对CSR行为的利他性归因而有所选择。由于本书以产品性能型品牌丑闻为研究情境，暂未涵盖公司道德型和道德-性能复合型两类丑闻，丑闻类型对CSR行为类型与CSR行为特征决策及品牌形象、品牌信任和购买意愿修复效应的影响是否存在差异，留待后续的研究做进一步探索。

11.1.2 对比分析丑闻前后企业社会责任行为六项特征

在探明品牌丑闻情境下CSR行为规律的基础上，第4章采用“消费者响应”和“信息加工”双视角和意义建构过程的特征分析范式，从企业CSR行为的动机、实施和沟通三个层面对比分析丑闻前后企业在CSR行为动机、CSR行为时机、CSR行为持续性、CSR-丑闻关联度、CSR信息披露渠道和CSR信息呈现的六项特征，得出了如下结论：

(1)丑闻发生后的CSR行为具有明确的品牌形象修复动机。此项发现与过往研究的观点一致，CSR行为动机是运用捐赠等非商业性质的行动吸引公众注意力，减少丑闻的负面影响并获取社区的良好评价。

(2)出于品牌形象修复动机的CSR行为倾向于在丑闻发生3个月后开展。此项发现与危机管理理论中的现有观点一致，企业在丑闻发生3个月后实施CSR行为对消费者购买意愿的提升效果比其他时段更明显。

(3)丑闻后的CSR行为可划分为持续从事型和首次开展型。持续从事型CSR行为的战略性更显著，而首次开展型CSR行为的工具性更显著。

(4)企业在丑闻后CSR行为领域与丑闻事件之间关联度的选择上差异较大。CSR-丑闻关联度对品牌形象修复效果存在较大的影响。

(5)丑闻后CSR信息披露渠道会根据CSR行为类型进行选择。与持续从事型CSR行为有关的信息企业通常主动披露，而与首次开展型CSR行为有关的信息企业则有选择地通过第三方媒体报道。

(6)丑闻后CSR行为信息呈现会根据CSR行为类型而变化。对于持续从事型CSR行为，企业重点披露的是该行为的历史背景信息，强调CSR行为连续性；而对于首次开展型CSR行为，信息呈现则以报道活动为主。

11.1.3 揭示企业社会责任行为类型对丑闻品牌形象的修复效应与作用机理

本书第 5 章构建了 CSR 行为类型对丑闻品牌形象的修复效应模型，通过实证分析了捐赠、赞助、事业关联营销三类 CSR 行为对丑闻品牌形象的修复效果，并比较了之间存在的差异。在此基础上，本书根据归因理论建立了 CSR 行为类型对丑闻品牌形象的作用机理模型，重点分析利他性归因的中介作用及丑闻责任的调节作用，得出了如下结论。

(1) 捐赠、赞助和事业关联营销三类 CSR 行为均会显著提升消费者对丑闻品牌形象的评价，但三类行为的修复效果存在显著性差异，其中捐赠的修复效果最优，赞助次之，而事业关联营销最差。

(2) CSR 行为与丑闻责任的交互作用对丑闻品牌形象的修复效果有显著影响，而利他性归因在此过程中起到部分中介作用。同时，利他性归因包含对丑闻情境的责任归因和对 CSR 行为的特质归因，而消费者的利他性归因有利于丑闻品牌形象修复。

(3) 在三类 CSR 行为修复品牌形象的过程中，丑闻责任起到负向调节作用。丑闻责任较小时，捐赠、赞助和事业关联营销对品牌形象修复作用的差异更显著；而丑闻责任较大时，三类 CSR 行为的修复作用均较弱。

11.1.4 明晰企业捐赠行为及契合度对丑闻品牌形象的修复效应与作用机理

在明确 CSR 行为对品牌形象的修复作用及捐赠的最佳修复效果之后，本书第 6 章构建了企业捐赠行为及其契合度对丑闻品牌形象与购买意愿的修复效应和作用机理模型，并通过实验法验证企业捐赠行为及其契合度修复品牌形象的主效应，品牌态度、品牌信任、利他性归因的中介作用，以及感知质量、丑闻责任的调节作用，得出了如下结论。

(1) 丑闻发生后，企业的捐赠行为能够提升消费者的购买意愿。尽管可能因消费者质疑捐赠动机而使修复效应被弱化，但与不捐赠相比，捐赠的积极作用仍然存在。在企业捐赠行为修复购买意愿的过程中，品牌态度起中介作用，而消费者的产品感知质量正向调节捐赠行为对品牌态度的影响。

(2) 丑闻发生后，企业捐赠行为的契合度对消费者购买意愿产生正向影响，捐赠契合度越高，购买意愿修复效果越好。在捐赠契合度影响购买意愿的过程中，企业丑闻责任存在负向调节作用，捐赠契合度与丑闻责任的交互作用对购买意愿的影响显著。由此可知，在企业捐赠行为契合度高和企业丑闻责任低的情境之下，企业捐赠行为能够对购买意愿实现最佳修复效果。品牌信任在捐赠契合度影响购买意愿的过程中起部分中介作用。

(3) 丑闻发生后，企业捐赠行为对品牌形象能产生正向修复作用，并且捐赠契合度越高，品牌形象修复效果越好。在捐赠契合度影响品牌形象修复效果的过程中，利他性归因发挥中介作用，而产品感知质量发挥正向调节作用。由此可知，在企业产品感知质量高和企业捐赠契合度高的情境之下，企业捐赠行为能够对品牌形象实现最佳修复效果。

11.1.5 阐明企业社会责任行为特征对丑闻品牌形象的修复效应

在证实了 CSR 行为对丑闻品牌形象的修复作用及捐赠的修复效应和作用机理之后，第 7 章探索了 CSR 行为特征对丑闻品牌形象的修复效应。第 7 章基于情境线索理论和可接近-可诊断理论，以 CSR 行为持续性、CSR-丑闻关联度、CSR 信息披露渠道为自变量，以丑闻品牌形象、购买意愿为因变量，构建 CSR 行为特征对丑闻品牌形象的修复效应模型，得出了如下结论。

(1) 丑闻发生后，CSR 行为持续性影响消费者的品牌形象评价及产品购买意愿。与首次开展型 CSR 行为相比，持续从事型 CSR 行为对消费者的品牌形象评价和产品购买意愿的积极作用更显著。

(2) CSR-丑闻关联度也会影响消费者的品牌形象评价及产品购买意愿，CSR-丑闻关联度越低，消费者对品牌形象的评价越高，产品购买意愿越强。

(3) CSR 信息披露渠道同样对丑闻品牌形象和购买意愿产生显著影响，由第三方媒体披露的 CSR 行为信息能使消费者的品牌形象评价更积极，其产品购买意愿也更强。

(4) 丑闻发生后，CSR 行为对品牌形象的修复效果受到 CSR 行为持续性、CSR-丑闻关联度、CSR 信息披露渠道等 CSR 行为特征的交互影响。如果 CSR 行为特征的组合配置不当，不仅不能修复丑闻品牌形象，也可能适得其反。

11.1.6 探析企业社会责任行为特征修复丑闻品牌形象的作用机理

在探明 CSR 行为持续性、CSR-丑闻关联度、CSR 信息披露渠道对丑闻品牌形象的修复效应的基础上，第 8 章基于归因理论，引入利他性归因作为中介变量，引入丑闻责任作为调节变量，构建 CSR 行为特征修复丑闻品牌形象的作用机理模型，得出了如下结论：

(1) 丑闻发生后，利他性归因在 CSR 行为修复品牌形象的过程中起中介作用。在 CSR 行为连续性、CSR-丑闻关联度、CSR 信息披露渠道三项 CSR 行为特征影响消费者品牌形象评价和产品购买意愿的过程中，利他性归因充当了完全中介变量。

(2) 丑闻发生后，消费者对企业 CSR 行为特征进行利他性归因的过程受到丑闻责任的调节。当丑闻责任较大时，消费者对 CSR 行为持续性、CSR-丑闻关联度、CSR 信息披露渠道等 CSR 行为特征的利他性归因没有显著差异；而当丑闻责任较小时，消费者对 CSR 行为特征的利他性归因差异才得以体现。

(3) 在 CSR 行为修复品牌形象的过程中，丑闻责任充当了有中介的调节变量。丑闻责任对消费者 CSR 行为归因的影响会反映在消费者对企业的认知行为反应上，即丑闻责任不仅调节消费者对 CSR 行为特征的利他性归因，而且调节消费者对 CSR 行为特征的响应，如品牌形象评价和产品购买意愿等。

11.1.7　整合企业社会责任行为对丑闻品牌形象的修复机理

本书第 9 章基于企业联想理论和双因素理论，构建了 CSR 行为、质量改进行为对丑闻品牌形象及购买意愿的整合修复模型，并通过准实验法检验 CSR 行为和质量改进行为的交互作用，得出了如下结论：

(1) 丑闻发生后，企业的质量改进行为对丑闻品牌形象具有一定的修复作用，且会影响 CSR 行为对品牌形象的修复效果。当企业没有进行质量改进时，即便企业积极开展 CSR 行为，消费者也会因利他性归因降低而质疑其行为的合理性，进而弱化 CSR 行为对丑闻品牌形象的修复效果。

(2) CSR 行为持续性直接影响了利他性归因、间接影响了品牌形象和购买意愿。在这个过程中，质量改进行为发挥调节作用。与企业没有质量改进行为的情况相比，在有质量改进行为的前提下，消费者对 CSR 行为持续性的认知反应差异会越来越显著。

(3) CSR 信息披露渠道直接影响了利他性归因、间接影响了品牌形象和购买意愿。在这个过程中，质量改进行为发挥调节作用。随着消费者产品感知质量的提高，消费者对企业官方、第三方媒体机构两种类型的 CSR 信息披露渠道的认知反应差异也将越来越显著。

11.1.8　建立基于企业社会责任视角的丑闻品牌形象修复策略体系

本书第 10 章基于 CSR 理论和品牌形象管理理论，构建了基于 CSR 视角的丑闻品牌形象修复决策模型。从树立 CSR 战略观、完善丑闻防范与预警体系、控制丑闻责任、引导利他性归因、建立 CSR 行为类型决策机制及健全 CSR 行为特征选择机制六个维度将品牌形象修复策略汇总为“六个维度十六条策略”体系。

11.2 研究局限与未来展望

11.2.1 研究局限

本书研究聚焦丑闻情境，以 S-O-R 理论为分析框架，系统探明丑闻情境下 CSR 行为规律和丑闻前后 CSR 行为系统特征，在此基础上构建丑闻品牌形象修复效应与作用机理模型，揭示 CSR 行为对丑闻品牌形象的修复效应与作用机理，探明企业捐赠行为及契合度对丑闻品牌形象的修复效应与作用机理，探索 CSR 行为特征对丑闻品牌形象的修复效应与作用机理，厘清 CSR 行为、质量改进行为对丑闻品牌形象的整合修复效应，并在此基础上提出基于 CSR 视角的丑闻品牌形象修复策略体系。但由于时间和资源的限制，本书研究仍然存在一些研究局限，有待于在未来的研究中加以完善。

(1) 本书研究聚焦于捐赠、赞助和事业关联营销三类 CSR 行为及产品质量改进行为对丑闻品牌形象的修复效应与作用机理的研究，但尚未关注员工支持、环境保护、供应商责任等其他 CSR 领域的重要议题对丑闻后品牌形象的影响与意义，未能展现更广阔视角之下 CSR 行为对丑闻品牌形象的修复效应的全貌。

(2) 本书研究在 CSR 投入水平和 CSR 契合度两大 CSR 行为特征的基础上，发现了 CSR 行为动机、CSR 行为时机、CSR 行为持续性、CSR-丑闻关联度、CSR 信息披露渠道和 CSR 信息呈现六个新的 CSR 行为特征，对 CSR 行为持续性、CSR-丑闻关联度和 CSR 信息披露渠道三个 CSR 行为特征变量对丑闻品牌形象的修复效应进行了实证检验。由于消费者通过主观认知对 CSR 行为动机做出反应，所以从中介变量角度对 CSR 行为动机进行了考量。受到研究周期和资源的限制，本书仅对 CSR 投入水平、CSR 行为时机、CSR 信息呈现进行了内容分析，未通过实验法对其进行实证检验。

(3) 本书研究聚焦于产品性能型丑闻情境，探明 CSR 行为类型和 CSR 行为特征对丑闻品牌形象的修复效应与作用机理，但为了保证刺激有效性，尚未考虑丑闻严重性及消费者-品牌关系的影响。公司道德型丑闻和道德-性能复合型丑闻情境下，CSR 行为对丑闻品牌形象的修复效应是否存在差异，也需要进一步探明。

11.2.2　未来展望

根据本书目前的研究局限，未来可以在以下方面继续进行深化和优化研究：

(1) 选择当前理论研究和社会实践领域高度关注的环境保护、员工支持、供应商责任等社会责任议题作为研究对象，拓展丑闻后 CSR 行为的边界，进一步探索 CSR 行为对丑闻品牌形象的修复效应与作用机理。

(2) 在现有的组织视角基础上，向个人和社会层面拓展新的研究视角，深入研究企业 CEO 等关键个体、政府、媒体等利益相关者可能对 CSR 行为和丑闻品牌形象修复产生的重要影响和驱动力量。

(3) 将 CSR 行为对丑闻品牌形象修复的研究情境从产品性能型丑闻延伸至公司道德型丑闻和道德-性能复合型丑闻，对比分析不同丑闻类型情境之下的 CSR 行为类型与 CSR 行为特征等要素对丑闻品牌形象的修复效应和作用机理的差异。

参 考 文 献

常亚平，阎俊，方琪. 2008. 企业社会责任行为、产品价格对消费者购买意愿的影响研究[J]. 管理学报，5(1)：110-117.

陈明，刘跃所. 2006. 企业责任型战略的界定与实施方略[J]. 企业经济，(5)：69-71.

陈晓萍，徐淑英，樊景立. 2012. 组织与管理研究的实证方法[M]. 北京：北京大学出版社.

陈讯，韩亚琴. 2005. 企业社会责任分级模型及其应用[J]. 中国工业经济，210(9)：99-105.

陈支武. 2008. 企业慈善捐赠的理论分析与策略探讨[J]. 当代财经，(4)：68-72.

崔保军，余伟萍. 2015. 行业潜规则型产品伤害危机的特征、成因与治理——以食品行业为例[J]. 社会科学战线，(8)：44-53.

崔金欢，符国群. 2002. 产品伤害危机对品牌资产变动的影响[J]. 南开管理评论，(5)：17-22.

崔泮为，杨洋，李蔚. 2015. CSR 策略修复产品伤害危机后品牌信任的效果研究——调节变量和中介变量的作用[J]. 中央财经大学学报，(2)：69-74.

丹尼斯•雷纳德，田彤坤. 2008. 坚固的基础、美好的未来：社会责任驱动我们向前[J]. 中国质量，(6)：54-57.

丹尼尔•里夫，斯蒂文•赖斯，弗雷德里克•G. 菲克. 2010. 内容分析法：媒介信息量化研究技巧[M]. 北京：清华大学出版社，150.

董芳. 2009. 企业危机情境中的形象修复策略研究——以达能强购娃哈哈事件“口水战”为例[D]. 厦门：厦门大学硕士学位论文.

董亚妮. 2010. 产品伤害危机市场恢复策略研究[J]. 商业研究，1：23-27.

董亚妮，李蔚. 2011. 产品伤害危机后销售促进对消费者购买意愿影响研究[J]. 西南民族大学学报(人文社会科学版)，5：166-170.

董亚妮，李蔚，花海燕，等. 2009. 产品伤害危机后的产品策略对消费者购买意愿影响的实证研究[J]. 管理现代化，(1)：12-14.

杜岩，张洪奇，卢庆珍. 2013. 基于社会责任视角的企业危机公关对策研究——以酒鬼酒“塑化剂”事件为例[J]. 技术与创新管理，34(3)：212-215.

杜志刚，徐艳，景奉杰，等. 2011. 信息框架对公司形象修复的影响分析——信息来源、信息类型、参考点的协同效应[J]. 情报杂志，30(11)：177-182.

樊建锋，田志龙. 2012. 灾害事件、规模与企业慈善捐助：中国背景[J]. 山西财经大学学报，1：102-107.

樊帅，田志龙，胡小青. 2017. 心理所有权视角下消费者参与虚拟 CSR 共创的影响研究[J]. 管理学报，14(3)：414-424.

范宝财, 杨洋, 李蔚. 2014. 产品伤害危机属性对横向溢出效应的影响研究——产品相似性和企业声誉的调节作用[J]. 商业经济与管理, 277(11): 21-30.

方正, 江明华, 杨洋, 等. 2010. 产品伤害危机应对策略对品牌资产的影响研究——企业声誉与危机类型的调节作用[J]. 管理世界, 12: 105-118.

方正, 杨洋, 江明华, 等. 2011. 可辩解型产品伤害危机应对策略对品牌资产的影响研究: 调节变量和中介变量的作用[J]. 南开管理评论, 14(4): 69-79.

高勇强, 陈亚静, 张云均. 2012. "红领巾"还是"绿领巾": 民营企业慈善捐赠动机研究[J]. 管理世界, 8: 106-114.

高勇强, 何晓斌, 李路路. 2011. 民营企业家社会身份、经济条件与企业慈善捐赠[J]. 经济研究, (12): 111-123.

顾浩东, 宋亦平. 2009. 道德的理性或直觉: 消费者对于企业社会责任行为的反应过程研究[J]. 营销科学学报, 4: 17-35.

郭剑花. 2012. 中国企业的捐赠: 自愿抑或摊派? ——基于中国上市公司的经验证据[J]. 财经研究, (8): 50-60.

黄静, 刘秋玲. 2014. "好企业"为什么会干坏事? ——企业社会责任营销内外一致性视角[J]. 商业研究, 56(8): 110-118.

黄静, 熊巍. 2007. 消费者品牌关系的断裂与再续: 理论回顾与展望[J]. 外国经济与管理, 29(7): 50-55.

黄静, 童泽林, 张友恒, 等. 2012. 负面情绪和说服策略对品牌关系再续意愿的影响[J]. 心理学报, 8: 1114-1123.

黄静, 朱丽娅, 熊小明. 2014. 企业家微博写什么[J]. 商业经济与管理, (2): 49-57.

贾明, 张喆. 2010. 高管的政治关联影响公司慈善行为吗? [J]. 管理世界, (4): 99-113.

江炎骏. 2013. 企业捐赠的伤害保险效应研究[J]. 管理学报, 10(4): 612-618.

姜俊. 2010. 企业社会责任与企业价值的关系研究述评[J]. 经济经纬, (2): 91-94.

姜启军, 苏勇. 2010. 基于社会责任的食品企业危机管理[J]. 经济管理, 32(7): 30-35.

焦璇, 吕建红, 陈毅文. 2004. 品牌形象系统的因素结构[J]. 心理学报, 36(3): 359-364.

金立印. 2006. 企业社会责任运动测评指标体系实证研究——消费者视角[J]. 中国工业经济, (6): 114-120.

靳明, 张英. 2014. 肯德基速生鸡事件危机公关广告与公众态度变化——基于新浪微博的内容分析[J]. 财经论丛, 8: 70-77.

井淼, 周颖. 2013. 产品伤害危机中危机反应策略对品牌资产的影响——基于企业社会责任的视角[J]. 工业工程与管理, 18(2): 122-130.

鞠芳辉, 谢子远, 黄文军. 2014. 慈善抑或伪善: 公众对污点企业社会责任活动的感知与评价[J]. 财经论丛(浙江财经大学学报), 186(10): 68-75.

赖胜强, 唐雪梅. 2017. 基于免疫系统理论的网络谣言治理研究[J]. 现代情报, 37(12): 30-34.

雷晓康, 朱松梅, 贺凯丰. 2013. 应急质量管理体系的构建[J]. 中国行政管理, (9): 55-59.

黎友焕, 魏升民. 2012. 企业社会责任评价标准: 从 SA8000 到 ISO26000[J]. 学习与探索, (11): 74-79.

李国峰, 邹鹏, 陈涛. 2008. 产品伤害危机管理对品牌声誉与品牌忠诚关系的影响研究[J]. 中国软科学, (1): 108-115.

李海芹, 张子刚. 2010. CSR 对企业声誉及顾客忠诚影响的实证研究[J]. 南开管理评论, 13(1): 90-98.

李伍荣, 卢泰宏. 2002. 营销新策略: 事业关联营销[J]. 经济管理, (9): 58-60.

李祥进, 杨东宁, 雷明. 2012. 企业社会责任行为对员工工作绩效影响的跨层分析[C]. 中国管理科学学术年会: 104-118.

李正，向锐. 2007. 中国企业社会责任信息披露的内容界定、计量方法和现状研究[J]. 会计研究, (7): 3-11.

刘藏岩. 2006. 企业社会责任与危机管理[J]. 生产力研究, 4: 219-221.

刘凤军，孔伟，李辉. 2015. 企业社会责任对消费者抵制内化机制研究——基于 AEB 理论与折扣原理的实证[J]. 南开管理评论, 18(1): 52-63.

刘凤军，李辉. 2014. 社会责任背景下企业联想对品牌态度的内化机制研究——基于互惠与认同视角下的理论构建及实证[J]. 中国软科学, (3): 99-118.

刘凤军，李敬强，李辉. 2012. 企业社会责任与品牌影响力关系的实证研究[J]. 中国软科学, (1): 116-132.

刘娜，许正良. 2013. 双视角下企业社会责任的消费者响应研究[J]. 现代管理科学, (9): 65-67.

刘学青. 2013. 企业社会责任信息披露体系研究[J]. 商业会计, (14): 99-100.

刘英，张剑渝，杜青龙. 2014. 赞助匹配对赛事赞助品牌评价的影响研究——解释水平理论视角[J]. 体育科学, 34(4): 70-77.

刘彧彧. 2007. 企业形象危机管理沟通的预警系统构建方法[J]. 学海, (1): 165-171.

卢东, Powpaka S, 寇燕. 2010. 基于消费者视角的企业社会责任归因[J]. 管理学报, 7(6): 861-867.

卢文刚. 2010. 基于政府主导的城市电力应急能力综合评价指标体系构建[J]. 中国行政管理, (6): 43-47.

鲁津，栗雨楠. 2011. 形象修复理论在企业危机传播中的应用——以“双汇瘦肉精”事件为例[J]. 现代传播, 182(9): 49-53.

马龙龙. 2011. 企业社会责任对消费者购买意愿的影响机制研究[J]. 管理世界, (5): 120-126.

毛基业，李晓燕. 2010. 理论在案例研究中的作用——中国企业管理案例论坛(2009)综述与范文分析[J]. 管理世界, 2: 106-113.

莫申江，王重鸣. 2009. 国外商业伦理研究回顾与展望[J]. 外国经济与管理, 31(7): 16-22.

齐丽云，魏婷婷. 2013. 基于 ISO26000 的企业社会责任绩效评价模型研究[J]. 科研管理, 34(3): 84-92.

施娟，唐冶. 2011. 品牌关系质量与消费者遭遇产品伤害的反应特征研究——基于事前信念的视角[J]. 经济管理, (1): 93-100.

史安斌. 2008. 危机传播研究的“西方范式”及其在中国语境下的“本土化”问题[J]. 国际新闻界, (6): 22-27.

宋林飞. 1999. 中国社会风险预警系统的设计与运行[J]. 东南大学学报(哲学社会科学版), (1): 69-76.

宋雪莲. 2013. 基于企业社会责任视角的企业战略研究[J]. 机械管理开发, (1): 183-185.

宋振峰，宋惠兰. 2012. 基于内容分析法的特性分析[J]. 情报科学, (7): 964-966.

孙洪杰，周庭锐. 2012. 基于情境线索的属性趋同效应研究[J]. 南开管理评论, 15(4): 48-54.

田虹，姜雨峰. 2014. 企业社会责任履行的动力机制研究[J]. 审计与经济研究, 29(6): 65-74.

田虹，王汉瑛. 2014. 异质性企业社会责任存在协同效应吗？—— 一个三维交互模型[J]. 商业研究, 56(12): 134-140.

田虹，袁海霞. 2013. 企业社会责任匹配性何时对消费者品牌态度更重要——影响消费者归因的边界条件研究[J]. 南开管理评论, 16(3): 101-108.

田敏，李纯青，萧庆龙. 2014. 企业社会责任行为对消费者品牌评价的影响[J]. 南开管理评论, 17(6): 19-29.

田阳，王海忠，陈增祥. 2009. 公司形象对消费者信任和购买意向的影响机制[J]. 商业经济与管理, 1(9): 65-72.

田志龙，邓新明, Hafsi T. 2007. 企业市场行为、非市场行为与竞争互动——基于中国家电行业的案例研究[J]. 管理世界, 8: 116-128.

万广圣，晁钢令. 2015. 产品危机情境下的 CSR 行为对消费者态度影响研究[J]. 现代管理科学, 11: 103-105.

汪兴东，郭锦墉，陈胜东. 2012. 网络媒体中的产品伤害、危机传播过程与企业应对策略适配性研究——以双汇事件为例[J]. 江苏商论, (7): 56-59.

汪旭晖，冯文琪，张杨. 2015. "化险为夷"还是"雪上加霜"？——负面网络口碑情境下零售企业社会责任行为对品牌权益的影响研究[J]. 商业经济与管理, (7): 5-15.

王财玉，雷雳. 2014. 消费者对犯错品牌评价的时间打折效应及其影响因素[J]. 心理科学, 4: 957-961.

王春娅，余伟萍，段桂敏，等. 2013. 丑闻后慈善捐助的契合度对品牌消费意愿的修复效应研究[C]. 2013 年 JMS 第十届中国营销科学学术年会暨博士生论坛.

王春娅，余伟萍，段桂敏. 2014. 慈善捐助契合度对消费意愿的修复效应——基于品牌丑闻情景的分析[J]. 财经论丛, 181(5): 67-73.

王端旭，潘奇. 2009. 企业慈善行为的演化及其理论解释[J]. 经济管理, (5): 190-194.

王建明. 2015. 环境情感的维度结构及其对消费碳减排行为的影响——情感-行为的双因素理论假说及其验证[J]. 管理世界, (12): 82-95.

王静一，王海忠. 2014. 企业社会责任活动中感知伪善的结构与量表开发[J]. 心理科学进展, 22(7): 1075-1083.

王晓玉，晁钢令. 2009. 企业营销负面曝光事件研究述评[J]. 外国经济与管理, 31(2): 33-39.

王颖. 2013. 区分积极、消极企业社会责任行为——基于双因素理论的视角[D]. 昆明：云南财经大学硕士学位论文.

王志良. 2012. 产品危机事件中消费者责任归因的作用机制研究[J]. 上海大学学报(社会科学版), 29(4): 131-140.

温素彬，方苑. 2008. 企业社会责任与财务绩效关系的实证研究——利益相关者视角的面板数据分析[J]. 中国工业经济, (10): 150-160.

翁望回. 1987. 企业正当性之实证研究——社会责任的观点[D]. 台北：台湾政治大学企业管理研究所博士学位论文.

翁智刚，刘丹萍，王萍，等. 2013. 消费者对慈善和商业赞助的态度如何？——基于双重态度理论的研究[J]. 营销科学学报, (1): 118-132.

吴毅洲. 2011. 金融危机下企业战略与企业社会责任的思考[J]. 企业技术开发(学术版), 30(3): 153-155.

武忆舟. 1986. 公司法论[M]. 台北：三民书局有限公司: 28.

肖红军，郑若娟，铉率. 2015. 企业社会责任信息披露的资本成本效应[J]. 经济与管理研究, 36(3): 136-144.

谢佩洪，周祖城. 2009. 中国背景下 CSR 与消费者购买意向关系的实证研究[J]. 南开管理评论, 12(1): 64-70.

谢毅，彭泗清. 2009. 两类企业公开信息及其交互作用对消费者品牌关系的影响[J]. 南开管理评论, 12(1): 71-83.

谢毅，彭璐珞，彭泗清. 2013. 企业社会责任对顾客忠诚度的影响机制研究[J]. 华东经济管理, (2): 85-91.

熊焰，任丽莉. 2012. 产品伤害危机管理因素对消费者信任修复的影响研究[J]. 财贸研究, (4): 120-125.

徐彪，张媛媛，张珣. 2014. 负面事件后消费者信任受损及其外溢机理研究[J]. 管理科学, 27(2): 95-107.

徐和清. 2012. 品牌企业食品安全事故的原因及治理机制研究[J]. 现代经济探讨, (5): 59-62.

徐明阳，苏平. 2013. 基于企业社会责任视角的企业危机管理研究[J]. 湖北社会科学, 4: 88-90.

鄢丙胜. 2014. 产品伤害危机情境下企业危机修复机制研究[D]. 武汉：华中科技大学博士学位论文.

阎俊，佘秋玲. 2009. 社会责任消费行为量表研究[J]. 管理科学, 22(2): 73-82.

杨建顺. 2014. 论给付行政裁量的规制完善[J]. 哈尔滨工业大学学报(社会科学版), (5): 1-20.

杨熠，李余晓璐，沈洪涛. 2011. 绿色金融政策、公司治理与企业环境信息披露——以 502 家重污染行业上市公司为例[J]. 财贸研究, 22(5): 131-139.

杨于峰, 余伟萍, 田盼. 2013. 基于SOM神经网络的品牌丑闻微博传播分类预测研究[J]. 情报杂志, (10): 23-28.

游昌乔. 2006. 危机公关: 中国危机公关典型案例回放及点评[M]. 北京: 北京大学出版社.

余吉安, 杨斌, 王曼. 2015. 产业集成视角下文化创意产业发展模式研究——兼论文化创意产业国际化[J]. 科技管理研究, 35(337): 178-184.

余伟萍, 谭娟. 2010. 基于品牌信任的企业联想与品牌延伸评价关系探索研究[J]. 现代广告, (22): 30-39.

余伟萍, 赵占恒. 2015. 丑闻后企业社会责任行为对品牌形象的影响研究——丑闻责任的调节作用和利他性归因的中介作用[J]. 华东经济管理, 29(5): 8-15.

余伟萍, 庄爱玲. 2013. 品牌负面曝光事件下焦点品牌和竞争品牌动态响应行为研究[J]. 管理学报, 10(9): 1393-1398.

余伟萍, 王春娅, 段桂敏. 2014. 丑闻后慈善捐助匹配度对品牌形象的修复机理——利他性动机认知的中介作用与感知质量的调节作用[J]. 商业经济与管理, 275(9): 61-70.

余伟萍, 赵占恒, 段桂敏. 2015. 丑闻后企业慈善捐助对消费意愿的恢复研究[J]. 中大管理研究, 10(2): 106-119.

余伟萍, 庄爱玲, 段桂敏. 2014. 品牌丑闻的溢出效应研究: 演化机理与应对策略[M]. 北京: 中国科学技术出版社.

袁登华, 罗嗣明, 付春江, 等. 2010. 广告干预对消费者品牌态度和信任的影响[J]. 心理学报, 6: 715-726.

袁海霞, 田虹. 2013. 企业社会责任匹配性对消费者品牌的影响研究——基于消费者价值观的调节作用[J]. 经济与管理研究, 7: 114-121.

张广玲, 付祥伟, 熊啸. 2010. 企业社会责任对消费者购买意愿的影响机制研究[J]. 武汉大学学报(哲学社会科学版), (2): 120-126.

张红霞, 安玉发, 张文胜. 2013. 我国食品安全风险识别、评估与管理——基于食品安全事件的实证分析[J]. 经济问题探索, (6): 135-141.

张建君. 2013. 竞争-承诺-服从: 中国企业慈善捐款的动机[J]. 管理世界, 9: 118-129.

张同龙. 2011. 企业捐赠动机考察: 自利, 还是利他? ——来自中国12个城市1268家企业调查数据的实证研究[J]. 制度经济学研究, 2: 28-42.

赵曙明. 2009. 企业社会责任的要素、模式与战略最新研究述评[J]. 外国经济与管理, 31(1): 2-8.

赵占恒, 余伟萍, 王春娅. 2015. 基于内容分析法的丑闻后企业社会责任特征研究[J]. 经济经纬, 32(3): 102-107.

郑海东. 2007. 企业社会责任行为表现: 测量维度、影响因素及对企业绩效的影响[D]. 杭州: 浙江大学博士学位论文.

钟宏武. 2007. 企业捐赠作用的综合解析[J]. 中国工业经济, 2: 75-83.

钟金来. 2012. 房地产企业社会责任和声誉对危机归因的影响分析[D]. 杭州: 浙江大学硕士学位论文.

周安华, 苗晋平. 2007. 公共关系理论、实务与技巧(第2版)[M]. 北京: 中国人民大学出版社.

周延风. 2015. 我国慈善组织品牌建设策略与困境分析[J]. 社会科学家, (1): 64-71.

周延风, 范起凤, 黄光. 2008. 基于慈善捐赠的事业-品牌联盟对消费者响应的影响[J]. 商业经济与管理, 199(5): 61-68.

周延风, 罗文恩, 肖文建. 2007. 企业社会责任行为与消费者响应-消费者个人特征和价格信号的调节[J]. 中国工业经济, 228(3): 62-69.

周祖城. 2005. 企业社会责任: 视角、形式与内涵[J]. 理论导刊, (2): 58-61.

周祖城. 2014. 论企业伦理责任在企业社会责任中的核心地位[J]. 管理学报, 11(11): 1663-1670.

周祖城, 厉杰. 2011. 不同类型 CSR 对消费者评价及购买意向的影响研究——基于公益型、业务型、综合型的分类[J]. 北京工商大学学报(社会科学版), 26(1): 12-20.

周祖城, 张漪杰. 2007. 企业社会责任相对水平与消费者购买意向关系的实证研究[J]. 中国工业经济, (9): 111-118.

朱翊敏. 2013. 企业捐赠行为中消费者响应的研究: 捐赠类型、捐赠事件和企业声誉水平的影响[J]. 营销科学学报, 9(3): 80-95.

朱翊敏, 李蔚, 刘容. 2012. 慈善营销中契合度、熟悉度和产品性质对消费者响应的影响[J]. 南开管理评论, 15(3): 33-41.

庄爱玲, 余伟萍. 2011. 道德关联品牌负面曝光事件溢出效应实证研究——事件类型与认知需求的交互作用[J]. 商业经济与管理, 240(10): 60-67.

Aaker D A. 1996. Measuring brand equity across products and markets[J]. California Management Review, 38(3): 102-120.

Aaker J L. 1997. Dimensions of brand personality[J]. Journal of Marketing Research, 34(3): 347-356.

Aaker D A, Biel A L. 1993. Brand equity & advertising: advertising's role in building strong brands[J]. Journal of Marketing Research, 31(4): 580.

Adebisi S, Abayomi A, Taiwo A. 2014. Building winning strategy for competitive performance through corporate social responsibility: an X-ray of MTN Nigeria[J]. Management Strategies Journal, 7(2): 48-61.

Aguilera R V, Rupp D E, Williams C A, et al. 2007. Putting the S back in corporate social responsibility: a multilevel theory of social change in organizations[J]. Academy of Management Review, 32(3): 836-863.

Ahluwalia R, Burnkrant R E, Unnava H R. 2000. Consumer response to negative publicity: the moderating role of commitment[J]. Journal of Marketing Research, 37(5): 203-214.

Albus H, Ro H. 2017. Corporate social responsibility: the effect of green practices in a service recovery[J]. Journal of Hospitality & Tourism Research, 41(1): 41-65.

Alcañiz E B, Cáceres R C, Pérez R C. 2010. Alliances between brands and social causes: the influence of company credibility on social responsibility image[J]. Journal of Business Ethics, 96: 169-186.

Amihud Y, Lev B. 1981. Risk reduction as a managerial motive for conglomerate mergers[J]. Bell Journal of Economics, 12(2): 605-617.

Anderson J W. 1989. Corporate Social Responsibility: Guidelines For Top Management[M]. Santa Barbara: Quorum Books.

Arvidsson S. 2010. Communication of corporate social responsibility: a study of the views of management teams in large companies[J]. Journal of Business Ethics, 96(3): 339-354.

Ashforth B E, Gibbs B W. 1990. The double-edge of organizational legitimation[J]. Organization Science, 1(2): 177-194.

Atkinson L, Galaskiewicz J. 1988. Stock ownership and company contributions to charity[J]. Administrative Science Quarterly, 33(1): 82-100.

Avetisyan E, Ferrary M. 2013. Dynamics of stakeholders' implications in the institutionalization of the CSR field in france and in the united states[J]. Journal of Business Ethics, 115(1): 115-133.

Babiak K, Trendafilova S. 2011. CSR and environmental responsibility: motives and pressures to adopt green management practices[J]. Corporate Social Responsibility & Environmental Management, 18 (1) : 11-24.

Barnea A, Rubin A. 2010. Corporate social responsibility as a conflict between shareholders[J]. Journal of Business Ethics, 97 (1) : 71-86.

Barnett M L. 2007. Stakeholder influence capacity and the variability of financial returns to corporate social responsibility[J]. Academy of Management Review, 32 (3) : 794-816.

Barone M J, Miyazaki A D, Taylor K A. 2000. The influence of cause-related marketing on consumer choice: does one good turn deserve another?[J]. Journal of the Academy of Marketing Science, 28 (2) : 248-262.

Basu K, Palazzo G. 2008. Corporate social responsibility: a process model of sensemaking[J]. Academy of Management Review, 33 (1) : 122-136.

Batra R, Homer P M. 2004. The situational impact of brand image beliefs[J]. Journal of Consumer Psychology, 14 (3) : 318-330.

Baumgartner R J. 2014. Managing corporate sustainability and CSR: a conceptual framework combining values, strategies and instruments contributing to sustainable development[J]. Corporate Social Responsibility & Environmental Management, 21 (5) : 258-271.

Becchetti L, Pelloni A, Rossetti F. 2008. Relational goods, sociability, and happiness[J]. Kyklos, 61 (3) : 343-363.

Becker-Olsen K L, Cudmore B A, Hill R P. 2006. The impact of perceived corporate social responsibility on consumer behavior[J]. Journal of Business Research, 59: 46-53.

Benoit W L. 1997. Image repair discourse and crisis communication[J]. Public Relations Review, 23 (2) : 177-186.

Berger J, Sorensen A T, Rasmussen S J, et al. 2010. Positive effects of negative publicity: when negative reviews increase sales[J]. Marketing Science, 29 (5) : 815-827.

Bhattacharya C B, Sen S. 2004. Doing better at doing good: when, why, and how consumers respond to corporate social initiatives[J]. California Management Review, 47 (1) : 9-24.

Bian X, Moutinho L. 2011. The role of brand image, product involvement, and knowledge in explaining consumer purchase behaviour of counterfeits: direct and indirect effects[J]. European Journal of Marketing, 45 (1/2) : 191-216.

Biehal G J, Sheinin D A. 2007. The influence of corporate messages on the product portfolio[J]. Journal of Marketing, 71 (2) : 12-25.

Bowen H R. 1953. Social Responsibilities of the Businessman[M]. New York: Harper & Row.

Bowie N. 1991. New directions in corporate social responsibility[J]. Business Horizons, 34 (4) : 56-65.

Bradford J L, Garrett D E. 1995. The effectiveness of corporate communicative responses to accusations of unethical behavior[J]. Journal of Business Ethics, 14 (11) : 875-892.

Brammer S, Pavelin S. 2004. Voluntary social disclosures by large UK companies[J]. Business Ethics A European Review, 13 (2/3) : 1168-1188.

Brammer S, Jackson G, Matten D. 2012. Corporate social responsibility and institutional theory: new perspectives on private governance[J]. Socio-Economic Review, 10 (22) : 3-28.

Braun-Latour K A, Latour M S, Loftus E F. 2006. Is that a finger in my chili? Using affective advertising for postcrisis brand repair[J]. Cornell Hospitality Quarterly, 47(2): 106-120.

Brickson S L. 2007. Organizational identity orientation: the genesis of the role of the firm and distinct forms of social value[J]. Academy of Management Review, 32(3): 864-888.

Brown T J, Dacin P A. 1997. The company and the product: corporate associations and consumer product responses[J]. Journal of Marketing, 61(1): 68-84.

Buchholz R A, Rosenthal S B. 2008. The unholy alliance of business and science[J]. Journal of Business Ethics, 78(1/2): 199-206.

Burke L, Logsdon J M. 1996. How corporate social responsibility pays off[J]. Long Range Planning, 29(4): 495-502.

Campbell D, Moore G, Metzger M. 2002. Corporate philanthropy in the U. K. 1985-2000 some empirical findings[J]. Journal of Business Ethics, 39(1/2): 29-41.

Campbell J L. 2006. Institutional analysis and the paradox of corporate social responsibility[J]. American Behavioral Scientist, 49(7): 925-938.

Campbell L, Gulas C S, Gruca T S. 1999. Corporate giving behavior and decision: maker social consciousness[J]. Journal of Business Ethics, 19(4): 375-383.

Carrigan M, Attalla A. 2001. The myth of the ethical consumer-do ethics matter in purchase behavior?[J]. Journal of Consumer Marketing, 18(7): 560-578.

Carroll A B. 1979. A three-dimensional conceptual model of corporate performance[J]. Academy of Management Review, 4(4): 497-505.

Carroll A B. 1991. The pyramid of corporate social responsibility: toward the moral management of organizational stakeholders[J]. Business Horizons, 34(4): 39-48.

Carroll A B. 1999. Corporate social responsibility evolution of a definitional construct[J]. Business & Society, 38(3): 268-295.

Carroll A B, Shabana K M. 2010. The business case for corporate social responsibility: a review of concepts, research and practice[J]. International Journal of Management Reviews, 12(1): 85-105.

Caruana R, Crane A. 2008. Constructing consumer responsibility: exploring the role of corporate communications[J]. Social Science Electronic Publishing, 29(12): 1495-1519.

Chaudhuri A, Holbrook M B. 2001. The chain of effects from brand trust and brand affect to brand performance: The role of brand loyalty[J]. Journal of Marketing, 65(2): 81-93.

Chaudhuri A. 2002. How Brand Reputation Affects the Advertising-Brand Equity Link[J]. Journal of Advertising Research, 42(3): 33-43.

Chin J, Al E A E. 2013. ChemInform abstract: cytotoxic scalarane sesterterpenes from a korean marine sponge psammocinia sp[J]. Cheminform, 44(34): 187.

Choi J, Wang H. 2009. Stakeholder relations and the persistence of corporate financial performance[J]. Strategic Management Journal, 30(8): 895-907.

Chun M M, Jiang Y. 1998. Contextual cueing: implicit learning and memory of visual context guides spatial attention[J]. Cogn Psychol, 36(1): 28-71.

Clarkson M B E. 1995. A stakeholder framework for analyzing and evaluating corporate social performance[J]. Academy of Management Review, 20(1): 92-117.

Cleeren K, Heerde H J V, Dekimpe M G. 2013. Rising from the ashes: how brands and categories can overcome product-harm crises[J]. Journal of Marketing, 77(3): 58-77.

Clemens B. 2001. Changing environmental strategies over time: an empirical study of the steel industry in the United States[J]. Journal of Environmental Management, 62(2): 221.

Coombs W J. 2007. Protecting organization reputations during a crisis: the development and application of situational crisis communication theory[J]. Corporate Reputation Review, 10(3): 163-176.

Coombs W T. 1995. Choosing the fight words: the development of guidelines for the selection of the "appropriate" crisis response strategies[J]. Management Communication Quarterly, 8(4): 447-476.

Coombs W T. 1998. An analytic framework for crisis situations: better responses from a better understanding of the situation[J]. Journal of Public Relations Research, 10(3): 177-191.

Coombs W T, Holladay S J. 2002. Helping crisis managers protect reputational assets: initial tests of the situational crisis communication theory[J]. Management Communication Quarterly, 16(2): 165-186.

Cornwell B T B, Pruitt S W, Ness R V. 2001. The value of winning in motorsports: sponsorship linked marketing[J]. Journal of Advertising Research, 41(1): 17-32.

Crane A, Glozer S. 2016. Researching corporate social responsibility communication: themes, opportunities and challenges[J]. Journal of Management Studies, 53(7): 1223-1252.

Cretu A E, Brodie R J. 2007. The influence of brand image and company reputation where manufacturers market to small firms: a customer value perspective[J]. Industrial Marketing Management, 36(2): 230-240.

Creyer E H, Ross W T. 1997. Tradeoffs between price and quality: how a value index affects preference formation[J]. Journal of Consumer Affairs, 31(2): 280-302.

Curlo E. 1999. Marketing strategy, product safety, and ethical factors in consumer choice[J]. Journal of Business Ethics, 21(1): 37-48.

Czellar S. 2003. Consumer attitude toward brand extensions: an integrative model and research propositions[J]. International Journal of Research in Marketing, 20(1): 97-115.

Dahlén M, Lange F. 2006. A disaster is contagious: how a brand in crisis affects other brands[J]. Journal of Advertising Research, 46(4): 388-397.

Davies G, Kamins M A. 2010. Reputation gaps and the performance of service organizations[J]. Strategic Management Journal, 31(5): 530-546.

Dawar N. 1998. Product-harm crises and the signaling ability of brands[J]. International Studies of Management & Organization, 28(3): 109-119.

Dawar N, Lei J. 2009. Brand crises: the roles of brand familiarity and crisis relevance in determining the impact on brand evaluations[J]. Journal of Business Research, 62(4): 509-516.

Dawar N, Pillutla M M. 2000. Impact of product-harm crisis on brand equity: the moderating role of consumer expectations[J]. Journal of Marketing Research, 37(2): 215-226.

Dean D H. 2004. Consumer reaction to negative publicitye ffects of corporate reputation, response, and responsibility for a crisis event[J]. Journal of Business Communication, 41(2): 192-211.

Dell' Atti S, Trotta A, Iannuzzi A P, et al. 2017. Corporate social responsibility engagement as a determinant of bank reputation: an empirical analysis[J]. Corporate Social Responsibility & Environmental Management, 24(6): 589-605.

Devinney T M. 2009. Is the socially responsible corporation a myth? The good, the bad and the ugly of corporate social responsibility[J]. Academy of Management Perspectives, 23(2): 44-56.

Dimaggio P J, Powell W W. 1983. The iron cage revisited: institutional isomorphism and collective rationality in organizational fields[J]. American Sociological Review, 48(2): 147-160.

Dobni D, Zinkhan G M. 1990. In search of brand image: a foundation analysis[J]. Advances in Consumer Research, 17(1): 110-119.

Donaldson T, Preston L E. 1995. The stakeholder theory of the corporation: concepts, evidence and implications[J]. Academy of Management Review, 20(1): 65-91.

Driesener C, Romaniuk J. 2006. Comparing methods of brand image measurement[J]. International Journal of Market Research, 48(6): 681-698.

Drumwright M E. 1996. Company advertising with a social dimension: the role of noneconomic criteria[J]. Journal of Marketing, 60(4): 71-87.

Du S L, Bhattacharya C B, Sen S. 2007. Reaping relational rewards from corporate social responsibility: the role of competitive positoning[J]. International Journal of Research in Marketing, 24(3): 224-241.

Du S L, Bhattacharya C B, Sen S. 2010. Maximizing business returns to corporate social responsibility (CSR): the role of CSR communication[J]. International Journal of Management Reviews, 12(1): 8-19.

Duhé S C. 2009. Good management, sound finances, and social responsibility: two decades of U. S. corporate insider perspectives on reputation and the bottom line[J]. Public Relations Review, 35(1): 77-78.

Durmaza V, Ates S S, Duman G. 2011. CSR as a tool to cope with economic crises: the case of TEI[J]. Procedia Social and Behavioral Sciences, 24(2011): 1418-1426.

D' Astous A, Bitz P. 1995. Consumer evaluations of sponsorship programmes[J]. European Journal of Marketing, 29(12): 6-22.

Eberle D, Berens G, Li T. 2013. The impact of interactive corporate social responsibility communication on corporate reputation[J]. Journal of Business Ethics, 118(4): 731-746.

Einwiller S A, Fedorikhin A, Johnson A R, et al. 2006. Enough is enough! When identification no longer prevents negative corporate associations[J]. Journal of the Academy of Marketing Science, 34(2): 185-194.

Eisenhardt K M. 1989. Building theories from case study research[J]. Academy of Management Review, 14(4): 532-550.

Eisingerich A B, Rubera G, Seifert M, et al. 2011. Doing good and doing better despite negative information? The role of corporate social responsibility in consumer resistance to negative information[J]. Journal of Service Research, 14(1): 60-75.

Elgammal W, El-Kassar A N, Messarra L C. 2018. Corporate ethics, governance and social responsibility in MENA countries[J]. Management Decision, 56(1): 273-291.

Elkington J. 1998. Accounting for the triple bottom line[J]. Measuring Business Excellence, 2(3): 18-22.

Ellen P S, Webb D J, Mohr L A. 2006. Building corporate associations: consumer attributions for corporate socially responsible programs[J]. Journal of the Academy of Marketing Science, 34(2): 147-157.

Fatma M, Khan I, Rahman Z. 2016. The effect of CSR on consumer behavioral responses after service failure and recovery. European Business Review[J]. 28(5): 583-599.

Fishbein M, Ajzen I. 1975. Belief, Attitude, Intention and Behavior: An introduction to the Theory and Research[M]. Boston: Addison-Wesley Publishing Company.

Fiske S J. 1980. Attention and weight in person perception: the impact of negative and extreme behavior[J]. Journal of Personality and social Psychology, 38(6): 889-906.

Fiske S T, Taylor S E. 2013. Social Cognition: From Brains to Culture[M]. Boston: McGraw Hill.

Fisscher O, Nijhof A. 2005. Implications of business ethics for quality management[J]. The TQM Magazine, 17(2): 150-160.

Folkes V S, Kotsos B. 1986. Buyers' and sellers' explanations for product failure: who done it?[J]. Journal of Marketing, 50(2): 74-80.

Fombrun C, Shanley M. 1990. What's in a name? Reputation building and corporate strategy[J]. Academy of Management Journal, 33(2): 233-258.

Forehand M R, Grier S. 2003. When is honesty the best policy? The effect of stated company intent on consumer skepticism[J]. Journal of Consumer Psychology, 13(3): 349-356.

Freeman L C. 1979. Centrality in social networks: conceptual clarification[J]. Social Networks, 1(3): 215-239.

Friedman M. 1970. The social responsibility of business is to increase its profits[J]. New York Times Magazine, 32-33(6): 173-178.

Frooman J. 1999. Stakeholder influence strategies[J]. Academy of Management Review, 24(2): 191-205.

Frynas J G, Yamahaki C. 2016. Corporate social responsibility: review and roadmap of theoretical perspectives[J]. Business Ethics A European Review, 25(3): 258-285.

Fryxell G E, Wang J. 1994. The fortune corporate' reputation' index: reputation for what?[J]. Journal of Management, 20(1): 1-14.

Galaskiewicz J. 1985. Interorganizational relations[J]. Annual Review of Sociology, 11(4): 281-304.

Garrison J R. 1990. A new twist to cause marketing[J]. Fund Raising Management, 2(1): 40-44.

Gatti L, Caruana A, Snehota I. 2012. The role of corporate social responsibility, perceived quality and corporate reputation on purchase intention: Implications for brand management[J]. Journal of Brand Management, 20(1): 65-76.

Gbadamosi G. 2004. Academic ethics: what has morality, culture and administration got to do with its measurement?[J]. Management Decision, 42(9): 1145-1161.

Gillespie N, Dietz G. 2009. Trust repair after an organization-level failure[J]. Academy of Management Review, 34(1): 127-145.

Godfrey P C. 2005. The relationship between corporate philanthropy and shareholder wealth: a risk management perspective[J]. Academy of Management Review, 30(4): 777-798.

Godfrey P C, Bradish C L, Cronin J J. 2009. Corporate social responsibility in sport: an overview and key issues[J]. Journal of Sport Management, 23(6): 698-716.

Graafland J. 2018. Does corporate social responsibility put reputation at risk by inviting activist targeting? An empirical test among European SMEs[J]. Corporate Social Responsibility & Environmental Management, 25: 1-13.

Groza M D, Pronschinske M R, Walker M. 2011. Perceived organizational motives and consumer responses to proactive and reactive CSR[J]. Journal of Business Ethics, 102(4): 639-652.

Grunig J E. 1979. A new measure of public opinions on corporate social responsibility[J]. Academy of Management Journal, 22(4): 738-764.

Gupta S, Pirsch J. 2006. A taxonomy of cause-related marketing research: current findings and future research directions[J]. Journal of Nonprofit & Public Sector Marketing, 15(1/2): 25-43.

Gwinner K, Swanson S R. 2003. A model of fan identification: antecedents and sponsorship outcomes[J]. Journal of Services Marketing, 17(3): 275-294.

Gwinner K, Bennett G, Dwyer L, et al. 2008. The impact of brand cohesiveness and sport identification on brand fit in a sponsorship context[J]. Journal of Sport Management, 22(4): 410-426.

Hafsi T, Turgut G. 2013. Boardroom diversity and its effect on social performance: conceptualization and empirical evidence[J]. Journal of Business Ethics, 112(3): 463-479.

Haigh M M, Brubaker P. 2010. Examining how image restoration strategy impacts perceptions of corporate social responsibility, organization-public relationships, and source credibility[J]. Corporate Communications An International Journal, 15(4): 453-468.

Haley U C V. 1991. Corporate contributions as managerial masques: reframing corporate contributions as strategies to influence society[J]. Journal of Management Studies, 28(5): 485-510.

Hall P A, Soskice D. 2001. Varieties of Capitalism[M]. Oxford: Oxford University Press.

Handelman J M, Arnold S J. 1999. The role of marketing actions with a social dimension: appeals to the institutional environment[J]. Journal of Marketing, 63(3): 33-48.

Heath B R L. 1994. Management of Corporate Communication: From Interpersonal Contacts to External Affairs[M]. Thames: Lawrence Erlbaum Associates.

Heider F. 1958. The Psychology of Interpersonal Relations[M]. Upper Saddle River: Pearson Prentice Hall.

Herzberg F, Mausner B, Snyderman B B. 1959. The motivation to work[J]. Journal of Economic Issues, 73(1): 297-300.

Hess D, Warren D E. 2008. The meaning and meaningfulness of corporate social initiatives[J]. Business & Society Review, 113(2): 163-197.

Heyder M, Hollmannhespos T, Theuvsen L, et al. 2009. Agribusiness firm reactions to regulations: the case of investments in traceability systems[C]. Proceedings of the International European Forum on System Dynamics and Innovation in Food Networks, Innsbruck-Igls, Austria.

Hill R J. 1977. Belief, attitude, intention and behavior: an introduction to theory and research[J]. Philosophy & Rhetoric, 41(4): 842-844.

Hillman A J, Keim G D. 2001. Shareholder value, stakeholder management, and social issues: what' s the bottom line? [J]. Strategic Management Journal, 22(2): 125-139.

Ho S S M, Li A Y, Tam K, et al. 2016. Ethical image, corporate social responsibility, and R&D valuation[J]. Pacific-Basin Finance Journal, 40: 335-348.

Holder-Webb L, Cohen J. 2012. The cut and paste society: isomorphism in codes of ethics[J]. Journal of Business Ethics, 107(4): 485-509.

Hosany S, Ekinci Y, Uysal M. 2006. Destination image and destination personality: an application of branding theories to tourism places[J]. Journal of Business Research, 59(5): 638-642.

Hsieh C. 2004. International journal of productivity and performance management[J]. International Journal of Productivity & Performance Management, 63(1): 57-84.

Hsieh M H, Pan S L, Setiono R. 2004. Product-, corporate-, and country-image dimensions and purchase behavior: a multicountry analysis[J]. Journal of the Academy of Marketing Science, 32(3): 251-270.

Hunt S D, Kiecker P L, Chonko L B. 1990. Social responsibility and personal success: a research note[J]. Journal of the Academy of Marketing Science, 18(3): 239-244.

Husted B W, Allen D B. 2006. Corporate social responsibility in the multinational enterprise: strategic and institutional approaches[J]. Journal of International Business Studies, 37(6): 838-849.

Inoue Y, Kent A. 2014. A conceptual framework for understanding the effects of corporate social marketing on consumer behavior[J]. Journal of Business Ethics, 121(4): 621-633.

Janney J J, Gove S. 2011. Reputation and corporate social responsibility aberrations, trends, and hypocrisy: reactions to firm choices in the stock option backdating scandal[J]. Journal of Management Studies, 48(7): 1562-1585.

Janssen C, Sen S, Bhattacharya C B. 2015. Corporate crises in the age of corporate social responsibility[J]. Business Horizons, 58(2): 183-192.

Jayanti R K. Sirdeshmukh D. 1998. Brand Extension Failures: Effects on Parent Brand Attitude[J]. European Advances in Consumer Research, 3: 60.

Jawahar I M, McLaughlin G L. 2001. Toward a descriptive stakeholder theory: an organizational life cycle approach[J]. Academy of Management Review, 26(3): 397-414.

Joireman J, Smith D, Liu R L, et al. 2015. It' s all good: corporate social responsibility reduces negative and promotes positive responses to service failures among value-aligned customers[J]. Journal of Public Policy & Marketing, 34(1): 32-49.

Jones E E, Harris V A. 1967. The attribution of attitudes[J]. Journal of Experimental Social Psychology, 3(1): 1-24.

Jorgensen, B K. 1994. Consumer reaction to company-related disasters: the effect of multiple versus single explanations[J]. Advances in Consumer Research, 21: 348-352.

Kabak I W, Siomkos G J. 1991. Replacement after a product harm crisis[J]. Industrial Management, 33(5): 25-26.

Kambalame D, Cleene S D. 2006. Partnership building as an approach to addressing corporate social responsibility in the agriculture sector in Malawi[J]. Development Southern Africa, 23(2): 281-287.

Karaibrahimoğlu Y Z. 2010. Corporate social responsibility in times of financial crisis[J]. African Journal of Business Management, 4(4): 382-389.

Keller K L. 1993. Conceptualizing, measuring and managing customer based brand equity[J]. Journal of Marketing, 57(1): 1-22.

Kelley H H. 1973. The processes of causal attribution[J]. American Psychologist, 28(2): 107-128.

Kemper J, Schilke O, Reimann M, et al. 2013. Competition-motivated corporate social responsibility[J]. Journal of Business Research, 66(10): 1954-1963.

Kernisky D A. 1997. Proactive crisis management and ethical discourse: dow chemical' s issues management bulletins 1979-1990 [J]. Journal of Business Ethics, 16(8): 843-853.

Kim H, Hur W M, Yeo J. 2015. Corporate brand trust as a mediator in the relationship between consumer perception of CSR, corporate hypocrisy, and corporate reputation[J]. Sustainability, 7(4): 3683-3694.

Kinderman D. 2012. 'Free us up so we can be responsible! ' The co-evolution of corporate social responsibility and neo-liberalism in the UK, 1977-2010[J]. Social Science Electronic Publishing, 10(1): 29-57.

Klein J, Dawar N. 2004. Corporate social responsibility and consumers' attributions and brand evaluations in a product-harm crisis[J]. International Journal of Research in Marketing, 21(3): 203-217.

Koehn D, Ueng J. 2010. Is philanthropy being used by corporate wrongdoers to buy good will?[J]. Journal of Management & Governance, 14(1): 1.

Kotler P. 2016. Marketing Management[M]. 15th ed. Upper Saddle River: Pearson Prentice Hall.

Kotler P, Lee N. 2004. Corporate Social Responsibility: Doing the Most Good for Your Company and Your Cause[M]. Hoboken: John Wiley & Sons Inc.

Kulik C T, Bainbridge H T J, Cregan C. 2008. Known by the company we keep: stigma-by-association effects in the workplace[J]. Academy of Management Review, 33(1): 216-230.

Lafferty B A, Goldsmith R E. 2005. Cause-brand alliances: does the cause help the brand or does the brand help the cause? [J]. Journal of Business Research, 58(4): 423-429.

Lantos G P. 2001. The boundaries of strategic corporate social responsibility[J]. Journal of Consumer Marketing, 18(7): 595-630.

Laroche M, Sadokierski R. 1994. Role of confidence in a multi-brand model of intentions for a high-involvement service[J]. Journal of Business Research, 29(1): 1-12.

Laufer D. 2002. Are antecedents of consumer dissatisfaction and consumer atrributions for product faliures universal?[J]. Advances in Consumer Research, 29: 312-317.

Laufer D, Silvera D H, Mayer T, et al. 2005. Exploring differences between older and younger consumers in attributions of blame for product harm crisis[J]. Academy of Marketing Science Review, 7: 1.

Lawrence P R, Lorsch J W. 1967. Organization and environment: managing differentiation and integration[J]. Administrative Science Quarterly, 13(1): 3459-3465.

Lee M P. 2008. A review of the theories of corporate social responsibility: its evolutionary path and the road ahead[J]. International Journal of Management Reviews, 10(1): 53-73.

Lii Y S, Lee M. 2012. Doing right leads to doing well: when the type of CSR and reputation interact to affect consumer evaluations of the firm[J]. Journal of Business Ethics, 105(1): 69-81.

Lin H, Zeng S, Wang L, et al. 2016. How does environmental irresponsibility impair corporate reputation? A multi-method investigation[J]. Corporate Social Responsibility & Environmental Management, 23(6): 413-423.

Lin-Hi N, Müller K. 2013. The CSR bottom line: Preventing corporate social irresponsibility[J]. Journal of Business Research, 66(10): 1928-1936.

Lindgreen A, Swaen V. 2010. Corporate social responsibility[J]. International Journal of Management Reviews, 12(1): 1-7.

Lins K V, Servaes H, Tamayo A. 2017. Social capital, trust, and firm performance: the value of corporate social responsibility during the financial crisis[J]. Journal of Finance, 72(4): 446.

Liu H, Li Y H. 2011. Enterprise strategy: embodying corporate social responsibility through critical management-taking the case of Japan's Hitachi Ltd. for example[C]. International Conference on Product Innovation Management (ICPIM) 6th.

Lock I, Seele P. 2015. Analyzing sector-specific CSR reporting: social and environmental disclosure to investors in the chemicals and banking and insurance industry[J]. Corporate Social Responsibility & Environmental Management, 22(2): 113-128.

Lockett A, Thompson S. 2004. Edith penrose's contributions to the resource-based view: an alternative perspective[J]. Journal of Management Studies, 41(1): 193-203.

Luhmann H, Theuvsen L. 2016. Corporate social responsibility in agribusiness: literature review and future research directions[J]. Journal of Agricultural & Environmental Ethics, 29(4): 673-696.

Luo X, Bhattacharya C B. 2006. Corporate social responsibility, customer satisfaction, and market value[J]. Journal of Marketing, 70(4): 1-18.

Lynch J G, Marmorstein H, Weigold M F. 1988. Choices from sets including remembered brands: use of recalled attributes and prior overall evaluations[J]. Journal of Consumer Research, 15(2): 169-184.

Lynette R. 2005. Making customer relationship management work: the measurement and profitable management of customer relationships[J]. Journal of Marketing, 69(4): 252-261.

Maak T, Pless N M. 2006. Responsible leadership in a stakeholder society-a relational perspective[J]. Journal of Business Ethics, 66(1): 99-115.

Maddox R N. 1981. Two-factor theory and consumer satisfaction: replication and extension[J]. Journal of Consumer Research, 8(1): 97-102.

Maignan I, Ferrell O C. 2004. Corporate social responsibility and marketing: an integrative framework[J]. Journal of the Academy of Marketing Science, 32(1): 3-19.

Maignan I, Hillebrand B, McAlister D. 2002. Managing socially-responsible buying[J]. European Management Journal, 20(6): 641-648.

Maignan I, Ralston D A. 2002. Corporate social responsibility in Europe and the U. S.: insights from businesses' self-presentations[J]. Journal of International Business Studies, 33(33): 497-514.

Mattingly J E, Berman S L. 2006. Measurement of corporate social action: discovering taxonomy in the kinder lydenburg domini ratings data[J]. Business & Society, 45(1): 20-46.

McAlister D T, Ferrell L. 2002. The role of strategic philanthropy in marketing strategy[J]. European Journal of Marketing, 36(5/6): 689-705.

McGuire J B, Sundgren A, Schneeweis T. 1988. Corporate social responsibility and firm financial performance[J]. Academy of Management Journal, 31(4): 854-872.

McWilliams A, Siegel D. 2000. Corporate social responsibility and financial performance: correlation or misspecification? [J]. Strategic Management Journal, 21(5): 603-609.

McWilliams A, Siegel D. 2001. Corporate social responsibility: a theory of the firm perspective[J]. Academy of Management Review, 26(1): 117-127.

Meenaghan T, Shipley D. 1999. Media effect in commercial sponsorship[J]. European Journal of Marketing, 33(3/4): 328-348.

Mellahi K, Frynas J G, Sun P, et al. 2016. A review of the nonmarket strategy literature: toward a multi-theoretical integration[J]. Journal of Management, 42(1): 143-173.

Menon M A. 1997. Enviropreneurial marketing strategy: the emergence of corporate environmentalism as market strategy[J]. Journal of Marketing, 61(1): 51-67.

Menon S, Kahn B E. 2003. Corporate sponsorships of philanthropic activities: when do they impact perception of sponsor brand?[J]. Journal of Consumer Psychology, 13(3): 316-327.

Milne M J, Patten D M. 2002. Securing organizational legitimacy: an experimental decision case examining the impact of environmental disclosures[J]. Accounting Auditing & Accountability Journal, 15(3): 372-405.

Minor D, Morgan J. 2011. CSR as reputation insurance: primum non nocere[J]. California Management Review, 53(3): 40-59.

Mishra S, Modi S B. 2016. Corporate social responsability and shareholder wealth: the role of marketing capability[J]. Journal of Marketing, 80(1): 26-46.

Mitchell R K, Agle B R, Wood D J. 1997. Toward a theory of stakeholder identification and salience: defining the principle of who and what really counts[J]. Academy of Management Review, 22(4): 853-886.

Mohr J J, Sengupta S S F. 2001. Marketing of High-technology Products and Innovations[M]. Englewood: Prentice Hall.

Mohr L A, Webb D J. 2005. The effects of corporate social responsibility and price on consumer responses[J]. Journal of Consumer Affairs, 39(1): 121-147.

Mohr P, Harrison A, Wilson C, et al. 2007. Attitudes, values, and socio-demographic characteristics that predict acceptance of genetic engineering and applications of new technology in Australia[J]. Biotechnology Journal, 2(9): 1169-1178.

Monga A B , John D R. 2008. When does negative brand publicity hurt? The moderating influence of analytic versus holistic thinking[J]. Journal of Consumer Psychology, 18(10): 320-332.

Moon J, Shen X. 2010. CSR in China research: salience, focus and nature[J]. Journal of Business Ethics, 94(4): 613-629.

Morsing M, Schultz M. 2006. Corporate social responsibility communication: stakeholder information, response and involvement strategies[J]. Business Ethics A European Review, 15(4): 323-338.

Moskowitz M R. 1972. Choosing socially responsible stocks[J]. Business & Society Review, 1(1), 71-75.

Murphy P E, Schlegelmilch B B. 2013. Corporate social responsibility and corporate social irresponsibility: introduction to a special topic section[J]. Journal of Business Research, 66(10): 1807-1813.

Murray K B, Vogel C M. 1997. Using a hierarchy-of-effects approach to gauge the effectiveness of corporate social responsibility to generate goodwill toward the firm: financial versus nonfinancial impacts[J]. Journal of Business Research, 38(2): 141-159.

Muthukrishnan A V, Chattopadhyay A. 2007. Just give me another chance: the strategies for brand recovery from a bad first impression[J]. Journal of Marketing Research, 44(2): 334-345.

Nan X L, Heo K. 2007. Consumer responses to corporate social responsibility(CSR) initiatives: examining the role of brand-cause fit in cause-related marketing[J]. Journal of Advertising, 36(2): 63-74.

Nettelhorst S C, Brannon L A, Hill W T. 2013. Examining the Impact of Consumer Feedback on Internet Product Evaluation: Comparing Base-rate and Case History Information[M]. Amsterdam: Elsevier Science Publishers B. V.

Odriozola M D, Baraibar-Diez E. 2017. Is corporate reputation associated with quality of csr reporting? Evidence from Spain[J]. Corporate Social Responsibility & Environmental Management, 24(2): 121-132.

Olsen M C, Slotegraaf R J, Chandukala S R. 2014. Green claims and message frames: how green new products change brand attitude[J]. Journal of Marketing, 78(5): 119-137.

O' Riordan L, Fairbrass J. 2008. Corporate social responsibility(CSR): models and theories in stakeholder dialogue[J]. Journal of Business Ethics, 83(4): 745-758.

Öberseder M, Schlegelmilch B B, Murphy P E, et al. 2014. Consumers' perceptions of corporate social responsibility: scale development and validation[J]. Journal of Business Ethics, 124(1): 101-115.

Palazzo G, Richter U. 2005. CSR business as usual? the case of the tobacco industry[J]. Journal of Business Ethics, 61(4): 387-401.

Parasuraman A, Zeithaml V A, Berry L L. 1988. SERVQUAL: a multiple-item scale for measuring consumer perceptions of service quality[J]. Journal of Retailing, 64(1): 12-40.

Parcha J M. 2017. How much should a corporation communicate about corporate social responsibility? Reputation and amount of information effects on stakeholders' CSR-induced attributions[J]. Communication Research Reports, 34: 1-11.

Pfeffer J, Salancik G R. 1978. The External Control of Organizations: A Resource Dependence Perspective[M]. New York: Harper & Row.

Pirsch J, Gupta S, Grau S L. 2007. A framework for understanding corporate social responsibility programs as a continuum: an exploratory study[J]. Journal of Business Ethics, 70(2): 125-140.

Polonsky M J, Speed R. 2001. Linking sponsorship and cause related marketing: complementarities and conflicts[J]. European Journal of Marketing, 35(11/12): 1361-1389.

Porter M E, Kramer M R. 2002. The competitive advantage of corporate philanthropy[J]. Harvard Business Review, 80(12): 56.

Porter M, Kramer M R. 2011. The big idea: creating shared value. how to reinvent capitalism-and unleash a wave of innovation and growth[J]. Harvard Business Review, 89(1/2): 62-77.

Powpaka S. 2008. Empowering Chinese service employees: a reexamination and extension[J]. Journal of Global Marketing, 21 (4) : 271-291.

Pracejus J W, Olsen G D. 2004. The role of brand/cause fit in the effectiveness of cause-related marketing campaigns[J]. Journal of Business Research, 57 (6) : 635-640.

Pullig C. 2000. The effect of negative events and firm responses on brand associations, organizational associations, and brand evaluations[D]. Pinevelle: Louisiana State University and Agricultural and Mechanical College: 16-25.

Pullig C, Getemeyer R G, Biswas A. 2006. Attitude basis, certainty, and challenge alignment: a case of negative brand publicity[J]. Journal of the Academy of Marketing Science, 34 (4) : 528-542.

Pérez A, Lopez-Gutierrez C. 2017. An empirical analysis of the relationship between the information quality of CSR reporting and reputation among publicly traded companies in Spain[J]. Academia Revista Latinoamericana de Administración, 30 (1) : 87-107.

Rangan K, Chase L, Karim S. 2015. The truth about CSR[J]. Harvard Business Review, 93 (1/2) : 40-49.

Rethans A J, Swasy J L, Marks L J. 1986. Effects of television commercial repetition, receiver knowledge, and commercial length: a test of the two-factor model[J]. Journal of Marketing Research, 23 (1) : 50-61.

Ricks J M, Williams J A. 2005. Strategic corporate philanthropy: addressing frontline talent needs through an educational giving program[J]. Journal of Business Ethics, 60 (2) : 147-157.

Robertson C J, Blevins D P, Duffy T. 2013. A five-year review, update, and assessment of ethics and governance in strategic management journal[J]. Journal of Business Ethics, 117 (1) : 85-91.

Robin D P, Reidenbach R E. 1987. Social responsibility, ethics, and marketing strategy: closing the gap between concept and application[J]. Journal of Marketing, 51 (1) : 44-58.

Roehm M L, Tybout A M. 2006. When Will a Brand Scandal Spill Over, and How Should Competitors Respond?[J]. Journal of Marketing Research, 43 (3) : 366-373.

Rossouw D. 2005. Corporate governance and trust in business: a matter of balance[J]. African Journal of Business Ethics, 1 (1) : 1.

Rossouw G J D. 2005. Business ethics and corporate governance in africa[J]. Business & Society, 44 (1) : 94-106.

Rutsaert P, Pieniak Z, Regan Á, et al. 2014. Social media as a useful tool in food risk and benefit communication? A strategic orientation approach[J]. Food Policy, 46 (3) : 84-93.

Sacconi L. 2012. Ethics, Economic Organisation and the Social Contract[J]. Econometica Working Papers, 59 (35) : 31.

Saffitz R A. 2010. The implementation of corporate social responsibility initiatives as a strategy for post-crisis rebuilding and renewal[D]. Los Angeles: Master degree thesis of University of Southern California.

Sandoval M. 2015. From CSR to RSC: a contribution to the critique of the political economy of corporate social responsibility[J]. Review of Radical Political Economics, 47 (4) : 608-624.

Sen S, Bhattacharya C B. 2001. Does doing good always lead to doing better? Consumer reactions to corporate social responsibility[J]. Journal of Marketing Research, 38 (5) : 225-243.

Scherer A G, Palazzo G. 2012. The New Political Role of Business in a Globalized World–A Review of a New Perspective on CSR and Its Implications for the Firm, Governance, and Democracy[M]. Wiesbaden: Gabler Verlag: 117-118.

Schuler D A, Cording M. 2006. A corporate social performance-corporate financial performance behavioral model for consumers[J]. Academy of Management Review, 31 (3) : 540-558.

Sen S, Bhattacharya C B. 2001. Does doing good always lead to doing better? Consumer reactions to corporate social responsibility[J]. Journal of Marketing Research, 38 (2) : 225-243.

Sen S, Bhattacharya C B, Korschun D. 2006. The role of corporate social responsibility in strengthening multiple stakeholder relationships: a field experiment[J]. Journal of the Academy of Marketing Science, 34 (2) : 158-166.

Sethi S P, Rovenpor J L, Demir M. 2017. Enhancing the quality of reporting in corporate social responsibility guidance documents: the roles of ISO26000, global reportingin itiative and CSR-sustainability monitor[J]. Business & Society Review, 122 (2) : 139-163.

Shaw B, Post F R. 1993. A moral basis for corporate philanthropy[J]. Journal of Business Ethics, 12 (10) : 745-751.

Shim K, Yang S-U. 2016. The effect of bad reputation: the occurrence of crisis, corporate social responsibility, and perceptions of hypocrisyand attitudes toward a company[J]. Public Relations Review, 42: 68-78.

Simmons C J, Becker-Olsen K L. 2006. Achieving marketing objectives through social sponsorships[J]. Journal of Marketing, 70 (4) : 154-169.

Siomkos G J, Kurzbard G. 1994. The hidden crisis in product-harm crisis management[J]. European Journal of Marketing, 28 (2) : 30-41.

Skowronski J J, Carlston D E. 1987. Social judgment and social memory: the role of cue diagnosticity in negativity, positivity, and extremity biases[J]. Journal of Personality & Social Psychology, 52 (4) : 689-699.

Smith A K, Bolton R N, Wagner J. 1999. A model of customer satisfaction with service encounters involving failure and recovery[J]. Journal of Marketing Research, 36 (3) : 356-372.

Smith S M, Alcorn D S. 2013. Cause marketing: a new direction in the marketing of corporate responsibility[J]. Journal of Services Marketing, 5 (3) : 21-37.

Snyder P, Hall M, Robertson J, et al. 2006. Ethical rationality: a strategic approach to organizational crisis[J]. Journal of Business Ethics, 63 (4) : 371-383.

Sohn Y J, Lariscy R. 2012. Resource-based crisis management: the important role of the CEO' s reputation[J]. Journal of Public Relations Research, 24 (4) : 318-337.

Souto B F F. 2009. Crisis and corporate social responsibility: threat or opportunity?[J]. International Journal of Economic Sciences and Applied Research, 2 (1) : 36-50.

Speed R, Thompson P. 2000. Determinants of sports sponsorship response[J]. Journal of the Academy of Marketing Science, 28 (2) : 226-238.

Stammerjohan C, Wood C M, Chang Y H, et al. 2005. An empirical investigation of the interaction between publicity, advertising, and previous brand attitudes and knowledge[J]. Journal of Advertising, 34 (4) : 55-67.

Stanwick P A, Stanwick S D. 1998. The relationship between corporate social performance, and organizational size, financial performance, and environmental performance: an empirical examination[J]. Journal of Business Ethics, 17 (2) : 195-204.

Starkey K, Crane A. 2003. Toward green narrative: management and the evolutionary epic[J]. Academy of Management Review, 28 (2) : 220-237.

Sturges D L. 1994. Communicating through crisis: a strategy for organizational survival[J]. Management Communication Quarterly, 7(3): 297-316.

Suchman M C. 1995. Managing legitimacy: strategic and institutional approaches[J]. Academy of Management Review, 20(3): 571-610.

Sun Y L. 2016. How can companies succeed in forming CSR reputation?[J]. Corporate Communications: An International Journal, 21(4): 435-449.

Sundaram D S, Webster C. 1999. The role of brand familiarity on the impact of word-of-mouth communication on brand evaluations[J]. Advances in Consumer Research, 1(1/2): 191.

Swanson D L. 1995. Addressing a theoretical problem by reorienting the corporate social performance model[J]. The Academy of Management Review, 20(1): 43-64.

Tarallo S, Beltramo E, Berrone E, et al. 2010. Effects of high glucose and thiamine on the balance between matrix metalloproteinases and their tissue inhibitors in vascular cells[J]. Acta Diabetologica, 47(2): 105-111.

Tata J, Prasad S. 2015. CSR communication: an impression management perspective[J]. Journal of Business Ethics, 132(4): 765-778.

Tata J, Prasad S. 2015. National cultural values, sustainability beliefs, and organizational initiatives[J]. Cross Cultural Management An International Journal, 22(2): 278-296.

Taylor P W. 1975. Principles of Ethics: An Introduction[M]. Wadsworth: Dickenson Pub.

Thoppsin D. 2006. Strategic Management: Concepts & Cases[M]. Beijing: Tsinghua University Press.

Ting P J, Chen C Y. 2015. The buffering effect of CSR communication strategy on consumer skepticism when company facing allegations[C]. Kuala Lumpur: Proceedings of 8th Asia-Pacific Business Research Conference.

Torugsa N A, O' Donohue W, Hecker R. 2012. Capabilities, proactive CSR and financial performance in smes: empirical evidence from an Australian manufacturing industry sector[J]. Journal of Business Ethics, 109(4): 483-500.

Trimble C S, Rifon N J. 2006. Consumer perceptions of compatibility in cause-related marketing messages[J]. International Journal of Nonprofit & Voluntary Sector Marketing, 11(1): 29-47.

Tsiotsou R. 2006. Investigating differences between female and male athletic donors: a comparative study[J]. International Journal of Nonprofit & Voluntary Sector Marketing, 11(3): 209-223.

Turban D B, Greening D W. 1997. Corporate social performance and organizational attractiveness to prospective employees[J]. Academy of Management Journal, 40(3): 658-672.

Turker D. 2009. Measuring corporate social responsibility: a scale development study[J]. Journal of Business Ethics, 85(4): 411-427.

Vanhamme J, Grobben B. 2009. "Too Good to be True! " the effectiveness of CSR history in countering negative publicity[J]. Journal of Business Ethics, 85: 273-283.

Vanhamme J, Lindgreen A, Maon F. 2009. Developing supply chains in disaster relief operations through cross-sector socially oriented collaborations: a theoretical model[J]. Supply Chain Management, 14(2): 149-164.

Varadarajan P R, Menon A. 1988. Cause-related marketing: a coalignment of marketing strategy and corporate philanthropy[J]. Journal of Marketing, 52(7): 58-74.

Vassilikopoulou A, Lepetsos A, Siomkos G, et al. 2009. The importance of factors influencing product-harm crisis management across different crisis extent levels: a conjoint analysis[J]. Journal of Targeting, Measurement and Analysis for Marketing, 17(1): 65-74.

Vassilikopoulou A, Siomkos G, Chatzipanagiotou K, et al. 2009. Product-harm crisis management: time heals all wounds? [J]. Journal of Retailing & Consumer Services, 16(3): 174-180.

Villiers C D, Staden C J V. 2011. Where firms choose to disclose voluntary environmental information[J]. Journal of Accounting & Public Policy, 30(6): 504-525.

Votolato N L, Unnava H R. 2006. Spillover of negative information on brand alliances[J]. Journal of Consumer Psychology, 16(2): 196-202.

Wagner M. 2010. Corporate social performance and innovation with high social benefits: a quantitative analysis[J]. Journal of Business Ethics, 94(4): 581-594.

Wagner T, Lutz R J, Weitz B A. 2009. Corporate hypocrisy: overcoming the threat of inconsistent corporate social responsibility perceptions[J]. Journal of Marketing, 73(6): 77-91.

Waldman D A, Siegel D. 2008. Defining the socially responsible leader[J]. Leadership Quarterly, 19(1): 117-131.

Waldman D A, House R J, Gupta V, et al. 2006. Cultural and leadership predictors of corporate social responsibility values of top management: a GLOBE study of 15 countries[J]. Journal of International Business Studies, 37(6): 823-837.

Walliser B. 2003. An international review of sponsorship research: extension and update[J]. International Journal of Advertising, 22(1): 5-40.

Wang Q, Reinitz M T. 2001. Effects of number and strength of competing solutions on the perceptual interference effect[J]. Journal of Experimental Psychology Human Perception & Performance, 27(1): 22.

Wang S. 2015. Literature Review of Corporate Social Responsibility[M]. Heidelberg: Springer: 7-28.

Webb D J, Mohr L A. 1998. A typology of consumer responses to cause-related marketing: from skeptics to socially concerned[J]. Journal of Public Policy & Marketing, 17(2): 226-238.

Webster F E, Jr. 1975. Determining the characteristics of the socially conscious consumer[J]. Journal of Consumer Research, 2(4): 188-196.

Weick K E. 1995. Sensemaking in Organizations[M]. London: Sage Publications.

Weiner B. 1980. A cognitive (attribution)-emotion-action model of motivated behavior: an analysis of judgments of help-giving[J]. Journal of Personality & Social Psychology, 39(2): 186-200.

Weiner B. 1985. An attributional theory of achievement motivation and emotion[J]. Psychological Review, 92(4): 159-190.

Wen Z-L, Hou J-T, Chang L, et al. 2005. A comparison of moderator and mediator and their applications[J]. Acta Psychologica Sinica, 37(2): 268-274.

Williams R J, Barrett J D. 2000. Corporate philanthropy, criminal activity, and firm reputation: is there a link?[J]. Journal of Business Ethics, 26: 341-350.

Winer R S. 1997. Discounting and its impact on durables buying decisions[J]. Marketing Letters, 8(1): 109-118.

Xie Y, Peng S Q. 2009. How to repair customer trust after negative publicity: the roles of competence, integrity, benevolence, and forgiveness[J]. Psychology and Marketing, 26(7): 572-589.

Yin J L, Zhang Y L. 2012. Institutional dynamics and corporate social responsibility(CSR) in an emerging country context: evidence from China[J]. Journal of Business Ethics, 111(2): 301-316.

Yoon Y S, Gürhan-Canli Z, Schwarz N. 2006. The effect of corporate social responsibility(CSR) activities on companies with bad reputations[J]. Journal of Consumer Psychology, 16(4): 377-390.

Zavyalova A, Pfarrer M D, Reger R K, et al. 2012. Managing the message: the effects of firm actions and industry spillovers on media coverage following wrongdoing[J]. Academy of Management Journal, 55(5): 1079-1101.

Zhang X A, Borden J. 2017. Linking issue management, corporate social responsibility and crisis communication: applying balance theory in crisis and issue management[J]. Social Science Electronic Publishing, 25(4): 209-222.

Zhao Y, Zhao Y, Helsen K. 2011. Consumer learning in a turbulent market environment: modeling consumer choice dynamics after a product-harm crisis[J]. Journal of Marketing Research, 48(2): 255-267.

索　引